Direito Antitruste no Setor Financeiro

Direito Antitruste no Setor Financeiro

Juliano Souza de Albuquerque Maranhão
e Joaquim Portes de Cerqueira César
Organizadores

César Mattos
Elizabeth M. M. Q. Farina
Fernando Furlan
Jorge Fagundes
Julia Cadaval Martins
Mariana Mota Prado
Paulo Vinícius
Rubens Nunes

EDITORA SINGULAR

São Paulo
2012

D598 Direito antitruste no setor financeiro. / Organizadores: Juliano Souza de Albuquerque Maranhão e Joaquim Portes de Cerqueira César. São Paulo: Singular, 2012.
298 p.
ISBN: 978-85-86626-61-6
Colaboradores: César Mattos, Elizabeth M. M. Q. Farina, Fernando Furlan, Jorge Fagundes, Julia Cadaval Martins, Mariana Mota Prado, Paulo Vinícius e Rubens Nunes.
Conteúdo: O diabo nos detalhes: a definição dos mercados relevantes no setor bancário; Elementos de análise do mercado relevante em atos de concentração no setor bancário; Análise antitruste e atos de concentração no setor bancário; Bancos estatais e controle e da concorrência: qual o papel do interesse público?; Princípio da livre concorrência e sistema financeiro: análise de condutas ilícitas; Anexos: Parecer AGU/LA-01/2001; Atos de Concentração 08012.011303/2008-96 e 08012.011736/2008-41; Procedimento Administrativo 08700.003070/2010-14.
1. Bancos, regulação, Brasil. 2. Sistema financeiro, regulação, Brasil. 3. Concentração econômica, Brasil. 4. Concorrência, Brasil. 5. Direito da concorrência, Brasil. I. Maranhão, Juliano Souza de Albuquerque (Org.). II. César, Joaquim Portes de Cerqueira (Org.). III. Mattos, César. IV. Farina, Elizabeth M. M. Q. V. Furlan, Fernando. VI. Fagundes, Jorge. VII. Martins, Julia Cadaval. VIII. Prado, Mariana Mota. IX. Vinícius, Paulo. X. Nunes, Rubens.
CDU: 339.13:336.7(81) CDD: 342.235

Revisão: Paola Morsello
Diagramação: Microart
Capa: Aeroestudio

Editora Singular

Tel/Fax: (11) 3862-1242
www.editorasingular.com.br
singular@editorasingular.com.br

Contextualização e Apresentação do Livro

Já há algum tempo o Sistema Brasileiro de Defesa da Concorrência (SBDC) e o Banco Central (BCB) têm divergido sobre o poder de analisar atos de concentração no sistema financeiro. O tema já foi objeto de ampla discussão na Administração Pública, polemizou a doutrina em volume dedicado ao assunto publicado em 2002[1] e inclusive foi dado como superado em volume de 2008,[2] após a decisão do Tribunal Regional Federal (TRF), com o reconhecimento da competência do Conselho Administrativo de Defesa Econômica (CADE) para a análise de concentrações. Bastou um golpe do ciclo(ne) econômico atingir profundamente o sistema financeiro, seguido por uma reação dos agentes com acentuado movimento de consolidação, para fazer ressurgir o debate, expondo novamente as raízes dessa controvérsia.

Convém apontar os motivos de tal divergência. A Lei 4.595, de 31.12.1964, recepcionada pela atual Constituição como lei complementar (art. 192 da CF), previu a competência privativa do Banco Central para regular as condições de concorrência entre instituições financeiras, coibindo-lhes os abusos (art. 18, § 2.º),[3] e para conceder autorização às instituições financeiras para que possam

---

1. Celso Fernandes Campilongo, Jean Paul Cabral Veiga da Rocha e Paulo Todescan Lessa Mattos (coord.), *Concorrência e regulação no sistema financeiro*, São Paulo: Max Limonad, 2002.
2. Daniel K. Goldberg (org.), *Sistema financeiro: o desafio da concorrência*, São Paulo: Singular, 2008.
3. "Art. 18. [...] § 2.º O Banco Central da República do Brasil, no exercício da fiscalização que lhe compete, regulará as condições de concorrência entre instituições

ser transformadas, fundidas, incorporadas ou encampadas (art. 10, X, *c*).[4] Nos termos dessa lei, o Banco Central estudará os pedidos que lhe sejam formulados e resolverá conceder ou recusar a autorização pleiteada, podendo incluir as cláusulas que reputar convenientes ao interesse público (art. 10, § 1.º).[5]

Posteriormente, a Lei 8.884, de 11.06.1994 (Lei de Defesa da Concorrência), lei ordinária, veio estabelecer de forma genérica a competência do CADE para apreciar atos de concentração que possam limitar ou de qualquer forma prejudicar a livre concorrência, ou resultar na dominação de mercados relevantes de bens ou serviços (art. 54, *caput*).[6]

Adveio, ainda, a Lei 9.447, de 14.03.1997, que admite a possibilidade de o Banco Central, em alguns casos excepcionais, determinar de forma compulsória a capitalização de sociedade, a transferência de controle acionário e reorganizações societárias, inclusive mediante incorporação, fusão ou cisão.[7]

---

financeiras, coibindo-lhes os abusos com a aplicação da pena nos termos desta lei."

4. "Art. 10. Compete privativamente ao Banco Central da República do Brasil: [...]

   X – conceder autorização às instituições financeiras, a fim de que possam: [...]

   c) ser transformadas, fundidas, incorporadas ou encampadas; [...]

   g) alienar ou, por qualquer outra forma, transferir o seu controle acionário."

5. "Art. 10. [...] § 1.º No exercício das atribuições a que se refere o inciso IX deste artigo, com base nas normas estabelecidas pelo Conselho Monetário Nacional, o Banco Central da República do Brasil estudará os pedidos que lhe sejam formulados e resolverá conceder ou recusar a autorização pleiteada, podendo incluir as cláusulas que reputar convenientes ao interesse público." Cabe destacar que a remissão ao inciso IX na realidade se direciona ao inciso X, tendo em vista a renumeração dos incisos provocada pelo art. 19 da Lei 7.730, de 31.01.1989.

6. "Art. 54. Os atos, sob qualquer forma manifestados, que possam limitar ou de qualquer forma prejudicar a livre concorrência, ou resultar na dominação de mercados relevantes de bens ou serviços, deverão ser submetidos à apreciação do Cade."

7. "Art. 5.º Verificada a ocorrência de qualquer das hipóteses previstas nos arts. 2.º e 15 da Lei n. 6.024, de 1974, e no art. 1.º do Decreto-lei n. 2.321, de 1987, é facultado ao Banco Central do Brasil, visando assegurar a normalidade da economia pública e resguardar os interesses dos depositantes, investidores e demais credores, sem prejuízo da posterior adoção dos regimes de intervenção, liquidação extrajudicial ou administração especial temporária, determinar as seguintes medidas:

   I – capitalização da sociedade, com o aporte de recursos necessários ao seu soerguimento, em montante por ele fixado;

   II – transferência do controle acionário;

   III – reorganização societária, inclusive mediante incorporação, fusão ou cisão.

Assim, de um lado, a lei anterior, recepcionada como complementar, atribui ao Banco Central a função de analisar atos de concentração no setor financeiro e, de outro, a lei ordinária posterior incumbe o CADE da tarefa de apreciar quaisquer atos de concentração (a lei não se refere a setores específicos) capazes de gerar efeitos sobre a concorrência. Nessa conjuntura, passou-se a debater se a competência específica do Banco Central para atos de concentração no setor bancário foi revogada pela atribuição genérica do CADE relativa a toda a ordem econômica, ou se, ao contrário, aquela prevalece sobre esta, ou ainda se ambas coexistem (procedimentos duplicados). A competência do CADE, em outras palavras, seria plena, revogando aquela conferida ao BCB, teria sido excluída (ou mantida como competência suplementar a ser exercida diante da inação do BCB), ou seria concorrente à do BCB?

A Advocacia-Geral da União (AGU) dirimiu essa controvérsia no Parecer GM-020, de 05.04.2001, aprovado pelo Presidente da República em 05.04.2001, que concluiu "pela competência privativa do Banco Central do Brasil para analisar e aprovar os atos de concentração de instituições integrantes do sistema financeiro nacional". Essa competência, segundo a AGU, excluiria a de qualquer outra autoridade, inclusive a do CADE.

Entendeu a AGU que as normas da Lei 4.595/1964, que tratam da competência do Banco Central para analisar atos de concentração de instituição financeira (ou seja, de um setor específico da economia) possuem natureza de lei complementar. O art. 173, § 4.º, da CF,[8] que prevê a regulação da concorrência por lei (ordinária), não teria o condão de afastar de tais disposições o caráter de lei complementar, por se tratar especificamente da concorrência no setor financeiro, o que estaria incluído na matéria de lei complementar prevista no art. 192 da CF.

O parecer apontou, ainda, que o relacionamento entre CADE e Banco Central seria substancialmente diferente do relacionamento entre CADE e Agência Nacional de Telecomunicações (Anatel), tendo em vista que na Lei Geral de Telecomunicações "são claras as regras de convívio entre a Anatel e o CADE quanto às infrações à ordem econômica", ficando expressamente definido que os atos de concentração envolvendo operadora de telecomunicações "serão submetidos à apreciação do Conselho Administrativo de Defesa Econômica – CADE, por meio do órgão regulador" (art. 7.º, § 2.º). De modo

---

Parágrafo único. Não implementadas as medidas de que trata este artigo, no prazo estabelecido pelo Banco Central do Brasil, decretar-se-á o regime especial cabível."

8. "Art. 173. [...] § 4.º A lei reprimirá o abuso do poder econômico que vise à dominação dos mercados, à eliminação da concorrência e ao aumento arbitrário dos lucros."

diverso, a Lei 4.595/1994 "[...] deu essa competência integralmente ao Banco Central", de forma que "[...] o Banco Central, no que toca às instituições financeiras, tem poderes de certo modo análogos aos conferidos pela Lei n. 8.884/94 ao CADE, nos casos de sua competência".

De acordo com a Lei Complementar 73, de 10.02.1993 (Lei Orgânica da Advocacia-Geral da União), "o parecer [do Advogado-Geral da União] aprovado e publicado juntamente com o despacho presidencial vincula a Administração Federal, cujos órgãos e entidades ficam obrigados a lhe dar fiel cumprimento" (art. 40, § 1.º). O parecer da AGU em comento, aprovado pelo Presidente da República, continua vigente.

Porém o CADE, que já vinha defendendo sua competência para analisar atos de concentração envolvendo instituições financeiras,[9] voltou a afirmá-la mesmo após o parecer da AGU ser proferido e aprovado pelo Presidente da República. A definição desse posicionamento, contrário ao que havia determinado o parecer da AGU, deu-se no conhecido caso *Finasa*.[10] Na ocasião, o CADE assentou que o art. 40, § 1.º, da Lei Complementar 73/1993 não lhe gerava uma obrigação de cumprimento do referido parecer da AGU, tendo em vista a autonomia da autarquia em relação à Administração Pública direta.[11]

---

9. Ver, por exemplo, o Ato de Concentração 87/96, Conselheiro-relator João Bosco Leopoldino da Fonseca, j. em 07.03.2001, e o Ato de Concentração 08012.005424/99-00, Conselheiro-relator João Bosco Leopoldino da Fonseca, j. em 06.09.2000.

10. Ato de Concentração 08012.006762/2000-09, Conselheira-relatora Hebe Teixeira Romano Pereira da Silva, j. em 21.11.2001.

11. Nesse sentido, cabe fazer referência ao voto do Conselheiro Celso Campilongo, que destacou a autonomia das autarquias, cuja submissão à tutela ou controle do Poder Executivo se dá nos limites fixados em sua lei criadora. Uma leitura do art. 40, § 1.º, da Lei Complementar 73/1993 que abrangesse de forma irrestrita a administração indireta seria incompatível com a Constituição: "A consideração de que o referido comando da Lei Complementar deve vincular a administração indireta importa, também, em reconhecer uma autêntica delegação disfarçada de competência legislativa ao chefe do Poder Executivo, porquanto este poderá, com a aprovação das sugestões e pareceres da AGU, configurar a organização administrativa a seu bel-prazer, subordinando autarquias, fundações e empresas estatais criadas por leis específicas que tiveram o cuidado de detalhar o perfil administrativo de cada uma dessas pessoas".

    O Conselheiro Roberto Pfeiffer, em posicionamento com o qual o Conselheiro Celso Campilongo veio a concordar em seu aditamento de voto, defendeu que o CADE estaria vinculado a pareceres da AGU aprovados pelo Presidente da República apenas quando estes dissessem respeito à sua atividade meio: "o controle

Em favor da competência do CADE, os Conselheiros argumentaram que a Lei 8.884/1994 não apresenta isenção ou imunidade para instituições financeiras,[12] e que não haveria conflito entre a Lei de Defesa da Concorrência e a Lei 4.595/1964, mas apenas definição de atribuições concorrentes.[13] Segundo o entendimento então manifestado, a Lei 4.595/1964 não seria superior ou es-

---

pode ser apenas quanto aos aspectos corriqueiros de gestão administrativa, não em relação à matéria de mérito apreciada pela autarquia. Para tanto, seria necessário que a própria lei que criou a autarquia, expressamente, permitisse que a autoridade à qual se vincula revisasse as suas decisões de mérito" (p. 9). Diante disso, propôs que se atribuísse interpretação conforme a Constituição ao art. 40, § 1.º, da Lei Complementar 73/1993, de forma a extrair que "a vinculação da autarquia a pareceres da AGU somente ocorre em relação às atividades típicas de sua área-meio, jamais àquelas concernentes à sua área-fim" (p. 9). Ou seja: "Entendo razoável que em tudo o que diga respeito à área-meio, a autarquia deva respeito às interpretações emanadas da AGU e aprovadas pelo Presidente da República. Com efeito, cabe ao Chefe do Poder Executivo a supervisão administrativa das atividades das autarquias, a fim de que haja uma unidade de procedimentos administrativos. [...]

Porém, interpreto que a regra da Lei n. 73/93 não pode ser estendida à área-fim do CADE, ou seja, à aplicação da legislação de defesa da concorrência. Admitir isto seria violar a tão propalada independência decisória do órgão antitruste, infringindo a vontade do legislador.

Para que tal vinculação fosse admitida, seria necessário dispositivo legal expresso que limitasse a independência decisória do Conselho, o que não existe" (p. 9-10).

12. "[...] a Lei n. 8.884/94 não estabelece imunidade antitruste a qualquer setor da economia ou espécie de prática comercial e não dispõe de nenhuma exceção à competência do CADE para apreciar atos de concentração ou para impor sanções a infrações à ordem econômica" (voto-vista do Conselheiro Roberto Pfeiffer, p. 2).

13. Sobre a circunstância de a Lei 4.595/1964 falar em competência privativa, sustentou o Conselheiro Roberto Pfeiffer: "Não me assusta a circunstância da lei em comento estabelecer a competência privativa do BACEN para autorizar atos de concentração, muito menos o fato de atribuir a tal autarquia a regulação das regras de concorrência entre as instituições financeiras. Isto porque tais atribuições dão-se no campo da regulação prudencial, típica dos órgãos reguladores.

Assim, a expressão 'compete privativamente' é utilizada no sentido de afastar a atribuição de qualquer outro órgão regulador. Porém, tal competência, por se dar apenas no marco da regulação prudencial, não afasta a atribuição complementar do órgão de defesa da concorrência em analisar os atos de concentração de instituições financeiras, bem como sancionar as condutas por elas praticadas que violem a ordem econômica".

pecífica em relação à Lei 8.884/1994.[14] Admitiu-se apenas uma prevalência da decisão do Banco Central sobre a análise antitruste do SBDC em hipóteses excepcionais. Transcrevamos a esse respeito trecho do aditamento de voto do Conselheiro Celso Campilongo:

> "O que se verifica, na hipótese aventada [reorganização artificial do sistema financeiro, mediante reestruturação compulsória], é a atuação de caráter regulatório do BACEN, como órgão regulador prudencial do mercado financeiro que, com base legal, em situações excepcionais, pode promover uma reorganização artificial e compulsória do mercado, com vistas à sua higidez.
>
> Convém, neste ponto, tecer novas considerações sobre o conceito de risco sistêmico. Definido como o risco de que um evento (um choque) deflagre uma perda de valor econômico ou de confiança numa porção substancial do sistema financeiro, grande o suficiente para produzir efeitos adversos na economia real, o risco sistêmico tem sido banalizado no debate público brasileiro. É inegável que a traumática reestruturação bancária, particularmente após a implantação do Plano Real, exigiu uma atuação forte do Banco Central, com vistas à preservação dos sistemas bancários e de pagamentos. Entretanto, superado o período crítico, não se justifica a utilização gratuita do risco sistêmico como argumento *ad terrorem* que explique a isenção antitruste no Brasil".

Em foro judicial, manifestou-se sobre o tema o TRF da 1.ª Região, em decisão dada em agosto de 2007, no âmbito de apelação em mandado de segurança impetrado pelo Banco BCN S.A. e pelo Banco Bradesco S.A. O mandado de segurança havia sido impetrado contra ato do CADE que determinou a apresentação, para aprovação dessa autarquia, de ato de concentração envolvendo aquelas instituições financeiras.[15] Em decisão majoritária, a Quinta

14. O voto do Conselheiro Ronaldo Porto Macedo Jr. sintetiza esse posicionamento: "Os dispositivos acima mencionados tornam clara a competência privativa do BACEN para atuar plena e privativamente, inclusive autorizando atos de concentração e regulando as condições de concorrência entre as instituições financeiras, no âmbito da regulação prudencial.

    Assim, a expressão 'compete privativamente' é utilizada no sentido de afastar a atribuição de qualquer outro órgão regulador. Ela não exclui, contudo, a competência complementar do CADE para, da perspectiva do direito concorrencial e judicante, apreciar um mesmo ato de concentração, analogamente ao que já ocorre, com a diferença de que através de legislação mais clara, que não demanda maiores esforços hermenêuticos do intérprete da lei, com o setor de telecomunicações".

15. TRF 1.ª Região, Apelação em Mandado de Segurança 2002.34.00.033475-0/DF, Des. Rel. Selene Maria de Almeida, Rel. para o Acórdão Des. Fagundes de Deus, j. em 30.08.2007.

Turma do TRF da 1.ª Região assentou que o CADE tem competência para apreciar concentrações econômicas no setor bancário[16] e que as Leis 4.595/1964 e 8.884/1994 devem ser aplicadas com base na regra da complementaridade.[17] Definiu, ademais, que o Parecer da AGU não vincula o CADE, dada a autonomia dessa autarquia em relação ao Poder Executivo central.[18]

Pouco após essa decisão judicial, que deu novo fôlego à afirmação de competência do CADE, o País passou a enfrentar os efeitos decorrentes da crise do sistema bancário norte-americano, entre os quais um estímulo ou pelo menos o adiantamento de um movimento de consolidação entre os bancos nacionais e a aquisição de carteiras de crédito pelos bancos de maior solidez. Nesse contexto de consolidação, duas operações de particular interesse foram notificadas, a aquisição da Nossa Caixa Nosso Banco pelo Banco do Brasil e

---

16. "A atribuição de autorizar as instituições financeiras a ser transformadas, fundidas, incorporadas ou encampadas, outorgadas ao BACEN pelo art. 10, X, 'c', da Lei 4.595/64, não exclui nem substitui a competência deferida ao CADE pela Lei 8.884/64 para apurar e decidir soberanamente sobre os atos de concentração" (TRF 1.ª Região, Apelação em Mandado de Segurança 2002.34.00.033475-0/DF, Des. Rel. Selene Maria de Almeida, Rel. para o Acórdão Des. Fagundes de Deus, j. em 30.08.2007).
17. "A Lei Bancária e a Lei Antitruste devem ser aplicadas tendo presente a regra da complementaridade. Com efeito, dessa idéia matriz extrai-se a possibilidade de coexistência da Lei 4.595/64 com a Lei 8.884/94, uma vez que a primeira fica limitada ao exame da questão concorrencial como instrumento necessário à defesa do equilíbrio do sistema financeiro, ao passo que a segunda versa especificamente sobre a tutela da concorrência, refletindo com mais propriedade e nitidez os princípios que presidem a ordem econômica e financeira e, no particular, a preocupação do legislador constituinte com a defesa da concorrência e do consumidor, em situação mui diversa do que sucedia na época da edição da Lei 4.595/64" (TRF 1.ª Região, Apelação em Mandado de Segurança 2002.34.00.033475-0/DF, Des. Rel. Selene Maria de Almeida, Rel. para o Acórdão Des. Fagundes de Deus, j. em 30.08.2007).
18. "Os pareceres da Advocacia-Geral da União, por força do § 1.º do art. 40 da LC 73/93, quando aprovados pelo Presidente da República, têm o poder de vincular a Administração Federal. Os pareceres da AGU, contudo, não são de observância obrigatória pelo CADE, quer no tocante à interpretação e aplicação das normas da legislação de defesa da concorrência, quer no que diz respeito à delimitação de sua esfera de atribuições jurídicas. Se assim não fosse, a autarquia antitruste estaria na contingência de sofrer abalos – no que tange à necessária e imprescindível autonomia e independência de seus julgamentos –, que, eventualmente, possam advir de uma indevida ingerência do Poder Executivo" (TRF 1.ª Região, Apelação em Mandado de Segurança 2002.34.00.033475-0/DF, Des. Rel. Selene Maria de Almeida, Rel. para o Acórdão Des. Fagundes de Deus, j. em 30.08.2007).

a fusão entre Itaú e Unibanco, se não reconhecendo explicitamente a competência do CADE, pelo menos informando conservadoramente a agência de defesa da concorrência em função da inegável importância daquela decisão do TRF. Esse evento criou a oportunidade para, pela primeira vez, ocorrer análise aprofundada de mérito de operações com impacto no setor financeiro, já que o tema levado ao Judiciário sobre a polêmica de competência, ironicamente, não trazia qualquer discussão relevante sobre concorrência, versando somente sobre tempestividade da notificação.

Mas a polêmica não foi encerrada pelo TRF. Contra essa decisão foi interposto recurso especial (REsp 1094218), ao qual a Primeira Seção do Superior Tribunal de Justiça (STJ) deu provimento, por maioria, em decisão de 25.08.2010.[19] O voto condutor da Ministra-relatora Eliana Calmon afirmou que o CADE, enquanto entidade integrante da Administração Pública Federal (autarquia), sujeita-se ao Parecer GM-20 da AGU, aprovado pelo Presidente da República, na forma do § 1.º do art. 40 da LC 73/1993. O art. 50 da Lei 8.884/1994, segundo a relatora, não pode ter o alcance pretendido pelo CADE, pois as decisões do Conselho que não comportam revisão no âmbito do Poder Executivo são aquelas proferidas "nos processos administrativos que se desenvolvem dentro de um *iter* próprio, como disciplinado na Lei Antitruste, a partir do artigo 30". Argumentou, também, que a Lei 4.595/1964, ao regular a concorrência no âmbito do Sistema Financeiro Nacional, é especial em relação à Lei 8.884/1994, aplicando-se o art. 2.º, § 2.º, da Lei de Introdução ao Código Civil. Posicionou-se, por fim, no sentido da inviabilidade de um modelo de competências concorrentes.

Ficaram vencidos os Ministros Castro Meira e Herman Benjamin. O Ministro Castro Meira defendeu a não vinculação do CADE pelo parecer normativo da AGU, pois a competência do CADE de apreciar atos de concentração, tendo sido conferida por lei, apenas pelo mesmo instrumento poderia ser restringida ou excepcionada. O poder de uniformização da interpretação normativa para a Administração Federal compreenderia somente matérias passíveis de uma orientação geral, a saber, aquelas que dizem respeito às atividades-meio dos entes descentralizados. A solução da lide, afirmou o Ministro, não deveria se dar com base no princípio da especialidade ou na hierarquia de normas, mas por meio de exame do âmbito de atuação de cada lei;[20] a re-

19. STJ, REsp 1094218/DF, 1.ª Seção, Min. Rel. Eliana Calmon, j. em 25.08.2010, *DJ* 12.04.2011.

20. "A competência privativa do BACEN estabelecida na Lei 4.595/64 está relacionada com a estrutura do sistema financeiro nacional. A exploração da atividade econômica, pautada pelos princípios consignados no art. 170 da Carta Maior, entre

gulamentação sistêmica e prudencial, a cargo do Banco Central, conviveria com a regulação geral antitruste pelo CADE com base no princípio da complementaridade. O Ministro Herman Benjamin acrescentou que o CADE tem posição peculiar em comparação com os demais órgãos do Executivo Federal, inclusive atribuições típicas da atividade judiciária, o que justifica a exclusão da delimitação de sua competência judicante da subordinação à orientação jurídica da Presidência. Concordou que as competências são complementares, afirmando que "o CADE age prioritariamente *a posteriori*, focando os atos e as condutas efetivamente ocorridos e julgando-os à luz da legislação antitruste, sem pretensão de regular, *a priori*, as condições de concorrência, como faz o Bacen".[21]

O Ministro Mauro Campbell Marques acompanhou a relatora no que tange ao resultado final, mas divergiu dos fundamentos por ela apresentados. Defendeu ser possível a harmonização da atuação das suas entidades à luz do princípio da complementaridade. Assim, "de um lado, o Bacen investir-se-ia da competência para controlar atos de concentração de instituições financeiras na perspectiva da saúde do sistema financeiro nacional; de outro lado, o Cade ficaria responsável pela avaliação da concentração sob o aspecto concorrencial".[22] No entanto, tendo em vista a existência do parecer normativo, afirmou o Ministro, não poderia ser, a essa altura, imposta uma multa às empresas. Notou, contudo, que nada impediria que o CADE viesse a analisar as condições de concorrência acarretadas desde então, aplicando sanções se fosse o caso.

Assim, embora a maioria dos Ministros da Seção tenha dado provimento ao recurso para conceder a segurança, ficou sem solução a questão da competência, pois, quanto a essa razão de decidir, a Ministra-relatora foi apenas acompanhada pelos Ministros Humberto Martins e Benedito Gonçalves, en-

---

eles o da livre concorrência, não é tutelada exclusivamente pela Lei 4.595/64, sofrendo influxos da Lei 8.884/94, que confere ao CADE competência para preservar a incolumidade do ambiente concorrencial e apreciar os atos de concentração potencialmente nocivos ao mercado.

As instituições financeiras, portanto, sujeitam-se ao controle da autoridade antitruste, como qualquer outro agente econômico. Essa sujeição, contudo, não se confunde nem obstaculiza a atuação do BACEN no concernente à regulação e manutenção da higidez do sistema financeiro nacional" (STJ, REsp 1094218/DF, voto do Min. Castro Meira).

21. STJ, REsp 1094218/DF, voto do Min. Herman Benjamin.
22. STJ, REsp 1094218/DF, voto do Min. Mauro Campbell Marques.

quanto os outros três Ministros se posicionaram em sentido contrário. Em face da decisão do STJ, foi interposto recurso extraordinário.

Sobre a matéria, com o intuito de superar a relatada indefinição, tramitam projetos de lei no Congresso Nacional. O Projeto de Lei Complementar 344/2002, em trâmite na Câmara dos Deputados, propõe o acréscimo de dispositivo na Lei 4.595/1964, fixando expressamente a competência do Banco Central para decidir acerca de atos de concentração entre instituições financeiras que afetem a higidez do sistema financeiro. Conforme o projeto, entendendo o Banco Central, no exercício dessa competência, que o ato de concentração não afeta a higidez do sistema financeiro, deve encaminhar de imediato a matéria às autoridades responsáveis pela defesa da concorrência. O projeto apresenta ainda regra de transição, definindo que cabe ao Banco Central o exame dos atos de concentração e a punição das condutas lesivas à concorrência praticados por instituições financeiras anteriormente à sua vigência.

O Projeto de Lei Complementar 265/2007, originário do Senado Federal e em curso na Câmara dos Deputados, prevê alterações nas Leis 4.595/1964 e 8.884/1994, conforme as quais: (i) passa a competir ao CADE a prevenção e a repressão de infrações contra a ordem econômica no âmbito do Sistema Financeiro Nacional; (ii) as competências da SDE e da SEAE também passam a valer em relação às operações e instituições do Sistema Financeiro Nacional; (iii) ao BCB compete decidir acerca de atos de concentração que afetem a confiabilidade e a segurança do Sistema Financeiro Nacional; se, após concluído o exame do caso, entender que isso não ocorre, deve encaminhar de imediato a matéria às autoridades responsáveis pela defesa da concorrência; (iv) regra de transição atribui ao BCB a função de examinar atos de concentração e punir condutas lesivas praticadas por instituições financeiras anteriormente à sua vigência.

Em dezembro de 2008, o CADE e o Banco Central assinaram um protocolo de entendimentos propondo à AGU a revisão do Parecer Normativo GM-20. De acordo com petição protocolada no STJ, assinada pelos Procuradores-Gerais das duas autarquias,[23] a proposta teria por base os seguintes pressupostos:

> "(i) Os atos de concentração realizados no âmbito do Sistema Financeiro Nacional devem ser submetidos inicialmente ao BCB, para apreciar, além dos demais aspectos de sua competência, se o ato de concentração afeta a confiabilidade e a segurança do sistema financeiro;

23. Disponível em: <http://www.cade.gov.br/upload/00000001.pdf>. Acesso em: out. 2011.

(ii) Caso o BCB decida fundamentadamente que o ato de concentração, ou parte dele, afeta a confiabilidade e a segurança do sistema financeiro, sua decisão será terminativa, obstando-se a análise pelo CADE;

(iii) Se o BCB entender que o ato de concentração não afeta a confiabilidade e a segurança do sistema financeiro, o processo, instruído com o devido parecer, será encaminhado ao CADE;

(iv) Compete ao CADE aplicar as sanções previstas na Lei 8.884/94 por práticas que configurem infração contra a ordem econômica, inclusive no âmbito do Sistema Financeiro Nacional".

O conflito de competências voltou a ser discutido pelo CADE em despacho do Conselheiro Marcos Paulo Veríssimo, de 30.08.2011, homologado pelo Plenário do Conselho em 31.08.2011, em procedimento administrativo sobre acusação de práticas anticoncorrenciais pelo Banco do Brasil por meio de cláusulas de exclusividade em seus contratos de crédito consignado.[24] Esse procedimento foi instaurado de ofício pelo Presidente do CADE tendo em vista o recebimento de comunicação oriunda da Secretaria de Direito Econômico a respeito de procedimento por ela arquivado, com o fundamento de que ela estaria vinculada ao parecer da AGU, conforme o qual a investigação dos fatos em questão é de competência do Banco Central. De acordo com carta juntada aos autos pela representante, diante de denúncia sobre esses mesmos fatos o BCB havia informado que "a ausência de regulamentação da matéria, no âmbito do sistema financeiro nacional, impede que as condutas sejam analisadas com vista a eventual instauração de processo administrativo punitivo contra a instituição financeira representada". Posteriormente, foi expedido ofício pelo BCB ao CADE informando que "foi editada a Circular n. 3.522, de 14 de janeiro de 2011, que veda às instituições financeiras, na prestação de serviços e na contratação de operações, a celebração de convênios, contratos ou acordos que impeçam ou restrinjam o acesso de clientes a operações de crédito ofertadas por outras instituições, inclusive aquelas com consignação em folha de pagamento".

O CADE decidiu que, tendo em vista a inação tanto da SDE quanto do BCB caberia a ele próprio instaurar e instruir o processo administrativo, e concedeu medida preventiva. No despacho homologado pelo Plenário, o Conselheiro Marcos Paulo Veríssimo reiterou o entendimento de que o Plenário do CADE não está vinculado ao Parecer da AGU e observou que esse parecer dizia respeito a conflito positivo de competências em caso envolvendo ato de concentração, situação diversa do caso analisado, de investigação de conduta, para o

24. Procedimento Administrativo 08700.003070/2010-14, Rel. Conselheiro Marcos Paulo Veríssimo, despacho de 30.08.2011.

qual o BCB se diz incompetente. Manifestou, ainda, discordância em relação ao conteúdo do Parecer da AGU, entendendo viável a aplicação pelo CADE das normas da Lei 8.884/1994 ao setor financeiro, sobretudo no que diz respeito ao controle de condutas.[25] Por fim, afirmou inexistir incompatibilidade com a legislação ou prejuízo à defesa do representado na instauração do processo e na sua instrução pelo próprio CADE. O tema da vinculação da Administração Indireta ao Parecer da AGU, que restou bastante ambíguo na votação travada no STJ, ganha ainda maior relevo diante da Lei 12.529/2011, que reforma a estrutura do Sistema Brasileiro de Defesa da Concorrência. Se antes havia dúvida sobre a possibilidade de o CADE instruir processos sobre o setor financeiro, o que inviabilizaria a sua atuação diante da vinculação da SDE à AGU, na nova estrutura a instrução e julgamento ficam sob divisões distintas de uma mesma autarquia federal, o "Supercade". A prevalecer o entendimento do CADE sobre a vinculação, o potencial conflito com o BCB pode ficar mais agudo. Some-se a isso a manifesta disposição do BACEN em analisar os atos de concentração no setor financeiro com a promulgação da Circular BCB 3590/2012.

Assim, ainda hoje há indefinição acerca da discussão sobre competência, muito embora com tendência para o reconhecimento da complementaridade ou, ao menos, da suplementaridade do CADE na faceta concorrencial da regulação do setor financeiro, nunca sua exclusão. De qualquer modo, a disposição tanto do BCB quanto do CADE em analisar as operações de concentração e investigar abusos de poder econômico no setor financeiro aponta para a necessidade de aprofundamento da compreensão de seus mercados relevantes, dinâmica de rivalidade e desenvolvimento da metodologia de exame dos efeitos concorrenciais de condutas, atos e contratos.

25. Em suas palavras: "Desse modo, não há como extrair das normas supra-referidas, constantes da Lei n. 4.595/64, isenção para a aplicação das regras antitruste no setor financeiro. Com a única exceção da regulação destinada a manter a higidez sistêmica do setor, não há sequer a possibilidade de interferência do Banco Central do Brasil no conjunto normativo e de competências estabelecidas pela Lei 8.884/94, para aplicação dos princípios estabelecidos nos artigos 170 e 173 da Constituição Federal. E, se isso é verdade no que diz respeito ao controle de *estruturas* (em que *pode*, eventualmente, haver razões de risco sistêmico a justificarem determinada concentração, já que o risco sistêmico diz respeito, principalmente, à *estrutura* do mercado de serviços financeiros), também o é com ainda maior razão no que diz respeito ao controle de *condutas*, pois *é difícil imaginar razão de risco sistêmico que possa autorizar instituições financeiras a participarem de um cartel, por exemplo, ou mesmo que as possa autorizar a excluir concorrentes do mercado, adotarem práticas predatórias ou abusarem de posição dominante*".

Pela primeira vez, após os esforços e episódios ocorridos nos últimos dois anos, já podemos contar com algum conhecimento acumulado pelas autoridades envolvidas que discutiram as peculiaridades do setor e desenvolveram, pela própria necessidade de decisão, alguns métodos novos de análise para os atos de concentração. No CADE, embora tenha havido significativo avanço, ainda se observa a falta de harmonia típica das respostas a novas provocações. Não se formou entendimento uniforme sobre como devem ser definidos os mercados relevantes de produto ou geográfico para o setor financeiro, o que fica manifesto no fato de que a mesma composição do plenário do CADE adotou definições de mercado relevante de produto e geográfico distintas para os casos *Banco do Brasil/Nossa Caixa* e *Banco Itaú/Unibanco*. Em grande parte, a divergência decorreu da intensidade das provocações, ou seja, enquanto um caso apresentava maiores preocupações com a concentração no varejo, o outro apontava para maiores concentrações em alguns produtos financeiros. Essas decisões também fazem parte da compilação de decisões relevantes deste livro.

Diversas são ainda as questões importantes que devem ser tratadas para aprofundamento do entendimento sobre o setor. É objetivo deste livro não só (i) divulgar de forma consolidada o conhecimento acumulado pelas autoridades de defesa da concorrência acerca de critérios de análise de operações de concentração e de condutas no setor financeiro, como também (ii) contribuir para o aprimoramento das discussões iniciadas pelo CADE com artigos inéditos de economistas e juristas, em particular de personagens envolvidos acadêmica ou profissionalmente nesse esforço de entendimento do setor travado diante do CADE, que contou inclusive com dois Seminários de Concorrência promovidos pelo Banco do Brasil (o primeiro "Concorrência e o setor bancário" e o segundo "A concorrência no mercado de cartões de pagamento"[26]).

Este livro é, portanto, fruto trabalhado das discussões de alto nível e intenso rigor científico travadas naqueles seminários e é agora lançado com cinco artigos e um apêndice de documentos relevantes para facilitar a compreensão de determinados temas.

O artigo intitulado "O diabo nos detalhes: a definição dos mercados relevantes no setor bancário", da economista e ex-Conselheira do CADE Elizabeth Farina, em coautoria com o também economista Rubens Nunes, trata do tema da assimetria de informações enquanto falha intrínseca do setor bancário. Os autores apresentam distinção entre os efeitos decorrentes do exercício do poder de mercado detido por uma instituição financeira e aqueles provenientes

26. O primeiro realizado em 13.11.2008 e o segundo em 03.12.2009, com a coordenação de Juliano Maranhão e do então diretor jurídico do Banco do Brasil, Dr. Joaquim Portes de Cerqueira César.

das demais falhas de mercado e da regulação. O artigo em muito contribui para o correto delineamento dos mercados relevantes financeiros ao retratar suas particularidades na sua dimensão quer material quer geográfica, considerando o efeito das redes de agências e o avanço da tecnologia no relacionamento com clientes.

No que diz respeito ao mercado relevante, o artigo "Elementos de análise do mercado relevante em atos de concentração no setor bancário" do economista e ex-Conselheiro César Mattos, em coautoria com o especialista em políticas públicas Paulo Vinícius, analisa o conceito de substitutibilidade dos produtos sob a ótica da oferta bancária e, com base em diretrizes da OCDE, aborda o fenômeno da assimetria informacional característico desse mercado. Após acurada análise sobre a importância dos clientes de pequeno porte, em especial das pessoas físicas, para a oferta de crédito no Brasil, o artigo apresenta uma crítica à tradicional segmentação do mercado relevante por grupos de clientes.

Jorge Fagundes, por sua vez, realiza estudo de caso da fusão entre as instituições bancárias Itaú e Unibanco com enfoque nos impactos da fusão de instituições dessa natureza sobre o ambiente competitivo no setor financeiro e bancário no artigo "Análise antitruste e atos de concentração no setor bancário". Nesse contexto, enfatiza a relação entre a crise financeira internacional e a renovação da consolidação do setor bancário no Brasil e no mundo.

Todos esses aportes intelectuais encontram reflexos nos votos condutores das decisões do CADE nos casos Itaú/Unibanco e BB/NCNB, que estão compilados ao final do livro.

Mariana Mota Prado e Julia Cadaval Martins abordam questões relativas a bancos estatais e sua relevância como potenciais alternativas para o sistema financeiro após a crise econômica mundial no artigo "Bancos estatais e controle da concorrência: qual o papel do interesse público?", tema que foi explicitamente abordado e discutido entre os Conselheiros no julgamento da operação BB/NCNB, notadamente em função da ostensiva política de estímulo ao crédito adotada pelo Governo no auge da crise econômica, instrumentalizada justamente por meio do Banco do Brasil. O tema do impacto de políticas públicas sobre as condições de concorrência, em função desses fatores, estava em plena efervescência no momento do julgamento daquela operação e mereceu posicionamentos divergentes dos Conselheiros, em diálogo que iluminou a questão, aliás, para além do mercado financeiro.

Por fim, sobre a necessidade de utilização de guia específico na análise concorrencial dos casos que envolvem o Sistema Financeiro Nacional, o artigo "Princípio da livre concorrência e sistema financeiro: análise de condutas ilícitas", do ex-Presidente do CADE Fernando de Magalhães Furlan mostra-se de extrema relevância. Apoiado na análise da experiência brasileira e estrangeira sobre o tema, o Conselheiro contrabalanceia os riscos com os benefícios trazidos pela competição no setor financeiro. Se, de um lado, ela diminui a confiança e aumenta a agressividade dos atores econômicos, de outro a concorrência enseja incremento em eficiência, inovação, melhores preços e qualidade, conclui o autor.

Espera-se que este livro, de interesse não só para a academia, mas também, e principalmente, para aqueles que atuam no setor (seja no dia a dia das operações, seja na elaboração de normas de regulação, seja ainda na análise dos aspectos concorrenciais e consumeristas decorrentes das operações bancárias) possa contribuir para o avanço das discussões.

JULIANO MARANHÃO E CARLA OSMO

Sobre os Organizadores

Juliano Souza de Albuquerque Maranhão

Professor Associado na Faculdade de Direito da Universidade de São Paulo. Advogado.

Joaquim Portes de Cerqueira Cesar

Mestre em Direito Processual Civil pela PUC-SP. Especialização em Direito Constitucional pela UnB. Doutorando em Direito Constitucional pela PUC-SP. Diretor Jurídico do Banco do Brasil de 2007 a 2009. Advogado.

Sobre os Autores

César Mattos

Doutor em Economia pela Universidade de Brasília (UnB). Ex-Conselheiro do Conselho Administrativo de Defesa Econômica (CADE/MJ). Consultor legislativo da Câmara dos Deputados.

Elizabeth M. M. Q. Farina

Professora Titular no Departamento de Economia da Faculdade de Economia, Administração e Contabilidade da USP. Ex-Conselheira do Conselho Administrativo de Defesa Econômica (CADE/MJ).

Fernando Furlan

Advogado. Presidente do CADE (2011-2012). Ex-Conselheiro do CADE (2008-2011). Ex-Procurador-Geral do CADE (2001-2003). Ex-Chefe de Gabinete do Ministro do Desenvolvimento, Indústria e Comércio Exterior (2003-2005). Ex-Diretor do Departamento de Defesa Comercial (DECOM), da Secretaria de Comércio Exterior (SECEX/MDIC) (2005-2008). Doutor e Mestre pela Universidade de Paris 1 – Panthéon Sorbonne. Bacharel em Direito pela UnB e em Administração pela UDESC/ESAG. Professor licenciado dos cursos de Graduação e Pós-graduação em Direito da FACIPLAC.

Jorge Fagundes

Doutor e Mestre em Economia pelo Instituto de Economia da UFRJ. Bacharel em Economia pela Universidade Candido Mendes. Graduado em Engenharia de Produção pela UFRJ. Titular da Fagundes&Associados Consultoria Econômica.

Julia Cadaval Martins

Mestranda (LL.M.) na Faculdade de Direito da Universidade de Harvard. Mestre em Direito pela Pontifícia Universidade Católica do Rio de Janeiro (PUC/RJ). Bacharel em Direito pela Universidade do Estado do Rio de Janeiro (UERJ).

Mariana Mota Prado

Professora (Associate Professor) na Faculdade de Direito da Universidade de Toronto, Canadá. Mestre e Doutora pela Faculdade de Direito de Yale, Estados Unidos. Bacharel em Direito pela Faculdade de Direito da Universidade de São Paulo (Fadusp).

Paulo Vinícius

Especialista em Políticas Públicas e Gestão Governamental. Especialista em Direito da Concorrência.

Rubens Nunes

Professor Doutor no Departamento de Zootecnia da Faculdade de Zootecnia e Engenharia de Alimentos da Universidade de São Paulo (FZEA/USP).

Sumário

O Diabo nos Detalhes: a Definição dos Mercados Relevantes no Setor Bancário

Elizabeth M. M. Q. Farina
Rubens Nunes

1. Introdução

O setor financeiro constitui instrumento para a alocação intertemporal da riqueza, sendo as firmas dessa indústria guardiães da poupança popular, do resultado líquido dos esforços de vidas inteiras. Por tais razões, há uma preocupação com os efeitos sistêmicos dos bancos, talvez mais do que com os de outros setores. Além disso, a opinião pública não tem uma visão neutra da atividade bancária. Tal preconceito talvez tenha raízes culturais longínquas, como na condenação ético-religiosa da usura. O fato é que as pessoas comuns não reagem da mesma forma quando se fala de bancos e, digamos, da indústria da panificação ou do vestuário. O interesse pelos bancos não se resume aos problemas teóricos e técnicos da aplicação da Organização Industrial. O setor financeiro influencia o desempenho de todos os demais setores da economia, às vezes designados como "setores produtivos", como se houvesse uma diferença essencial entre a produção de bens e serviços "reais" e a intermediação financeira. Trata-se de uma indústria, portanto, passível de ser analisada com os instrumentos da Organização Industrial, mas cujo produto afeta variáveis macroeconômicas, como a oferta de moeda, o volume de crédito, a taxa de juros e o risco dos poupadores.

Diferentemente da política macroeconômica, a análise antitruste toma da Organização Industrial o ponto de partida de que a indústria constitui a unidade de análise, contendo os principais elementos explicativos de seu desempenho observado. Para a Macroeconomia, os bancos são peça de um mecanismo complexo que produz a oferta de moeda, a taxa de juros, o nível de emprego e os preços nominais. Para a Organização Industrial, os bancos constituem um subsistema econômico dotado de racionalidade interna. Nesse sentido, a primeira etapa da análise é o recorte da indústria, a identificação dos elementos do subsistema econômico chamado indústria.

É consenso entre acadêmicos e militantes da defesa da concorrência que a definição do mercado relevante condiciona toda a análise antitruste, de modo que uma falha nessa etapa acarreta a adoção de instrumentos ou excessivamente permissivos ou desnecessariamente onerosos. Contudo, quando se parte para a aplicação do conceito aos casos concretos, o consenso se esvanece. O diabo, mais uma vez, vem morar nos detalhes. Perguntas aparentemente simples acabam por revelar dificuldades analíticas e a necessidade de decisões metodológicas discricionárias.

O instrumento que todas as jurisdições têm empregado para delimitar o mercado relevante é o teste do monopolista hipotético, que se vale de um método iterativo: "A definição intuitivamente é muito simples. Estamos pensando simplesmente em produto substituto e ofertante substituto. O drama dessa história é operacionalizar o conceito [...] Identifica-se primeiro o menor grupo de produtos, que aparentemente são substitutos entre si, e a menor área geográfica, que pode conter ofertantes potenciais [...]". Se o exercício do poder de mercado não for possível, "o consumidor está conseguindo fugir do produto deste monopolista hipotético", e o mercado relevante não foi identificado corretamente. Agregam-se outros produtos ou áreas e repete-se o exercício até que um suposto monopolista possa explorar o mercado assim identificado de forma lucrativa (Farina, 2007). Sob a aparente simplicidade, é preciso, entretanto, dispor de um modelo do mercado para prever a reação do consumidor a um suposto aumento significativo e não transitório de preços.

Kate e Niels (2008) argumentam que o próprio conceito de mercado relevante carece ainda de aprofundamento e rigor. Para Markovits (2002), qualquer definição do mercado envolverá sempre, em maior ou menor grau, decisões arbitrárias. O emprego de testes, como o do monopolista hipotético, pressupõe a escolha de limiares para o aumento significativo e não transitório dos preços, bem como para o grau em que produtos distintos são considerados substitutos próximos pelo consumidor.

De fato, a defesa da concorrência tem sido fundamentada em análises de equilíbrio parcial, nas quais se toma por objeto um determinado subconjunto das transações de uma economia, assumindo que as relações desse subconjunto com seu complemento, o restante da economia, são, para efeitos práticos, negligenciáveis. A economia de recursos e a limitação de informações e da capacidade de processar as informações disponíveis justificam a análise parcial, mas colocam o problema da legitimidade do recorte do sistema econômico. Nem todo subconjunto do sistema econômico é um subsistema: trata-se aqui de encontrar um subconjunto que funcione como unidade de análise, que se explique em grande medida por seus elementos internos.

A explicação econômica baseia-se no comportamento de agentes que tomam decisões autônomas, em geral a maximização da utilidade ou do lucro. Assim, a identificação de um mercado é a identificação de um conjunto de agentes cujas decisões afetam todos os seus elementos. Quando dizemos que o mercado relevante apresenta as dimensões produto e espaço geográfico, estamos empregando, mais ou menos inconscientemente, linguagem figurada. O mercado relevante não é o município, a região, o país, mas os agentes que se localizam nessas áreas e cuja interação permite explicar o resultado, em geral preços e quantidades, do funcionamento do referido subsistema econômico. O mesmo vale para a dimensão produto. Nesse sentido, em nossa leitura a ênfase deve recair mais nas unidades econômicas que agem e reagem ao mesmo conjunto de forças econômicas do que no espaço geográfico propriamente dito:

"O mercado pode ser definido como a área que congrega todas as *unidades econômicas* que agem e reagem ao mesmo conjunto de forças competitivas que influenciam preço e qualidade de um produto ou serviço específico" (Mathis, Harris e Boehlje, 1978, p. 602 – tradução livre dos autores).[1]

Em termos jurídicos, a definição do mercado relevante tem como ponto de partida a identificação dos agentes protegidos pela lei e dos possíveis beneficiários de sua transgressão: "primeiro identifica-se a demanda, grupo de consumidores que devem receber a proteção legal; e então, o grupo de ofertantes que atendem ou poderiam atender a essa demanda" (Marques, 2004, p. 90).

Do ponto de vista da estratégia dos agentes, o consumidor é o meio pelo qual as ações de uma firma impactam as demais. De modo geral, o comportamento do consumidor é descrito por meio de modelos de maximização de utilidade simples, paramétricos[2] em vez de estratégicos. A descrição do comportamento do consumidor pode ser sofisticada, com o relaxamento da hipótese de racionalidade plena,[3] mas, em vista do número grande de consumidores, da diversidade de preferências e dos custos de coordenação, em geral não se identifica no consumidor um comportamento estratégico em face das firmas. Diante de uma mudança produzida por uma firma (por exemplo, uma elevação pequena, porém significativa do preço do bem), a reação do consumidor

1. "A market can be defined as the area encompassing all *those economic units* that exert and react to essentially the same set of competitive forces influencing the price and quality of a specific product or service."
2. Os parâmetros usuais são as elasticidades-preço e renda da demanda.
3. Para uma apresentação breve e didática das consequências do relaxamento da hipótese de racionalidade plena, ver Varian (2006), capítulo 30.

será alterar as quantidades consumidas do bem em questão (no exemplo, reduzir o consumo do bem que se tornou mais caro em relação aos outros bens) e, em diferentes medidas, dos demais bens. Ao revelar suas preferências, o consumidor atua como um canal de comunicação entre as firmas.

Ocorre que as relações de consumo no setor bancário apresentam algumas particularidades que influenciam a análise antitruste ao fazer com que os "canais de comunicação" entre firmas não funcionem perfeitamente.

As imperfeições dos mercados de crédito têm sido amplamente reconhecidas, assim como as dificuldades que tais imperfeições trazem para a análise antitruste (Coutinho, 2009; Goldberg, 2004; Salomão, 1999).

A regulação a que estão sujeitas as instituições financeiras obriga a divulgação de informações contábeis, muitas vezes em metodologia e formato padronizados, o que facilita a comparação e a agregação dos dados. A transparência talvez ajude a explicar o volume de literatura que tem por objeto o segmento bancário. Por outro lado, dificuldades surgem em decorrência de os bancos serem firmas multiproduto, o que dá ensejo à discussão sobre o nível de agregação apropriado e as relações entre as operações ativas e passivas dos bancos; o fato de possuírem redes de agências, o que leva à discussão da área de influência das agências bancárias; além de ser um setor que vem sendo impactado por mudanças tecnológicas e institucionais.

Em qualquer atividade econômica sob análise antitruste, as dificuldades associadas às mudanças tecnológicas e institucionais dizem respeito ao fato de que o prognóstico dos efeitos de um determinado ato de concentração é feito, em geral, com base em dados que refletem um ambiente competitivo em mutação e que não persistirá, tornando difícil distinguir quais os efeitos do ato de concentração em si e quais as mudanças que adviriam das inovações tecnológicas e institucionais.

O objetivo deste capítulo é identificar os problemas e dificuldades enfrentados pela análise antitruste no que diz respeito à definição do mercado relevante dos serviços bancários. Nos modelos simples e esquemáticos de livro-texto, em que os mercados funcionam bem, tal tarefa não traria maiores dificuldades. No caso dos bancos, contudo, o analista pode ser confundido pelos efeitos visíveis das falhas do mercado, tomando-os por manifestações do poder de mercado. A primeira seção do capítulo após esta introdução trata de algumas particularidades do setor bancário relacionadas sobretudo à disponibilidade limitada da informação sobre os agentes. A seguir, discute-se a natureza do produto dos bancos, considerados em geral como pacotes de serviços complementares. Por fim, coloca-se em questão a dimensão geográfica do mercado relevante dos serviços bancários, considerando a rápida e profunda mudança tecnológica por que passa essa indústria. O capítulo procura mais mapear os problemas e identificar as características das soluções do que indicar as soluções em si mesmas. Esse é o tom das conclusões.

2. Particularidades do setor bancário

O setor bancário tem particularidades que podem fazer a ideia de "consumidor representativo", útil para segmentar a indústria, obscurecer fenômenos importantes para a compreensão da concorrência entre instituições bancárias. Imagine uma cidade do interior que tenha agências de cinco bancos, dois públicos (A e B) e três privados (C, D, e E). Um determinado consumidor é correntista de dois deles, A e C, com limites de cheque especial, respectivamente, de R$ 1.000 e R$ 5.000. Todos os cinco bancos oferecem o produto "cheque especial" ou semelhante, mas, no curto prazo, o mercado, para esse consumidor, reduz-se a dois bancos, ou a apenas um, dependendo do valor que precisar ser financiado. Diferentemente da feira livre ou do pregão da bolsa, em que todos os ofertantes e demandantes trocam informações entre si, a maior parte dos serviços bancários é transacionada com os clientes dos bancos. E muitas das transações bancárias se estendem no tempo, às vezes por muitos anos, como no crédito imobiliário.

Considerando um prazo mais longo, o cliente em questão conseguiria transacionar o produto "cheque especial" nas quantidades desejadas (limites de crédito) com os bancos B, D, e E? A resposta é: depende de como os bancos avaliam o cliente em questão, em termos de retorno e risco das transações que esse cliente provavelmente fará com o banco. Para os bancos, os clientes não são substitutos perfeitos. Os bancos avaliam seus clientes por meio de informações sobre suas transações passadas, algumas públicas, como o cadastro de emitentes de cheques sem fundos, outras privadas, a cada instituição, e de informações sobre características do cliente, como renda mensal, propriedade de bens móveis e imóveis, e nível de endividamento. Da mesma forma que os preços de bens complexos podem ser descritos como uma função de suas características, os chamados preços hedônicos, o valor de um cliente para uma instituição financeira é função de seus atributos comportamentais e patrimoniais. Mas, ao contrário de imóveis ou veículos, esses atributos não são observáveis diretamente. Daí a importância do relacionamento do cliente com o banco: o histórico das transações revela atributos relevantes para a avaliação do cliente, em termos de retorno potencial e de risco.

Com base no National Survey of Small Business Finances, feita pelo Federal Reserve Board e pelo Small Business Administration, em que foram entrevistados executivos de mais de 3.400 pequenas empresas americanas entre 1988 e 1989, Berger e Udell (1995) examinaram o papel do relacionamento de pequenas empresas com os bancos na determinação do preço e de características extrapreço das linhas de crédito oferecidas para essas empresas. Para os autores, o relacionamento entre os bancos e as pequenas empresas tomadoras de empréstimos constitui um instrumento para resolver problemas de assimetria de informação. Foi encontrada evidência de que empresas com relacionamentos de longa duração pagam taxas de juros menores e são instadas a oferecer menores garantias colaterais, o que corroborou a hipótese de que o relacionamento gera informação valiosa sobre a qualidade do tomador.

A informação incompleta e assimétrica coloca uma dificuldade analítica para a definição do mercado relevante: clientes são específicos para os bancos, na medida em que o valor do conjunto de transações esperadas se altera quando muda o cliente individual (ou o feixe de atributos característico do cliente), e bancos são específicos para os clientes, pois cada instituição financeira está disposta a oferecer preços e quantidades de serviços distintos para um mesmo cliente.

Note-se, então, que há no mercado bancário dois problemas relacionados, mas que são de natureza distinta: o poder de mercado e a informação assimétrica. No exemplo, o cliente da pequena cidade pode pagar taxas elevadas pelo uso do "cheque especial" não porque sejam poucos os ofertantes do produto, ou porque a rivalidade entre eles seja fraca, mas porque os bancos não estão dispostos a emprestar dinheiro para quem não conhecem. Não se pode esperar que a intensificação da concorrência resolva os problemas de informação. Mas é legitimo esperar que uma melhora no fluxo de informações, por exemplo por meio do compartilhamento de informações cadastrais positivas, intensifique a concorrência, pois, do ponto de vista do banco, torna os diferentes tomadores substitutos mais próximos. A oferta de crédito passará a depender mais da qualidade do tomador em si do que de seu histórico de relacionamento com determinada instituição. A informação gerada ao longo de um relacionamento determinado seria, ao menos em parte, acessível às demais instituições, inclusive potenciais rivais. A proximidade do cliente, entretanto, continuará proporcionando aos bancos informação relevante não passível de ser codificada, sendo, portanto, intransferível.

Nesse sentido, a fidelização dos clientes, ainda que reforçada por estratégias de marketing dos bancos, surgiria espontaneamente em virtude das assimetrias de informação entre instituições. A falha de informação pode até mesmo ensejar a seleção adversa. O custo das operações altera-se à medida que os bancos conhecem os atributos de seus clientes. Os tomadores de alta qualidade são beneficiados por taxas mais baixas, e não têm incentivo para buscar alternativas. Ainda que o tomador busque informação no mercado, perceberá que o custo e/ou o volume do crédito oferecido pelos demais bancos, estabelecidos para um "tomador médio", serão mais desvantajosos que os oferecidos pelo banco de quem é cliente assíduo. Já o tomador de baixa qualidade tenderá a procurar alternativas, diante do encarecimento ou contingenciamento de crédito no banco com quem manteve um histórico ruim. Dessa forma, os tomadores de baixa qualidade tenderiam a apresentar maior mobilidade entre bancos. Com menor confiança nos novos clientes, o custo das operações de crédito para esse grupo cresceria em função do aumento do risco percebido.

Os efeitos sobre a concorrência da assimetria de informação no mercado bancário, entre eles a fidelização de clientes, os custos de transferência (*switching costs*) e a seleção adversa, podem ser mitigados ou magnificados, a depender das características do ambiente institucional. Por exemplo, uma legislação com viés em favor do tomador, ou mesmo uma jurisprudência que consagre a interpretação da lei nessa direção, eleva os custos de recuperação de créditos e, consequentemente, eleva o prêmio de risco e os diferenciais no custo dos empréstimos em função da qualidade do tomador. Diferenciais mais elevados elevam os custos de transferência (*switching costs*) e reduzem a mobilidade dos clientes entre instituições.

Outro exemplo de como o ambiente institucional afeta a rivalidade entre bancos é a faculdade concedida ao empregador de determinar a instituição em que o empregado receberá os salários. Os incentivos para a manutenção do banco que faz o pagamento dos salários, dados ao empregador, não estão relacionados com a qualidade dos serviços nem com o custo das operações para os clientes que recebem os salários nesse banco. É possível imaginar situações em que, na competição pela preferência dos empregadores, os bancos façam subsídios cruzados em desfavor dos empregados, clientes cativos da instituição. Se o regulador obrigar o pagamento dos salários no banco escolhido pelo empregado, a concorrência entre bancos fará que os incentivos para optar por um ou outro banco sejam dirigidos aos empregados.

O fato é que nem todo o mau funcionamento dos mercados se deve ao poder de mercado associado à concentração. Nesses casos, os instrumentos tradicionais da política de defesa da concorrência, sejam estruturais sejam comportamentais, não serão capazes de corrigir as disfunções e aproximar o desempenho do mercado ao que seria observado sob concorrência.

Um sintoma do exercício do poder de mercado é a existência de consumidores dispostos a pagar valores maiores ou iguais ao custo do produto, mas que acabam ficando fora do mercado. Apesar dos notórios ganhos de produtividade que o setor bancário vem conquistando, parte da demanda potencial não é atendida.

Diante das importantes transformações ocorridas nas duas últimas décadas na indústria bancária brasileira, percebe-se que ainda não foi possível superar alguns sinais de exclusão bancária e de certa elitização na prestação dos serviços financeiros no país. De certa forma, a internalização do avanço tecnológico no setor bancário brasileiro, que responde atualmente por quase 7% do Produto Interno Bruto nacional, permite maior solidez em sua atuação, gerando, por consequência, maiores possibilidades de ampliação do grau de inclusão social e territorial (IPEA, 2009).

A exclusão de consumidores do mercado só poderia ser atribuída ao exercício do poder de mercado se os consumidores excluídos não estivessem dispostos a pagar os preços não competitivos, apesar de estarem dispostos a pagar preços de concorrência. São os consumidores que correspondem ao peso morto do exercício do poder de mercado. A exclusão de segmentos da população brasileira do mercado de serviços bancários não parece enquadrar-se nesse caso, tanto que os contingentes excluídos pagam a seus financiadores taxas de juros em geral muito superiores às cobradas pelos bancos para operações semelhantes.

Van Leuvensteijn et al. (2008) analisou a transmissão de choques nos mercados de captação para os mercados de empréstimos em oito países da área do Euro, no período 1994-2006, agregando os empréstimos em quatro categorias: hipotecas, crédito ao consumidor, crédito de curto prazo a empresas, e crédito de longo prazo a empresas. Os autores concluíram que, nos países estudados, os *spreads* no crédito imobiliário, no crédito ao consumidor e no crédito de curto prazo a empresas reduzem-se quando os mercados tornam-se mais competitivos. A competição acirrada nos mercados de empréstimos induz a reduções na remuneração dos depósitos e aumenta a velocidade em que variações na remuneração dos depósitos são transmitidas para os empréstimos.

A definição de quatro agregados de empréstimos feita por Van Leuvensteijn et al. (2008) mostrou-se capaz de captar os efeitos de variações do indicador de concorrência. O trabalho não explica, contudo, o próprio nível do *spread* nem, consequentemente, as diferenças no *spread* entre países. Se um mercado se torna mais competitivo, o *spread* cai em relação ao que vigorava anteriormente no mesmo mercado, mas não cai necessariamente ao mesmo nível de países com o mesmo grau de concorrência.

Afanasieff, Lhacer e Nakane (2002) estudam os *spreads* bancários com base em um painel composto por observações mensais de todos os bancos comerciais brasileiros no período de fevereiro de 1997 a novembro de 2000. Os autores concluíram que as elevadas taxas de inadimplência e os altos custos operacionais dos bancos estão entre os principais fatores explicativos das altas margens obtidas pelos bancos brasileiros, em comparação com os *spreads* observados em outros países.

A análise antitruste tenta, com os instrumentos analíticos e os dados disponíveis, isolar os efeitos da rivalidade sobre preços, quantidades e qualidades transacionadas dos efeitos de outras características das transações. Em relação ao segmento bancário, a assimetria de informação entre instituições e entre tomador e cedente de empréstimos, a regulação prudencial e a presença de bancos públicos competindo com bancos privados são elementos que não podem ser negligenciados. O viés causado pela desconsideração dessas particularidades do setor bancário consiste em atribuir ao suposto exercício do poder de mercado a influência de outros condicionantes estruturais do mercado, levando à adoção de políticas de preservação dos concorrentes inócuas e onerosas, ou, ainda, diante da presença de custos subaditivos, perversas.

3. Os produtos transacionados pelos bancos

A definição legal de operadores do sistema financeiro não coincide necessariamente com o mercado relevante da análise antitruste. No Brasil, a Lei 4.595/1964, em seu art. 17, define como instituição financeira quaisquer pessoas físicas ou jurídicas "que tenham como atividade principal ou acessória a coleta, intermediação ou aplicação de recursos financeiros próprios ou de terceiros, em moeda nacional ou estrangeira, e a custódia de valor de propriedade de terceiros".

Conforme o art. 18, § 1.º, da referida lei, incluem-se entre as instituições financeiras "os estabelecimentos bancários oficiais ou privados, das sociedades de crédito, financiamento e investimentos, das caixas econômicas e das cooperativas de crédito ou a seção de crédito das cooperativas que a tenham", equiparando-se a elas para os propósitos da Lei "as bolsas de valores, companhias de seguros e de capitalização, as sociedades que efetuam distribuição de prêmios em imóveis, mercadorias ou dinheiro, mediante sorteio de títulos de sua emissão ou por qualquer forma, e as pessoas físicas ou jurídicas que exerçam, por conta própria ou de terceiros, atividade relacionada com a compra e venda de ações e outros quaisquer títulos, realizando nos mercados financeiros e de capitais operações ou serviços de natureza dos executados pelas instituições financeiras". Tal definição é, para a análise antitruste, ao mesmo tempo muito ampla e muito restritiva, porque inclui firmas que atuam em diferentes mercados e não competem entre si e porque exclui firmas que não são, mesmo nos termos amplos da lei, instituições financeiras, mas proveem serviços que são substitutos próximos dos oferecidos pelas instituições financeiras.

A questão é: bancos concorrem apenas com bancos, ou também com outros agentes econômicos que podem ofertar produtos e serviços semelhantes àqueles tipicamente comercializados pelos bancos? Duas firmas definidas segundo a lei como instituições financeiras podem não competir entre si, não participando do mesmo mercado relevante. Duas firmas, uma definida legalmente como instituição financeira e outra não, podem vir a concorrer em determinados segmentos.

As dificuldades que surgem na análise de atos de concentração no setor financeiro, em particular na definição do mercado relevante na dimensão produto, foram reconhecidas amplamente, como, por exemplo, em BRASIL (2007).

Nos Estados Unidos, a Suprema Corte firmou na década de 1960 o entendimento de que, na análise de atos de concentração, só deveria ser considerada a concorrência entre bancos, excluindo-se todas as outras instituições, independentemente de receberem ou não depósitos do público. A decisão fundamentou-se no fato de que os bancos ofertam tipicamente um grupo ou *cluster* de produtos relacionados, de forma que a análise não deveria focar cada produto individualmente considerado, mas o "pacote" de produtos e serviços oferecidos.[4] A mesma lógica subjaz à definição de um mercado relevante de supermercados como ofertantes de cestas de bens com milhares de itens, em vez de milhares de mercados correspondentes a cada tipo de produto comercializado nesses estabelecimentos.

Existe na literatura evidência de que os consumidores continuam a adquirir tanto como poupadores quanto como tomadores de empréstimos diversos tipos de serviços de um mesmo banco, mas a confiança em um único provedor de múltiplos serviços vem diminuindo (Amel e Starr-McCluer, 2002). Os órgãos de defesa da concorrência americanos continuam a avaliar as participações de mercado considerando apenas os bancos que oferecem uma linha ampla de produtos e serviços bancários, excluindo instituições de escopo limitado, como cooperativas de crédito e fundos mútuos. Como hipótese simplificadora, ao avaliar os indicadores de concentração, as autoridades da regulação e da concorrência consideram os depósitos à vista como *proxy* para todos os demais produtos bancários[5] (Walter e Wescott, 2008).

À época da decisão da Suprema Corte, a regulação do sistema financeiro proibia instituições não bancárias de ofertarem muitos produtos tipicamente bancários. Diferentemente da maior parte das firmas, que têm o direito de empreender qualquer negócio legal, os bancos estavam compelidos a aceitar

4. *United States v. Philadelphia National Bank*, 374, U.S. 321, 356 (1963).

5. Essa hipótese simplificadora pode causar viés na análise antitruste. Em BRASIL (2009) verifica-se que a relação entre empréstimos, depósitos e captação no mercado interbancário, bem como os *market share* nos mercados de depósitos e empréstimos, variam entre grupos de bancos públicos, privados nacionais e privados estrangeiros.

depósitos e realizar empréstimos. Contudo, sob uma regulação menos restritiva, sociedades de poupança e empréstimo (*thrifts*) passaram a oferecer em muitos casos produtos similares aos bancos (Walter e Wescott, 2008). Desse modo, a referida decisão refletia características do mercado que eram, entretanto, condicionadas, entre outros fatores, pelo próprio ambiente institucional da época. A definição do mercado relevante, nesse sentido, é datada, isto é, liga-se visceralmente a aspectos institucionais, culturais e tecnológicos de cada período da história econômica.

Com base em um painel com observações de 30 países por um período de 8 anos, Aggarwal e Goodell (2009) estudaram a influência de características culturais, legais e de governança corporativa nas preferências em relação à intermediação financeira, especificamente a captação de recursos por meio de financiamento bancário ou do mercado de capitais. Concluíram que a preferência pelo mercado de capitais aumenta com a estabilidade política, com a abertura da sociedade e com a desigualdade econômica, e decresce com a qualidade da regulação e com a aversão à ambiguidade em relação a direitos de propriedade.

Num ambiente regulatório menos rígido, é muito provável que os bancos não ofereçam os mesmos pacotes de produtos e serviços que eram comercializados no período em que o ente regulador vedava a atuação em determinados segmentos, ao mesmo tempo em que obrigava a operar em outros segmentos.

Ao estudar os nexos entre poder de mercado e fragilidade financeira em bancos alemães, Koetter e Poghosyan (2009) foram levados a distinguir três "regimes tecnológicos", com base em suas características, designados pelos rótulos "Bancos Públicos e de Varejo" (*Public & Retail*), "Pequenos e Especializados" (*Small & Specialized*), e "Bancos Universais e de Relacionamento" (*Universal & Relationship*). Estes últimos são maiores que os demais, tendo ativos em valor que excede em mais de 100% o valor médio dos ativos do conjunto dos bancos alemães e redes de agências quatro vezes maiores. As carteiras imobiliárias desse conjunto de bancos são relativamente menores que as dos demais. Estão instalados nas regiões mais densamente povoadas e de renda alta. A participação da poupança captada junto ao público em geral tem maior peso no passivo dos bancos classificados como "Bancos Públicos e de Varejo" do que no conjunto dos bancos. A frequência de instituições públicas nesse segmento é maior que na média do setor. As carteiras imobiliárias têm grande participação nos ativos totais desses bancos. Por tais características, esses bancos identificam-se aproximadamente com as Caixas Econômicas no Brasil. Os bancos "Pequenos e Especializados" têm agências em número reduzido, não estão fortemente presentes nas áreas mais densamente povoadas e têm a participação relativamente alta de empréstimos interbancários nos ativos totais.

A expressão "regime tecnológico" está relacionada à descrição da atividade bancária por meio de uma função de produção composta da captação (produção do insumo) e da aplicação dos recursos, os empréstimos que constituem o produto final da intermediação. Desse modo, a expressão não designa apenas a tecnologia de informação empregada pelos bancos, mas toda a alocação de ativos produtivos do banco. Trata-se de diferentes modelos de negócios.

Como a estrutura de capital e os custos dos fatores diferem entre regimes tecnológicos, negligenciar as características das firmas pode enviesar as estimativas dos parâmetros das funções custo, o que poderia contaminar a avaliação da eficiência e do poder de mercado das firmas. Koetter e Poghosyan (2009) concluíram que os efeitos do risco e da regulação diferem entre grupos e que as firmas em cada regime tecnológico exibem diferentes padrões de rivalidade e exposição ao risco.

A presença de grupos estratégicos em uma indústria é uma informação útil para a análise antitruste, mas não diretamente para a definição do mercado relevante. A heterogeneidade das firmas deve ser levada em conta no prognóstico de alterações na probabilidade de colusão após o ato de concentração. Mantidas constantes as demais variáveis, quanto mais heterogêneas as firmas, maiores os incentivos para firmas individualmente consideradas desviarem-se do comportamento cooperativo e, em consequência, menor a probabilidade de colusão. Para a definição do mercado relevante é necessário conhecer ou conjecturar sobre a mobilidade do consumidor entre diferentes grupos estratégicos, ou regimes tecnológicos, no jargão de Koetter e Poghosyan (2009). Se um determinado consumidor puder obter produtos pertencentes a um mesmo agregado de substitutos próximos em "Bancos Públicos e de Varejo" ou em "Bancos Universais e de Relacionamento", as firmas pertencentes a esses dois grupos estratégicos estão no mesmo mercado relevante. Nos casos em que a regulação padroniza os produtos, como na caderneta de poupança, bancos de todos os grupos estratégicos atuam no mesmo mercado.

A presença de grupos estratégicos estáveis pressupõe a existência de grupos de consumidores com características distintas, que se traduzem em diferentes demandas por serviços financeiros. Se os consumidores fossem suficientemente semelhantes entre si, as firmas capazes de permanecer no mercado convergiriam para a estratégia que atendesse à demanda uniforme da forma mais eficiente.

De modo geral, os consumidores são classificados em pessoas físicas e pessoas jurídicas, sendo estas subdivididas em pequenas e médias empresas, de um lado, e grandes empresas, de outro. A lógica da classificação apoia-se nas diferentes demandas por serviços bancários de cada grupo, assim como na lucratividade para os bancos e no poder de barganha dos clientes com diferentes perfis. Para um banco, ter R$ 1 milhão de um único depositante não é o mesmo que obter R$ 1 milhão provenientes de mil clientes com depósitos de R$ 1.000 em média.

A definição do mercado relevante na dimensão produto é antes de tudo uma questão empírica: dados um ambiente institucional determinado, uma tecnologia, uma população e suas culturas, um território etc., quais produtos têm características tão semelhantes a ponto de o consumidor, diante de uma situação concreta, considerar tais produtos como alternativas viáveis para solucionar seu problema. A agregação de produtos proposta na decisão paradigmática de *United States v. Philadelphia National Bank* deve ser atualizada caso a caso, considerando, sobretudo, o objeto e a racionalidade estratégica do ato de concentração. Nesse sentido, BRASIL (2004b) identificou um mercado relevante "de prestação de serviços de custódia global e o mercado relevante geográfico é o mundial", pois o objeto do ato de concentração foi um conjunto de ativos destinados à prestação a instituições de investimento, "onde quer que estejam localizadas, de serviços relacionados à posse, administração, valoração, informação e registro de tais investimentos". Assim, a desagregação do complexo de produtos e serviços bancários pode ser o caminho correto se a transação envolver serviços específicos ou determinadas carteiras. Em outros atos de concentração,[6] foi identificado um mercado nacional de *asset management*, isto é, de administração de recursos de terceiros.

Em BRASIL (2006), entre os serviços financeiros envolvidos pelo ato de concentração, foram identificados os mercados de (i) Banco de Investimentos, (ii) Banco Múltiplo, e (iii) Câmbio, além dos serviços não financeiros (Administração de Ativos, *Corporate Finance*, Corretagem de Títulos e Valores Mobiliários, Corretagem de Derivativos). A agregação proposta reconhece implicitamente que a concorrência entre bancos se dá por pacotes de serviços, mas que existem diferentes pacotes, demandados por agentes distintos e em ocasiões distintas.

BRASIL (2001b) identificou o mercado relevante de "crédito e financiamento de importações, exportações e operações de câmbio para o comércio

6. Ato de Concentração 08012.005712/2001-87 (Requerentes: BNP Paribas Brasil e UBS Warburg), Ato de Concentração 08012.002876/2006-67 (Requerentes: Templeton International Inc. e Bradesco Templeton Asset Management Ltda) e Ato de Concentração 08012.004499/2002-77 (Requerentes: Banco Inter American Express S/A e Banco BNP Paribas S/A). As "grandes barreiras institucionais de ordem regulatória impostas pelo Banco Central e demais órgãos públicos, pelos mecanismos domésticos de controle sobre a circulação de dívidas, dentre outros motivos" justificaram a opção por um mercado relevante nacional.

exterior", pois esse era o foco das atividades da empresa cujo capital foi transferido em parte para uma instituição financeira internacional.

Como o insumo básico para diferentes produtos bancários é o mesmo, a captação de recursos junto ao público, a facilidade de substituição entre produtos pelo lado da oferta torna muito plausível a definição do produto dos bancos como um agregado de produtos e serviços relacionados. Contudo, em mercados específicos, os bancos podem competir com instituições financeiras que não oferecem um pacote amplo de serviços, como é o caso das financeiras e das cooperativas de crédito. BRASIL (2007) propôs o uso do volume de depósitos e empréstimos como aproximação do produto das atividades financeiras dos bancos, isto é, após serem identificadas diversas atividades não financeiras, tratadas como mercados independentes.

Uma das razões pelas quais as diferentes jurisdições adotam diferentes níveis de agregação dos serviços oferecidos pelos bancos relaciona-se aos efeitos da regulação de cada país sobre o perfil das organizações financeiras, que se desenvolvem à sombra de diferentes regimes institucionais. Se a regulação induz à adoção de estratégias competitivas que tornam as firmas muito semelhantes entre si, em termos de produtos e serviços a desagregação será custosa e não trará benefícios significativos. Ao contrário, se os mercados desenvolvem firmas com perfis e focos diferenciados, a análise antitruste não poderá ignorar tais diferenças, sob pena de inflar a definição de mercado relevante.

Por tais razões, entre outras, o uso descuidado da definição formalizada pela Suprema Corte dos Estados Unidos no caso *United States v. Philadelphia National Bank* vem sendo criticado. O Departamento de Justiça não mais aplica a definição tradicional de um único *cluster* de serviços bancários (BRASIL, 2007).

A análise antitruste deve assumir um horizonte temporal em que seja factível por parte do consumidor a substituição de um banco por outro. O mercado bancário que é afetado por atos de concentração é o mercado de serviços potenciais, em que bancos disputam os clientes que lhes parecem promissores, e em que clientes procuram a opção que lhes parece oferecer *ex ante* a melhor relação custo/benefício. Obviamente o desempenho *ex post* da relação pode estimular o cliente a buscar alternativas no mercado, bem como pode dar incentivos ao banco para regular preços e quantidades dos serviços oferecidos.

4. O espaço geográfico em que os bancos competem

A dimensão geográfica do mercado relevante de serviços bancários tem sido objeto de discussão considerável nos últimos anos. Um dos tópicos da discussão é o efeito de inovações na tecnologia da informação sobre alguns custos de transação e sobre o comportamento de busca do consumidor. As relações entre a desregulamentação do setor e as áreas de atuação das instituições têm sido discutidas, sobretudo nos Estados Unidos, no contexto da expansão de algumas organizações bancárias dentro dos estados de origem e entre estados (Amel e Brevoort, 2005).[7] No Brasil, as privatizações, os avanços na regulamentação e a estabilização macroeconômica deram ensejo ao reposicionamento dos bancos no território.

Em geral, as agências de defesa da concorrência e o Judiciário definem o escopo geográfico da concorrência de forma tal que as firmas são consideradas ou "dentro" ou "fora" do mercado, sem gradação entre os dois estados. Para os bancos de varejo, as Cortes americanas consideram que apenas os bancos instalados no espaço geográfico local pertencem ao mercado relevante, pois "indivíduos e empresas tipicamente concentram o grosso de seus recursos em bancos de sua comunidade local; eles acham inconveniente conduzir seus negócios bancários à distância".[8] Em vista desse entendimento, os analistas subdividem os distritos jurisdicionados por cada um dos doze Federal Reserve em mercados locais, considerando, em geral, cada uma das *metropolitan statistical areas* (MSA) e pequenos grupos de condados rurais (Edelstein e Morgan, 2006).

A dimensão geográfica do mercado relevante bancário tem sido definida como *as áreas dentro das quais os clientes dos bancos poderiam substituir de modo prático o fornecedor de serviços bancários* (Amel e Brevoort, 2005). A interpretação dessa fórmula suscita dois problemas. Primeiro, a expressão "poderiam substituir" indica que o mercado inclui as transações potenciais, e não somente as transações atuais. Se em relação a essas últimas há uma escassez reconhecida de dados empíricos, as transações potenciais não são sequer observáveis. O problema é semelhante ao da moral kantiana: não basta que o ato seja conforme o dever, mas que seja motivado pela vontade: o negociante honesto por interesse ou o homem bondoso por impulso não são virtuosos. Ocorre que só o ato é observável; se foi determinado de forma autônoma (moral) ou heterônoma (amoral ou imoral), esta é uma questão sem resposta para o observador externo. Assim, um inventário das transações efetivas realizadas entre bancos de uma região e seus clientes permitiria afirmar que tais entes pertencem a um mesmo mercado, mas não permitiria excluir entes que não apresentaram transações efetivas. O mercado relevante contém pelo menos os

7. O *Riegle-Neal Interstate Banking and Branching Efficiency Act*, aprovado em 1994, concluiu um processo de desregulamentação dos territórios em que os bancos eram autorizados a operar, iniciado na década de 1970.

8. *United States v. Philadelphia National Bank*, 374 U.S. 321, 358 (1963).

entes que, de fato, transacionaram em alguma ocasião, mas pode conter outros agentes potenciais. A segunda dificuldade diz respeito aos custos de trocar de fornecedor: a substituição é, teoricamente, sempre possível, mas a custos crescentes. Então, é preciso estabelecer um limiar a partir dos qual se considere impraticável a substituição do fornecedor de serviços bancários.

Amel e Brevoort (2005) adotaram uma estratégia interessante para desenhar o mercado relevante geográfico de serviços bancários para pequenas empresas nos Estados Unidos. O trabalho baseia-se em um levantamento realizado em 2001 pela National Federation of Independent Business Research Foundation, no qual foram aplicados questionários sobre a experiência dos pequenos empresários na utilização de serviços financeiros. Uma das questões era quantos bancos existiam na área onde a empresa concentrava suas operações. Tais informações permitem mapear onde o empresário buscaria alternativas aos fornecedores atuais. Trata-se do mercado percebido por uma determinada classe de clientes.

O resultado mais notável encontrado por Amel e Brevoort (2005) é que o tamanho do mercado percebido pelo pequeno empresário é muito pequeno. Em 92% dos casos, o pequeno empresário identificou no mercado um número de bancos menor que o identificado pelo Federal Reserve. Apenas em 3,1% dos casos a percepção dos pequenos empresários coincidiu com a do regulador do sistema financeiro.

Um estudo empírico no Brasil corroborou a percepção de que a proximidade com o cliente é uma variável importante para vários mercados de serviços bancários, pois está associada ao fluxo de informações úteis para o monitoramento dos contratos de financiamento e para a administração do crédito. O trabalho encontrou evidência de que os *spreads* variam entre regiões, sendo menores nas áreas onde a densidade econômica é alta e a competição entre bancos é mais acirrada.

Avaliações de crédito, principalmente para firmas pequenas, frequentemente envolvem informações imprecisas e difíceis de transmitir, coletadas em um amplo espectro de dimensões. A natureza dessas informações limita a concorrência bancária às instituições financeiras próximas ao cliente. Nesse contexto, o número de instituições aptas a atuar em uma região ou com um determinado grupo de clientes torna-se crítico. Regiões e grupos de clientes atendidos por um grande número de instituições desfrutam dos benefícios de uma competição mais intensa e pagam taxas de juros mais baixas, enquanto grupos atendidos por poucos bancos, para quem a concorrência é mais fraca, têm taxas mais elevadas (Ferreira e Farina, 2005, p. 174).

Como reconhecem Amel e Brevoort (2005), a definição do mercado relevante como uma área fechada não decorre da teoria econômica. O conceito fundamental, do ponto de vista da teoria, é o das elasticidades-preço cruzadas da demanda, que podem variar em função do nível de preços, dos custos de transação e mesmo de decisões estratégicas dos ofertantes. As elasticidades-preço cruzadas da demanda expressam o grau de interdependência entre os fornecedores, pois definem a presença ou a ausência de incentivos para um aumento unilateral de preços.

Para estudar o mercado geográfico de depósitos, Edelstein e Morgan (2006) exploraram uma amostra de 110 transações entre bancos, no período 1992 e 1999, em 10 estados do nordeste dos Estados Unidos, nas quais agências bancárias foram transferidas entre bancos. Mudanças regulatórias e variações no ambiente macroeconômico foram controladas. Foi testada a hipótese de mercados locais *versus* mercados estaduais. Para tanto, observaram-se as correlações entre o preço pago por cada agência (normalizado pelo volume de depósitos) e os índices de concentração dos mercados locais e dos mercados estaduais. A concentração nos mercados estaduais mostrou maior poder explicativo em relação ao preço das agências. Aparentemente, a julgar pelos resultados de Edelstein e Morgan (2006) e Amel e Brevoort (2005), as percepções dos banqueiros em relação ao tamanho do mercado diferem substancialmente das percepções dos pequenos empresários.

O pressuposto de que o crescimento de algumas firmas aumenta a concentração e, em consequência, arrefece a rivalidade, é, na verdade, um preconceito originado em modelos de mercado extremamente simplificados. Carlson e Mitchener (2005) propuseram uma explicação, sustentada por evidência empírica, para o fato conhecido de que os bancos nacionais e estaduais, que operavam por meio de agências em vários estados, no caso dos bancos nacionais, e em vários condados, no caso dos estaduais, mostraram-se mais sólidos durante a Grande Depressão do que os bancos locais. Contra a visão recebida de que tal fenômeno se deveu à maior diversificação de portfólios e à menor exposição ao risco dos bancos que atuavam em vários mercados, os autores argumentam que a expansão dos bancos estaduais, onde a lei permitia, induziu a maior competição local, o que contribuiu positivamente para a saúde do sistema financeiro, ao promover a eliminação de bancos fracos e ineficientes.

O trabalho de Carlson e Mitchener (2005) fornece ainda uma interpretação para a resposta dos bancos locais à expansão dos bancos estaduais e nacionais, que foi fazer *lobby* junto aos reguladores estaduais e federais no sentido de limitar a expansão das redes de agências por meio de leis. Em consequência da atividade lobista, muitos estados continuaram a proibir a instalação de agências fora do município de origem dos bancos. A elevação da taxa de saída nos estados abertos à competição dos bancos estaduais e nacionais foi o resultado do acirramento da concorrência, não do exercício do poder de mercado dos "grandes" bancos.

O consumidor, como sugere abundante literatura (entre outros: Amel e Brevoort, 2005; Coccorese, 2009; Dick, 2008; e Sydow, 2007), ainda busca serviços bancários no entorno de sua residência ou local de trabalho, a despeito do progresso na tecnologia da informação. Tal espaço, justamente pelas inovações tecnológicas adotadas pelos bancos e clientes, está se alargando. Contudo, há que se considerar que as opções existentes dentro do espaço de busca do consumidor são condicionadas pelo espaço estratégico em que os bancos competem.

Outro episódio da história econômica dos Estados Unidos que redefiniu o espaço estratégico em que os bancos competem foi a aprovação do Riegle-Neal Act em 1994, que permitiu aos bancos abrirem agências em quase todo o território norte-americano. A mudança institucional deu oportunidade aos bancos de redefinirem suas estratégias, uma vez que estes poderiam escolher permanecer locais ou ampliar suas redes de agências. A resposta dos bancos às novas regras ensejou uma onda de entradas e saídas dos mercados locais. Dick (2008) estudou os efeitos (indiretos) dessa mudança institucional sobre o bem-estar do consumidor. Para tanto, foram estimadas especificações alternativas de modelos de escolha discreta da demanda por serviços bancários, envolvendo preços e características extrapreço dos serviços. O trabalho sugere que a diferenciação de produto importa e que os consumidores valorizam diversos outros atributos dos bancos, além dos preços. Os efeitos da mudança institucional sobre o bem-estar do consumidor não poderiam ser avaliados somente com base na variação dos preços. Enquanto as tarifas dos serviços cresceram ligeiramente, reduzindo a utilidade usufruída pelo consumidor, observou-se um aumento do número de agências e a expansão da área de atuação dos bancos, dimensões que aumentam a utilidade para o consumidor. Para avaliar o efeito líquido, Dick estimou as mudanças nas escolhas dos consumidores em dois períodos, antes e depois da aprovação do Riegle-Neal Act, e constatou um pequeno mas significativo aumento no bem-estar do consumidor. Entre os mercados que apresentaram os maiores ganhos de bem-estar encontram-se cidades em que o número de firmas diminuiu, como Jersey (NJ), com aumento da concentração, e mercados em que a concentração diminuiu com o aumento do número de firmas no mercado, como em New Haven (CT). Por outro lado, alguns mercados, como Portland (ME), e New York (NY), apresentaram redução no bem-estar do consumidor. As alterações no bem-estar não revelaram correlação com a concentração, medida pelo Índice de Herfindahl-Hirschmann.

A extensão do mercado aparente, isto é, o mercado que abarca as transações efetivas observáveis, não é exógena às estratégias competitivas das firmas. As indústrias de cimento e concreto ilustram a questão (BRASIL, 2004a). No caso, considerou-se o mercado relevante a área delimitada por um raio de 50 km da planta para o caso do concreto e de 500 km para o do cimento. Estes números seriam estimativas conservadoras, pois tem-se constatado que as empresas transportam cimento, em média, a locais que distam até 300 km da fábrica, estendendo-se a 500 km apenas nas regiões menos povoadas. O problema é análogo à conhecida "falácia do celofane".[9]

O fluxo de comércio efetivo entre regiões é, sem dúvida, uma informação útil para a delimitação geográfica do mercado relevante. Entretanto, essa informação não é suficiente para tanto. Em outras palavras, o mercado relevante não se identifica completamente com as áreas atingidas efetivamente pelo produto oriundo de um determinado ponto no espaço geográfico. A competição potencial é importante para a compreensão da dinâmica da concorrência, e essa não transparece nos fluxos efetivos de comércio. Além disso, os fluxos efetivos de comércio podem exprimir distorções decorrentes do exercício de poder de mercado, de ações cooperativas entre concorrentes, de barreiras institucionais ao comércio etc.

Para atribuir valor normativo às informações sobre o fluxo efetivo de comércio, é preciso ter evidência de que tais fluxos refletem o funcionamento de mercados competitivos. Se não se tomar essa precaução, a definição de mercado relevante poderá reproduzir as distorções introduzidas pelo comportamento estratégico de agentes dotados de poder de mercado (BRASIL, 2004a).

A operacionalização do conceito de mercado como rede de interações entre agentes, contudo, envolve necessariamente algumas escolhas metodológicas, dada a incapacidade de o analista obter e processar toda informação relevante para a identificação das interdependências. Com frequência são adotadas regras práticas de caráter empírico para dar suporte às análises. Tais regras são aproximações práticas e não podem ser tomadas como a própria definição de mercado relevante, pois são contingentes, válidas dentro dos limites estreitos dos casos particulares. O raio de ação de um ofertante depende dos custos de transporte, mas essa é apenas uma das variáveis que influenciam o tamanho do mercado; além deles, os preços praticados pelo ofertante considerado e por seus rivais efetivos e potencias, as distâncias em relação aos centros consumidores, as economias de escala e de tamanho da firma, a existência de capacidade ociosa, as políticas dc preços, etc. também influem no raio de ação da firma.

9. Para uma discussão da "falácia do celofane", ver Hovenkamp, 2005, p. 103 e ss.

Numerosos trabalhos investigam o poder de mercado dos bancos adotando *a priori* uma definição espacial do mercado relevante. Muitas vezes tal definição está implícita no nível de agregação dos dados utilizados, que são, em grande parte dos casos, os dados disponíveis.

Coccorese (2009), por exemplo, estudou o poder de mercado dos bancos monopolistas locais em pequenos municípios italianos. A amostra foi composta por agências bancárias em 86 municípios nos quais havia uma única instituição de crédito ao longo do período de 1988 a 2005. Todos eram bancos de crédito cooperativos, pequenas organizações semelhantes às *credit unions* norte-americanas. Angelini e Cetorelli (2003) argumentam que tais instituições têm características de bancos de nicho, o que lhes conferiria poder de mercado maior ainda.

Coccorese (2009) empregou duas abordagens comuns na Nova Organização Industrial Empírica: a estimação de um parâmetro de conduta por meio de um sistema de equações simultâneas (lucro, custo total e taxa de juros nos empréstimos) e a estatística H de Panzar e Rosse. A despeito da posição vantajosa usufruída pelos "monopolistas locais", ambos os testes rejeitaram de forma robusta a hipótese de preços de monopólio, principalmente pela competição com instituições localizadas nos municípios vizinhos e pela presença de grandes bancos na região. A estimação da estatística H com base em amostra de municípios em que operavam duas agências bancárias revelou uma conduta praticamente competitiva.

Para a análise de atos de concentração, uma conclusão possibilitada por Coccorese (2009) é a de que os municípios em que havia apenas um provedor de crédito não constituíam mercados relevantes, pertencendo a mercados relevantes maiores. A razão é que os ditos "monopolistas" mostraram-se incapazes de agir, no âmbito do município, como monopolistas de fato. A precificação dos empréstimos só pode ser explicada satisfatoriamente se incluídos os bancos dos municípios vizinhos e as grandes instituições financeiras que operam na região.

As autoridades da concorrência de diversos países, como Alemanha, Austrália, Canadá, Estados Unidos, Itália, Reino Unido e Suíça consideram os mercados relevantes de depósitos e financiamento para pequenas e médias empresas como locais ou regionais. Esses mesmos países consideram mercados nacionais os de cartões de crédito, *leasing*, seguros e crédito imobiliário. O mercado relevante é considerado internacional quando se trata de financiamento a grandes empresas e serviços de câmbio (Sydow, 2007).

Como a definição do escopo geográfico do mercado relevante é uma questão empírica, isto é, uma questão que só se resolve por meio de informações sobre o comportamento dos agentes econômicos em determinado período, as decisões de outras jurisdições podem ser úteis apenas para sugerir hipóteses sobre os mercados sob análise. No Brasil, a má definição das competências do Banco Central e do Sistema Brasileiro de Defesa da Concorrência, conforme testemunha, entre outros, BRASIL (2001a e 2001b), tem feito com que a instrução dos atos de concentração no setor financeiro utilize apenas pequena parte da informação total disponível, de modo que as decisões têm sido guiadas por hipóteses plausíveis e verossímeis, mas não submetidas a testes empíricos.

Na análise de ato de concentração envolvendo bancos de varejo, em BRASIL (2007) assumiu-se que a dimensão do mercado relevante seria nacional, em vista da possibilidade de realizar operações em qualquer ponto de atendimento das redes dos bancos de varejo, de cobertura nacional. Porém, por precaução, a análise prosseguiu com a investigação da sobreposição das agências dos bancos envolvidos no ato de concentração nos municípios (assumindo *ad argumentandum* a hipótese de mercados municipais), a fim de identificar possível supressão significativa da concorrência.

5. Conclusões

Este capítulo argumenta que o funcionamento dos mercados de serviços bancários apresenta particularidades que dificultam a aplicação e a interpretação do teste do monopolista hipotético (Sydow, 2007). Tais particularidades são fundamentalmente consequências das assimetrias de informação sobre as características dos clientes. Cada banco tem acesso diferenciado à informação relevante de cada cliente potencial. Quanto mais longo e intenso o relacionamento do cliente com o banco, mais informação privada o banco acumula, e menores os custos de transação específicos. Em virtude de barreiras técnicas e institucionais à circulação da informação, desenvolvem-se relações de clientela, custos de mudança para os clientes e a possibilidade de obtenção de rendas da informação por parte dos bancos. Do ponto de vista dos bancos, os clientes não são substitutos perfeitos entre si; para os clientes, os bancos também não são substitutos perfeitos entre si.

A dificuldade que tais características do mercado trazem para a aplicação do teste do monopolista hipotético reside na discriminação entre rendas decorrentes do uso da informação privada e ganhos derivados do exercício do poder de mercado. A análise antitruste procura isolar os efeitos da concorrência, ou da falta de concorrência, dos efeitos das demais "imperfeições" dos mercados de serviços bancários.

As instituições sempre importam, mas, no caso dos bancos, o peso das regras se destaca. Trata-se de atividade regulada, justamente em virtude das falhas de mercado decorrentes das assimetrias de informação. Ocorre que as regras podem estimular ou inibir a concorrência entre os bancos, assim como mitigar ou intensificar os efeitos das falhas de informação. Mesmo regras que não têm por objeto imediato a regulação da concorrência ou do funcionamento dos bancos podem ter efeitos sobre o desempenho dos mercados financeiros. É de se esperar, por exemplo, que quanto mais difícil a recuperação de créditos em liquidação, maiores os efeitos da assimetria de informação e do *lock-in* da clientela. A regulação pode também, a exemplo do que ocorre com a caderneta de poupança, homogeneizar os produtos oferecidos pelos bancos e restringir a concorrência.

Os custos de mudança de fornecedor enfrentados pelos clientes tornam os ajustes do mercado lentos. Como em muitos outros aspectos da vida, a mudança é precedida por um período de sofrimento. Assim, o teste do monopolista hipotético deve contemplar um horizonte temporal suficiente para que o cliente possa se ajustar a um aumento de preços não transitório e significativo.

A atividade bancária beneficia-se de economias de escopo. As firmas do setor oferecem amplo leque de produtos e serviços, com diferentes graus de substitutibilidade. Para a análise antitruste, coloca-se o problema da agregação de produtos e serviços que podem ser considerados substitutos próximos por determinados grupos de clientes.

A tradição inaugurada pela Suprema Corte dos Estados Unidos no caso *United States v. Philadelphia National Bank* consiste em definir o produto dos bancos como um *cluster* de produtos e serviços que abrange tanto as operações passivas dos bancos quanto as ativas, *grosso modo* depósitos e empréstimos. O benefício dessa opção é a simplificação da análise, pela redução da necessidade de informação, ao passo que o custo está relacionado ao risco de superagregação, nos casos em que bancos e clientes se diferenciam em grupos estratégicos.

A visão recebida tem sido questionada, sobretudo pela pesquisa empírica que identifica diferentes perfis de instituição financeira e diferentes grupos de clientes com demandas específicas por serviços bancários. Acertadamente, as análises de casos concretos, inclusive no Brasil, buscam definir um nível de agregação intermediário, considerando o perfil dos clientes que demandam determinados serviços, os grupos estratégicos a que pertencem as instituições envolvidas, assim como a estratégia empresarial subjacente ao ato de concentração.

A definição da dimensão geográfica do mercado relevante padece de mazelas semelhantes. Trata-se de uma questão empírica, pois será o comportamento de busca do consumidor historicamente determinado que irá definir as fronteiras do mercado, embora algumas variáveis relevantes para o processo de escolha do consumidor não sejam observáveis: só há registro das operações efetivadas, mas as ofertas que por qualquer razão não se efetivaram podem ter influenciado na escolha. Além disso, as transações potenciais não são observadas. Para contornar tais limitações, a pesquisa recente procura evidências indiretas do espaço de busca do consumidor, entre elas o levantamento do número de bancos que o consumidor crê existir na região em que mora ou trabalha, e os diferenciais de margens observados entre regiões, controlados os efeitos das variações individuais dos tomadores de empréstimos.

Em muitos casos, as autoridades da concorrência são obrigadas a se valer da informação disponível, em níveis de agregação de produto e espacial nem sempre adequados ao teste das hipóteses surgidas ao longo do processo de análise.

O grande desafio da identificação dos mercados relevantes de serviços bancários consiste em determinar o espaço em que os preços são formados, "filtrando" principalmente os efeitos da regulação e da assimetria de informação. Margens elevadas podem tanto evidenciar o exercício do poder de mercado quanto as falhas de mercados em que a informação tem papel preponderante na formação dos preços e em que tomadores e provedores de crédito têm elevado grau de especificidade. Para enfrentar esse desafio, é preciso conhecer em detalhe as regras e as rotinas de funcionamento dos mercados de serviços bancários. Passar por cima desses detalhes pode produzir viés na identificação do mercado relevante, o que, como se sabe, contamina toda a análise antitruste subsequente.

Bibliografia

AFANASIEFF, T. S., LHACER, P. M. V. e NAKANE, M. I. The determinants of bank interest spread in Brazil. *Money Affairs*, Cidade do México, vol. 15, n. 2, p. 183-207, 2002.

AGGARWAL, Raj e GOODELL, John W. Markets and institutions in financial intermediation: national characteristics as determinants. *Journal of Banking & Finance*, vol. 33, 2009.

AMEL, Dean F. e BREVOORT, Kenneth P. The perceived size of small business banking markets. *Journal of Competition Law and Economics*, vol. 1, n. 4, 2005.

AMEL, Dean F. e STARR-McCLUER, Martha. Market definition in banking: recent evidence. *The Antitrust Bulletin*, vol. 47, n. 1, p. 63-89, 2002.

ANGELINI, P. e CETORELLI, N. The effects of regulatory reform on competition in the banking industry. *Journal of Money Credit and Banking*, vol. 35, n. 5, p. 663-684, 2003.

BERGER, Allen e UDELL, Gregory F. Relationship lending and lines of credit in small firm finance. *Journal of Business*, vol. 68, n. 3, p. 351-381, 1995.

BRASIL. Conselho Administrativo de Defesa Econômica – CADE. Ato de Concentração 080012.007435/2000-02. Requerentes: Patagon.com International, Inc. e Banco Santander Central Hispano S/A. *Voto da Conselheira-relatora Hebe Teixeira Romano Pereira da Silva*, 2001a.

BRASIL. Conselho Administrativo de Defesa Econômica – CADE. Ato de Concentração 080012.006482/2000-92. Requerentes: Banco Brascan S/A e Mellon International Investment Corporation. *Voto do Conselheiro-relator Afonso Arinos de Mello Franco Neto*, 2001b.

BRASIL. Conselho Administrativo de Defesa Econômica – CADE. Ato de Concentração 080012.003325/2002-97. Requerentes: Companhia de Cimentos do Brasil e Lafarge Brasil S.A. *Voto da Presidente Elizabeth M. M. Q. Farina*, 2004a.

BRASIL. Conselho Administrativo de Defesa Econômica – CADE. Ato de Concentração 080012.005581/2002-19. Requerentes: Mellon Bank N.A. e ABN Amro Bank. *Voto do Conselheiro-relator Luiz Carlos Thadeu Delorme Prado*, 2004b.

BRASIL. Conselho Administrativo de Defesa Econômica – CADE. Ato de Concentração 080012.005793/2006-20. Requerentes: UBS A.G. e Banco Pactual S.A. *Voto do Conselheiro-relator Abraham Benzaquen Sicsú*, 2006.

BRASIL. Conselho Administrativo de Defesa Econômica – CADE. Ato de Concentração 080012.0100081/2007-11. Requerentes: Banco Santander Central Hispano S/A, Fortis N.V/ Fortis S.A/ N.V. e The Royal Bank of Scotland Plc. *Voto do Conselheiro-relator Abraham Benzaquen Sicsú*, 2007.

BRASIL. Instituto de Pesquisa Econômica Aplicada – IPEA. *Transformações na indústria bancária brasileira e o cenário de crise. 20.º Comunicado da Presidência*. Brasília: Ipea, 2009.

CARLSON, Mark e MITCHENER, Kris James. *Branch banking, bank competition, and financial stability*. National Bureau of Economic Research. Working Paper 11291, 2005. Disponível em: <http://www.nber.org/papers/w11291>.

COCCORESE, Paolo. Market power in local banking monopolies. *Journal of Banking & Finance*, vol. 33, p. 1196-1210, 2009.

COUTINHO, P. *Regulação prudencial e concorrência no setor bancário*. Seminário Internacional sobre Regulação e Defesa da Concorrência no Setor Bancário. CADE e ASBACE, 2009. p. 205-232.

DICK, Astrid A. Demand estimation and consumer welfare in the banking industry. *Journal of Banking & Finance*, vol. 32, p. 1661-1676, 2008.

EDELSTEIN, Paul e MORGAN, Donald P. Local or State? Evidence on bank market size using branch prices. *FRBNY Economic Policy Review*, May 2006.

FARINA, E. M. M. Q. Os conceitos de mercado relevante, posição dominante e eficiências econômicas na tutela da concorrência. Anais do Seminário: O Judiciário na Defesa da Concorrência. *Revista do IBRAC*, vol. 14, n. 3, 2007.

FERREIRA, C. e FARINA, E. M. M. Q. Concorrência e performance do setor bancário em um mercado heterogêneo. *Economia*, vol. 6, p. 157-189, 2005.

GOLDBERG, D. K. Spread, concentração e concorrência no setor bancário. *Revista do IBRAC*, vol. 11, n. 3, 2004.

HOVENKAMP, Herbert. *Federal antitrust policy: the law of competition and its practice*. St. Paul: Thomson/West, 2005.

KATE, Adriaan ten e NIELS, Gunnar. The relevant market: a concept still in search of a definition. *Journal of Competition Law & Economics*, vol. 5, n. 2, p. 297-333, 2008. doi:10.1093/joclec/nhn029.

KOETTER, M. e POGHOSYAN, T. The identification of technology regimes in banking: Implications for the market power-fragility nexus. *Journal of Banking & Finance*, vol. 33, p. 1413-1422, 2009.

MARKOVITS, Richard S. On the inevitable arbitrarieness of market definitions. *The Antitrust Bulletin*, vol. 47, p. 571-601, 2002.

MARQUES, Fernando Oliveira. Aspectos atuais do mercado relevante. *Revista de Direito da Concorrência*, n. 2, p. 89-94, abr.-jun. 2004.

MATHIS, Steve, HARRIS, Duane e BOEHLJE, Michael. An approach to the delineation of banking markets. *American Journal of Agricultural Economics*, vol. 60, n. 4, 1978.

SALOMÃO FILHO, C. S. *Condutas anticoncorrenciais no setor bancário*. Seminário Internacional sobre Regulação e Defesa da Concorrência no Setor Bancário. CADE e ASBACE, 1999. p. 353-368.

SYDOW, Thomas T. *Análise do antitruste no setor bancário – investigação da racionalidade do trade-off entre estabilidade sistêmica e concorrência na indústria bancária*. Monografia. II Prêmio SEAE – Defesa da Concorrência e Promoção da Concorrência, 2007.

VAN LEUVENSTEIJN, Michiel, SØRENSEN Christoffer Kok, BIKKER, Jacob A. e VAN RIXTEL, Adrian A.R.J.M. Impact of bank competition on the interest rate pass-through in the Euro area. European Central Bank. *Working Paper Series*, n. 885, March 2008.

VARIAN, Hal R. *Microeconomia: conceitos básicos*. Trad. da 7. ed. Rio de Janeiro: Elsevier, 2006.

WALTER, John R. e WESCOTT, Patricia E. Antitrust analysis in banking: goals, methods, and justifications in a changed environment. *Federal Reserve Bank of Richmond Economic Quarterly*, vol. 94, n. 1, p. 45-78, 2008.

Elementos de Análise do Mercado Relevante em Atos de Concentração no Setor Bancário

César Mattos
Paulo Vinícius

1. Introdução

A análise de atos de concentração atualmente é realizada a partir de um algoritmo já bastante bem consolidado tanto na doutrina como na jurisprudência do antitruste internacional. A sequência de passos desse tipo de análise se tornou tão padronizada que os EUA, desde 1968, adotam Diretrizes Gerais de análise com o intuito de informar o setor privado sobre como procede a autoridade de concorrência quando avalia os eventuais efeitos potencialmente anticompetitivos de fusões e aquisições.

Atualmente, tanto a Federal Trade Commission quanto a seção antitruste do Departamento de Justiça americano adotam um conhecido conjunto de diretrizes de 1992. Várias outras autoridades antitruste estrangeiras também adotam esse tipo de instrumento de comunicação com o administrado. No Brasil, a SEAE e a SDE adotam o *Guia para análise de atos de concentração horizontal*, desde 2001.[1]

A análise de concentrações no setor bancário segue em linhas gerais os mesmos procedimentos adotados na análise de concentrações nos demais setores da economia, sendo previstos cinco passos fundamentais:[2]

1) definição de mercado relevante;

1. Portaria conjunta SEAE/SDE 50, de 1.º de agosto de 2001.
2. Para um estudo mais detalhado de cada um dos passos para análise de concentrações econômicas, ver Anexo à Portaria Conjunta 50, de 1.º de agosto de 2001, da Secretaria de Acompanhamento Econômico do Ministério de Fazenda e da Secretaria de Direito Econômico do Ministério da Justiça.

2) determinação da parcela do mercado das empresas envolvidas na operação (requerentes);

3) exame da probabilidade de exercício de poder de mercado em que se avaliam:

a) as condições de entrada no mercado relevante;

b) as condições de importação;

c) a rivalidade;

4) exame das eficiências,

5) avaliação e decisão.

Vejamos uma síntese desses passos.

O mercado relevante do passo 1 é construído com base na identificação dos produtos substitutos próximos daqueles produzidos pelas empresas que se fundem. Cabe avaliar *quem* os fabrica e *onde* estão localizados os agentes que determinada firma considera quando define as variáveis fundamentais de sua atuação no mercado.

O mercado relevante possui duas dimensões fundamentais – produto e geográfico –, conforme abaixo.

Mercado Relevante de Produto – Consideram-se dois bens no mesmo mercado relevante de produto se eles forem considerados substitutos, dadas suas características e seu uso, o que, obrigatoriamente, se reflete em uma *elasticidade-preço cruzada da demanda suficientemente alta*. O mercado relevante pode ser definido tanto pelo lado da demanda quanto da oferta, pela avaliação da substitutibilidade dos produtos na demanda e nos processos produtivos, respectivamente.

Mercado Relevante Geográfico – Uma região A está no mesmo mercado relevante geográfico da região B quando se constata que a variação provável dos fluxos de comércio entre uma e outra área, em resposta a incrementos no preço do produto relevante em uma delas, seja suficientemente alta e rápida (menos de 1 ano).

As definições mais rigorosas de mercado relevante, especialmente com o uso do chamado "teste do monopolista hipotético", são apresentadas no Guia SEAE/SDE: "o mercado relevante é definido como o menor grupo de produtos e a menor área geográfica necessários para que um suposto monopolista esteja em condições de impor um "pequeno porém significativo e não transitório" aumento de preços". Em síntese, a substitutibilidade entre produtos com o objetivo de delimitar o mercado relevante é verificada com as reações esperadas dos consumidores a um exercício hipotético de incremento dos preços.

O mercado relevante é construído a partir de uma determinada firma, sendo a unidade básica de análise do antitruste. Nesse sentido, a avaliação dos números de *market share* ou parcela de mercado de uma firma pós-concentração, prevista no passo 2 da análise do Guia, apenas deve ser feita no contexto do(s) mercado(s) relevante(s). Uma fusão apenas terá o potencial de gerar problema na concorrência se a concentração de mercado resultante for suficientemente alta. Considera-se na Lei 8.884/1994 que para haver o potencial de problemas concorrenciais, a fusão deve implicar participação de mercado igual ou superior a 20%, que pode ser interpretada como uma regra *de minimis*. Sendo atingido um patamar inferior a 20%, a análise pode ser encerrada no passo 2.

Mesmo sendo gerada uma participação de mercado elevada após uma fusão, cabe avaliar, no passo 3, a probabilidade de exercício do poder de mercado, que se baseia no exame das barreiras à entrada do setor, das condições de importação e da efetividade da rivalidade entre os concorrentes atuais. A consideração da possibilidade da entrada no setor como um disciplinador efetivo do comportamento dos incumbentes implica a avaliação da probabilidade, da tempestividade (no máximo dois anos) e da suficiência da entrada.

Entre os passos 1 e 3, são avaliados os elementos para se definir o eventual custo social da operação, tendo em vista seu efeito sobre a concorrência. Apenas se prossegue a análise para o passo 4 caso se identifique algum dano potencial à concorrência nos passos anteriores. Caso contrário, a análise se interrompe, e o ato é autorizado.

No passo 4, são verificadas as eventuais eficiências do ato de concentração. A eficiência mais usual são as economias de escala que podem estar sendo geradas, tornando a oferta do produto ou serviço menos custosa. Um ponto importante dessa análise é que tais eficiências devem ser específicas à operação, ou seja, apenas devem ser consideradas como elementos compensatórios no balanço de custos e benefícios da fusão se não puderem ser obtidas de outra forma além daquela operação específica. Assim, se um determinado ganho de escala puder ser igualmente obtido por uma operação com outra firma, gerando dano menor à concorrência, as alegadas eficiências geradas pelo ganho de escala não serão computadas.

Por fim, no passo 5, comparamos os custos dos passos 1 a 3 com os benefícios do passo 4 para avaliar se a operação deve ser autorizada (com ou sem restrições) ou não.

A despeito de esse algoritmo também poder ser aplicado ao setor bancário, algumas adaptações são relevantes. De acordo com Mello,[3] as particulari-

3. J. M. P. de Mello, Atos de concentração e conduta no setor bancário. In: Eduardo P. S. Fiuza e Ronaldo Seroa da Motta (coord.). *Métodos quantitativos em defesa da concorrência e regulação econômica*, Rio de Janeiro: Ipea, 2006, cap. 8, p. 836.

dades do setor bancário são suficientes para impedir que os preceitos dos guias de análise geral sejam cegamente aplicados nesse caso. As mudanças regulatórias e tecnológicas, os avanços nas áreas de comunicação e tecnologia da informação e as regras de requerimento de capital estabelecidas nos acordos da Basileia são alguns dos fatores apontados pelo autor para justificar a adaptação dos guias de análise de fusões bancárias em vários aspectos.

O objetivo deste artigo é apontar algumas das peculiaridades sobre a aplicação do conceito de mercado relevante sobre o sistema bancário.

2. Substitutibilidade na demanda e oferta no sistema bancário

Os bancos comerciais apresentam um portfólio amplo de produtos e serviços, bem como uma razoável diversidade de públicos-alvos desses produtos, o que torna a delimitação dos mercados relevantes, primeiro passo da análise, um exercício não trivial.

Do ponto de vista da demanda, há alguma substitutibilidade que pode ser verificada entre alguns produtos bancários. Por exemplo, o cheque especial, que constitui talvez a mais simples modalidade de crédito para pessoas físicas e jurídicas, pode ser substituído pelo cliente pelo uso do cartão de crédito. De outro lado, o serviço de depósitos bancários já representa algo mais singular, com menor substitutibilidade na demanda em relação a outros produtos bancários.

A limitada substitutibilidade na demanda poderia indicar significativa segmentação dos mercados relevantes entre um grande número de produtos bancários. No entanto, tal segmentação pode ser reduzida se avaliados outros aspectos peculiares desse tipo de mercado. A princípio, observamos três tipos de casos, não obrigatoriamente excludentes entre si, que podem indicar uma análise mais acurada sobre a consolidação de produtos bancários em mercados relevantes distintos: venda em pacotes ou casada, *cluster* e substitutibilidade na oferta.

No portfólio de produtos bancários, alguns são oferecidos em pacotes mediante a cobrança de uma tarifa prefixada. No limite, se tais produtos apenas são transacionados conjuntamente, verifica-se na prática uma venda casada dos produtos. Sem entrar no mérito de qual é a motivação desse tipo de prática (que pode ser ou não anticompetitiva), poderia nesse caso haver uma indicação de que o tratamento consolidado em um único mercado relevante dos produtos do pacote torna-se apropriado.

A lógica de *cluster* pode ser observada para produtos bancários que, mesmo não sendo negociados como um pacote e mesmo não exibindo significativa substitutibilidade na oferta, tendem a ser consumidos conjuntamente pelo cliente, numa mesma agência ou instituição bancária. Por exemplo, o cliente que se vale do serviço de depósitos numa agência bancária tende a utilizar os cartões de crédito, a tomar empréstimos e a realizar investimentos no mesmo banco. Ou seja, embora nem todos os produtos sejam oferecidos em pacotes e nem sejam substituíveis pelo lado da oferta, pode fazer sentido econômico tratá-los de forma consolidada. Este é o caso de um *cluster* definido quando a aquisição de dois produtos de uma mesma firma reduz de forma considerável os custos de transação do consumidor. Nesse sentido, os bens seriam considerados "complementares transacionais". Conforme Ayres,[4] "os complementares transacionais efetivamente casam a aquisição de múltiplos produtos a uma única firma fazendo do *cluster* o mercado de produto".[5]

Em passagem transcrita em documento da OCDE de 2000, a eventual caracterização de um mercado relevante de *cluster* no setor bancário deveria satisfazer as seguintes condições:

> "(a) os clientes apresentam custos de transação substanciais se tiverem mais que uma relação bancária; (b) estes custos de separação das transações são elevados em relação aos custos do *cluster*; (c) a demanda por um componente do *cluster* depende do preço de todo o *cluster* de produtos e não necessariamente do preço deste mesmo componente".

A venda dos produtos bancários em pacote, segundo o mesmo texto, poderia sinalizar a existência de um *cluster*, o que denota que esses dois tipos (venda em pacotes ou casada e *clusters*) são fortemente associados na prática.

A OCDE (2000), citando Rozanski e Rubinfeld (1997), destaca que, enquanto o Federal Reserve endossa a abordagem do *cluster*, a seção antitruste do Departamento de Justiça Americano (DOJ) tende a rejeitá-la, o que implica análise mais segmentada do mercado:

> "No caso do *cluster* de bancos comerciais, algumas firmas de fato competem de forma muito efetiva em ofertar alguns, mas não todos, os produtos do *cluster*. Adicionalmente, embora os consumidores e as empresas tendam a comprar múltiplos serviços de sua instituição financeira primária, eles compram separadamente hoje em dia [...] e separarão mais ainda se o seu banco aumentar alguns preços no *cluster*. A abordagem do mercado em *cluster* subestima a competição no mercado, ignorando o papel dos provedores especializados de alguns serviços".

4. Ian Ayres, Rationalizing antitrust cluster markets, *Yale Law Journal*, vol. 95, 1985, p. 109.

5. A definição dos mercados relevantes bancários em *clusters* foi introduzida em decisão da Suprema Corte americana (*United States v. Philadelfia National Bank*) em 1963.

Segundo a OCDE (2000), "a visão do DOJ parece contar com maior apoio da comunidade de política de concorrência", além do fato de que "o Federal Reserve parece estar abandonando sua abordagem de *cluster*".

As várias modalidades de oferta de crédito pela instituição bancária, apesar de poderem mirar públicos-alvos distintos (pessoa física X pessoa jurídica, imobiliário X consumo X agrícola, entre outros), apresentam elevada substitutibilidade pelo lado da oferta. Afinal de contas, o insumo fundamental em qualquer dessas operações continua sendo "dinheiro", o qual em grande parte das vezes pode ser realocado a custos baixos entre os diversos tipos de linhas de crédito existentes.

A não ser que haja fortes inflexibilidades exógenas ou endógenas na alocação dos recursos entre as diferentes linhas de crédito dentro dos bancos, pode-se presumir elevada substitutibilidade na oferta no caso desses produtos. Uma inflexibilidade exógena seria o caso do governo fixando valores mínimos de empréstimos agrícolas, ou na obrigatoriedade do direcionamento de certas fontes de recursos, como a captação dos recursos da poupança para empréstimos imobiliários. Já as inflexibilidades endógenas dizem respeito ao máximo de exposição a riscos definida para as carteiras das instituições em cada tipo de operação de crédito. Atingidos os limites em determinada modalidade, os quais serão funções dos riscos associados, a substitutibilidade na oferta se reduz. Nesse caso, apenas uma variação muito grande nas taxas e, por conseguinte, nas rentabilidades de uma modalidade de crédito ensejaria a realocação dos recursos para essa modalidade.

O que pode importar aqui para a delimitação do mercado relevante não é a participação de cada banco na oferta de modalidades específicas de crédito, mas sim a sua capacidade global de ofertar crédito, o que inclusive pode não estar restrito à área geográfica em que se localiza determinado conjunto de consumidores. Afinal de contas, uma agência do Banco do Brasil em Londrina, por exemplo, não contará com os recursos captados apenas nessa mesma agência de Londrina. Os recursos de todas as agências do Banco do Brasil no país estarão disponíveis para operações a serem realizadas pela agência de Londrina. Se as condições de rentabilidade e/ou segurança do crédito em Londrina superarem as do restante do país, provavelmente o Banco redirecionará mais recursos para as agências daquela localidade.

3. Segmentação do mercado relevante por tipo de cliente e assimetria de informação

Uma constante nesta literatura é a segmentação de mercados relevantes de crédito para pessoa jurídica entre pequenas e grandes empresas, tal como destacado pela OCDE (2000):[6]

> "Isto é devido primeiro e principalmente às diferenças dos tamanhos médios dos empréstimos feitos aos dois grupos de firmas. Empresas com grandes requerimentos financeiros são muito mais capazes de suportar custos fixos substanciais associados ao empréstimo dos mercados de capitais nacionais ou internacionais, em contraste com a captação de recursos por meio de um intermediário financeiro. Em conseqüência, os empréstimos para os grandes negócios devem conter um conjunto mais amplo de substitutos que os empréstimos às pequenas e médias empresas.
>
> As pequenas e médias empresas não apenas são mais dependentes que as grandes em relação ao crédito bancário, mas também são mais dependentes em relação aos bancos locais. Há três razões para isto. Primeiro, as grandes empresas tendem a tomar empréstimos mais elevados e, portanto, estão mais dispostas a incorrer nos custos fixos da transação e de informação requeridos para tomar emprestado de bancos mais distantes que ofereçam condições melhores. Segundo, as pequenas e médias empresas geralmente têm maior necessidade de um estabelecimento local para depositar cheques e dinheiro. Este ponto adquire maior significância quando se nota que, comparada a grandes empresas, a capacidade de uma pequena ou média empresa de obter crédito bancário em termos razoáveis mais provavelmente será aprimorada ao realizar as transações financeiras no mesmo banco em que toma emprestado. Terceiro, em relação à maior capacidade de conseguir empréstimos, as pequenas e médias empresas acham relativamente mais importante desenvolver e manter boas relações pessoais com os gerentes do banco. Isto é evidentemente mais fácil de fazer quando a pequena e/ou média empresa e o banco são geograficamente próximos".

Outro ponto importante a considerar é em que medida diferentes tipos de bancos (varejo X investimento), competidores não bancários, como as financeiras, e o próprio mercado de capitais devem fazer parte dos mercados de crédito nos quais se situam os bancos. A OCDE (2000) afirma haver uma tendência clara no mundo de que cada vez mais os bancos estão perdendo clientes "grandes empresas" para o mercado de capitais. Observando o substancial crescimento do Bovespa nos últimos anos, acreditamos que tal tendência deve se observar também no Brasil.

---

6. OECD. Directorate for financial fiscal and enterprise affairs. Committee on competition law and policy. *Mergers in financial services.* DAFFE/CLP (2000) 17.

De qualquer forma, no mercado de crédito em geral, observa-se importante falha de mercado associada à assimetria de informação dos bancos que se relacionam com um cliente ou que são mais capazes de adquirir informações sobre a qualidade do crédito em relação aos outros bancos. E isto pode ter importantes implicações sobre a delimitação do mercado relevante conforme o porte do cliente.

O custo do empréstimo cobrado do tomador está diretamente associado à qualidade do crédito atribuída a esse tomador. Informações positivas (negativas) sobre o devedor implicam redução (incremento) no *spread* cobrado. O problema é quando o emprestador não dispõe dessas informações, o que gera um típico problema de seleção adversa: Como o *spread* cobrado segue a inadimplência média, os bons tomadores serão naturalmente penalizados com taxas acima daquelas justificáveis por seu risco específico de não pagamento. Esse preço mais alto do empréstimo reduz naturalmente a quantidade demandada de empréstimo pelos bons pagadores, deixando o mercado com um número excessivo de maus pagadores dispostos a pagar o *spread* cobrado. Isto torna a precificação do risco ainda mais complicada, induzindo o emprestador a cobrar *spread* inclusive acima do justificado pela inadimplência média do mercado.

A questão importante é que a informação sobre os tomadores de empréstimos não é bem distribuída entre os emprestadores, especialmente entre bancos diferentes. Usualmente, cada banco possui muito mais informações sobre a qualidade do crédito de seus próprios clientes do que daqueles que não possuem ou nunca possuíram qualquer relação com o banco. E, naturalmente, não há interesse de qualquer banco em compartilhar voluntariamente essas informações, que representam um ativo com significativo valor, com outros bancos. A possibilidade da "portabilidade cadastral", já em operação no Brasil, e o "cadastro positivo" são formas importantes de atenuar esse problema.

Essa maior quantidade de informações permite ao banco no qual o cliente é correntista desenhar de forma mais adequada as características de custo, duração e amortização dos empréstimos. Em especial, clientes que sejam considerados bons créditos poderão usufruir de melhores condições, como menor custo e prazos mais longos na transação com seu banco comparativamente ao mesmo empréstimo tomado com outros bancos ou outras instituições ofertantes de crédito.

Nesse contexto, cabe destacar, conforme consta em OCDE (2000), que o foco principal da análise antitruste acerca da fusão de bancos são os bons pagadores. Isto porque as condições de empréstimo (se houver) dos maus pagadores serão ruins de qualquer forma, tanto para os seus próprios bancos, que já o conhecem, como para os outros bancos, que por não o conhecerem já presumem que o tomador tem maior probabilidade de não ser um bom crédito.

Além desse problema de seleção adversa, observa-se também um problema de perigo moral. A capacidade que cada banco tem de monitorar a situação financeira de um dado tomador após concedido o empréstimo é também variável. Naturalmente, o acompanhamento das transações financeiras diárias de correntistas permite uma avaliação mais tempestiva sobre sua capacidade de honrar compromissos. Nesse contexto, instituições bancárias com atuação local são mais capazes de atenuar o problema de *moral hazard* do que bancos de outras localidades.

Tanto a seleção adversa quanto o perigo moral podem gerar um efeito de *lock in* dos clientes potenciais demandantes de crédito em relação aos bancos com os quais realizam suas operações bancárias cotidianas. A dinâmica do mercado de depósitos, portanto, terá efeitos diretos sobre o mercado de crédito: os clientes que têm conta em um banco terão maior probabilidade de buscar empréstimos nesse mesmo banco do que em outros.

Note-se, de qualquer forma, que o problema de informação assimétrica não afeta as operações de crédito e de depósito da mesma maneira. Para a instituição financeira não importa a origem dos recursos depositados, ao menos no que diz respeito à segurança da operação. Afinal, receber depósitos não gera os mesmos riscos do que conceder empréstimos.

Além da relação de correntista, um outro fator que atenua a assimetria de informação para efeito de uma eventual operação de crédito é a proximidade geográfica, especialmente quando se trata de localidades menores. Mesmo sem ser correntista em um determinado banco local, um indivíduo apresenta melhores condições de ser avaliado quando mora ou exerce atividade econômica na mesma cidade daquele banco. Outros indivíduos ou empresas também conhecidos do banco, que já tiveram relações com aquele indivíduo, podem constituir fontes de informação alternativa, inclusive servindo como fiadores ou avalistas. A saúde financeira da atividade econômica local desenvolvida pelo indivíduo no momento do empréstimo também pode ser mais bem avaliada por bancos com presença no município ou região. A proximidade geográfica também amplia a capacidade de monitoramento *ex post* da saúde financeira do tomador, atenuando o problema de perigo moral.

Em síntese, além das relações diretas de correntista/banco, a proximidade geográfica também importa para definir a própria disponibilidade do crédito ou suas condições.

Os problemas de assimetria de informação *ex ante* e *ex post* no mercado de crédito valem tanto para pessoas físicas quanto jurídicas. Em especial, vale para pessoas jurídicas de porte reduzido – talvez até mesmo para as de porte médio –, o que tende a estar correlacionado com a própria amplitude geográfica de atuação do tomador. Destaque-se, ainda, o custo transacional em que incorrem os clientes que optam por realizar operações com bancos geograficamente mais distantes.[7]

Saliente-se, nesse aspecto, que o acesso aos bancos via remota, seja por caixas automáticos seja pela internet, cada vez mais tem reduzido a importância da proximidade tanto para pessoas físicas quanto para pessoas jurídicas no que diz respeito aos mercados de depósitos e crédito. Ademais, a possibilidade de realização de um determinado conjunto de operações por caixas automáticos e pela internet reduziu a necessidade de uma rede de agências muito extensa, diminuindo as barreiras à entrada no setor.[8]

O problema de assimetria de informações é naturalmente menor para empresas maiores. De fato, quanto maior a empresa, mais amplo será o acesso a informações financeiras relevantes que definirão os parâmetros ótimos de concessão de crédito. No limite, quando a empresa possui ações em bolsa, o acesso às informações se torna muito facilitado, e o mercado geográfico de crédito para esse tipo de cliente tenderá a alcançar limites geográficos nacionais ou internacionais.

Pode-se dizer, enfim, que o porte dos correntistas e a presença local funcionam como uma forma de diferenciação do produto do banco. E, como toda diferenciação, gera um espaço para a elevação do custo do empréstimo até o limite do custo dos bancos concorrentes, que incorporam uma maior taxa de risco em razão do desconhecimento do risco de crédito de cada agente naqueles segmentos de clientes pessoa física e pessoa jurídica de pequeno e/ou médio porte.

Nesse sentido, é fundamental no exercício de delimitação do mercado relevante de crédito, avaliar em que medida é cabível a segmentação por tamanho e espaço de atuação do cliente pessoa jurídica. Ao concluir pela segmentação, os mercados geográficos de crédito para clientes de porte reduzido

7. Um teste empírico acerca do poder de mercado regional dos bancos no Brasil, com base nessa premissa da assimetria de informação, foi efetuado por C. F. Ferreira e E. Farina, Concorrência e performance do setor *bancário* em um mercado heterogêneo, *Revista ANPEC*, vol. 6, p. 157-189, 2005.

8. Apesar de ter tornado de suma importância o acesso do banco a uma rede de ATMs própria, compartilhada ou de terceiros. Conforme OECD, op. cit., isso pode gerar a necessidade de acordos bilaterais com os proprietários dessas redes, o que pode gerar dificuldades à entrada.

tenderão a estar inseridos em uma área também menor, enquanto o escopo geográfico do mercado de crédito para clientes maiores tende a ser maior.

Para efeitos práticos, os limites inferiores dos mercados geográficos podem ser um município para o caso de localidades menos populosas ou mesmo um bairro para cidades maiores. Tais limites podem se estender para municípios próximos, especialmente os vizinhos, a depender das características socioeconômicas da região. Por exemplo, um município pode constituir em um polo econômico em torno do qual os demais municípios gravitam – regiões metropolitanas – ou os diversos municípios podem apresentar aglomerações urbanas ou constituírem microrregiões.

Essa característica tende a ser agudizada no Brasil pelo baixo nível de proteção dos direitos de credores e acionistas minoritários, tal como estabelecido no arcabouço legal e judicial brasileiro.[9] Esse sistema provê incentivos errados para os devedores no sentido que, *ex post*, há uma baixa disposição de repagamento dos débitos, causando elevados custos judiciais esperados e elevados riscos de crédito, puxando para cima os *spreads*. De fato, o processo de recuperação de um crédito frequentemente se inicia com um procedimento de notificação dos devedores. Então, começa um processo de "reconhecimento" da dívida. Se o juiz tiver qualquer dúvida sobre a dívida, incluindo seu valor, datas de pagamento, entre outras variáveis, tal processo pode se arrastar por um tempo considerável. O próximo passo constitui um "procedimento de execução" da dívida. Nessa fase, o devedor pode fazer a contestação levantando uma série de "embargos" contra o pagamento, inclusive com argumentos relacionados às perdas em que ele incorrerá na operação rotineira de sua atividade ou à demissão de empregados que resultaria do pagamento, procurando explorar o "sentimento" de justiça social do juiz. O processo dura, em média, entre 1 e 5 anos, mas pode chegar a 10 anos![10]

Os custos do credor no processo judicial também não são negligenciáveis. Alguns desses custos não são crescentes em relação ao valor do crédito, o que torna o componente fixo do custo do procedimento judicial convencional particularmente relevante. Isso torna os credores menos dispostos a entrar em procedimentos judiciais para recuperar seus créditos quando está em jogo apenas uma pequena quantia de dívida. Como enfatizado por Pinheiro (2002),

---

9. A. C. Pinheiro e C. Cabral, Mercado de crédito no Brasil: o papel do Judiciário e de outras instituições, *Ensaios BNDES 9*, dez. 1998; A. C. Pinheiro, Creditor rights, enforcement and the access to credit, nov. 2002, Mimeo.

10. I. Ribeiro (Robin Hood vs. King John redistribution: how do local judges decide cases in Brazil? USP, 2006, Mimeo) mostra, no entanto, que tais pesquisas baseadas em declaração dos juízes superestimaram o viés anticredor dos juízes.

isto é particularmente problemático para pequenas e médias empresas, que são capazes de demandar apenas pequenos valores de crédito, o que tende a se refletir em maiores taxas de juros.

Já para as grandes empresas, é possível que os problemas de seleção adversa e perigo moral sejam menores o suficiente para que o mercado geográfico alcance todo o território nacional. Mais do que isso, em tempos de *investment grade*, algumas grandes empresas brasileiras estão mais bem posicionadas para obter acesso maior ao mercado de crédito e de capitais internacional. A despeito das filiais de empresas estrangeiras já terem naturalmente um bom acesso a tais mercados globais, as condições atuais da economia brasileira tendem a reduzir a parcela do *spread* relacionada aos riscos macroeconômicos.

Naturalmente, a análise antitruste tende a ser mais conservadora e, salvo inequívocas indicações de que as empresas maiores apresentam condições de tomar empréstimo no exterior quase tão boas quanto junto às instituições financeiras domésticas, os mercados geográficos relevantes de crédito provavelmente não devem ser definidos, na prática, com abrangência superior à nacional.

4. Ressalva à estratégia de precificação das instituições bancárias nacionais e a jurisprudência do CADE

Na ocasião da análise do ato de concentração envolvendo o Banco do Brasil S.A. (BB) e o Banco Nossa Caixa S.A. (BNC),[11] foram levantadas informações acerca da precificação das taxas de juros por parte de diversas instituições financeiras, as quais, numa análise superficial, tenderiam a esvaziar a definição do mercado relevante geográfico como sendo municipal: os bancos nacionais não considerariam as informações colhidas a partir do relacionamento pessoal do pequeno cliente com a gerência local para determinação das taxas de juros; a política de definição das taxas seria definida em nível nacional. Ou seja, não haveria aproveitamento dos benefícios decorrentes da proximidade com esse tipo de clientela, de modo a precificar as operações de crédito de maneira vantajosa em relação às demais instituições concorrentes. Como destacado no voto:

> "A justificativa para tanto é que os ganhos de escala oriundos de estratégias comerciais nacionalmente unificadas mais do que compensam o que o banco deixa de ganhar ao abrir mão de um atendimento personalizado para a grande massa de clientes correntistas. Desse modo, somente os clientes de

11. Os autores estiveram envolvidos na análise do ato de concentração relativo ao Banco do Brasil S.A. e ao Banco Nossa Caixa S.A., cujo relator foi o então Conselheiro César Mattos, que contou com a assessoria de Paulo Vinícius.

maior porte financeiro poderiam receber tratamento mais personalizado na negociação de taxas para operações de crédito, com insumos informacionais provenientes da agência. Ora, clientes de grande porte, como já mencionado acima, não se limitam às áreas circunvizinhas da agência bancária, mas negociam o acesso ao crédito em nível geográfico nacional" (Voto no Ato de Concentração 08012.011736/2008- 41, de interesse do Banco do Brasil S.A. e Banco Nossa Caixa S.A.).

Tem-se observado algumas decisões do CADE com base nessa premissa.

Por exemplo, no ato de concentração envolvendo o Itaú e o Unibanco,[12] o Conselheiro-relator Fernando de Magalhães Furlan, fazendo referência ao Departamento de Justiça americano, entendeu que a evolução dos serviços bancários eliminou os *clusters*. Furlan reforçou seu entendimento sustentando que os terminais de autoatendimento e a internet teriam reduzido os custos de transação de tal ordem, que teria gerado o efeito mencionado e que, portanto, ao verificar a elevação do preço de um determinado serviço ou produto, o cliente o adquiriria prontamente de outra instituição bancária, ainda que contratasse vários produtos de uma só agência.

Pelo lado da oferta, o Conselheiro acredita que o banco tem informações suficientes sobre os clientes a serem prospectados por meio do Sistema de Informações de Crédito (SCR), serviço de informações fornecido pelo BACEN.

Feitas as considerações acima, segmentou os mercados relevantes em: (i) crédito de livre utilização - pessoa física; (ii) empréstimo consignado - pessoa física; (iii) cartão de crédito; (iv) financiamento habitacional; (v) depósitos à vista; (vi) poupança e depósitos a prazo; (vii) financiamento para aquisição de veículos - pessoa física; (viii) crédito de livre utilização - pessoa jurídica; (ix) empréstimo em moeda estrangeira - pessoa jurídica; e (x) empréstimos direcionados a pessoas jurídicas - financiamento rural e repasses do BNDES.

O Conselheiro assevera, ainda, que a mesma disponibilidade de informações, bem como a política nacional de precificação das taxas de juros, elevaria o mercado geográfico para a dimensão nacional.

Na análise do Ato de Concentração 08012.10081/2007-11, que tratava da aquisição do grupo ABN Amro pelo Santander, o Conselheiro Abraham Benzaquen Sicsú também entendeu que os produtos financeiros deveriam ser segmentados por grupos, justificando a sua posição em face da dificuldade de considerar cada produto como um mercado relevante específico, que seria, segundo seu entendimento, a abordagem ideal.

12. Ato de Concentração 08012.011303/2008-96, de relatoria do então Conselheiro Fernando de Magalhães Furlan, hoje Presidente do CADE.

Dividiu o mercado em: (i) depósitos à vista; (ii) poupança e depósitos a prazo; e (iii) empréstimos e arrendamento mercantil.

Embora reconheça a possível dificuldade de pequenos clientes buscarem instituições fora de sua localidade, Sicsú posicionou-se pela delimitação nacional do mercado relevante, pois "a presença física de agências e postos de atendimento bancário no território brasileiro permite a realização de operações financeiras em qualquer ponto do país", além de os pequenos clientes poderem se valer de casas lotéricas e do banco postal.[13]

Já o Conselheiro Paulo Furquim de Azevedo, na análise do Ato de Concentração 08012011505/2008-38, envolvendo o Banco do Estado do Piauí e o Banco do Brasil, de modo diverso aos anteriores, entendeu que os *switching costs* dos consumidores no acesso às diferentes agências e instituições financeiras justificariam a delimitação dos serviços financeiros de varejo como um único mercado, entendendo que os consumidores, em primeiro plano, escolhem incorporar-se a um banco, para, em seguida, escolher a intensidade de uso de vários produtos de varejo. Acrescenta que o raciocínio não se aplica aos demais serviços financeiros, em que os custos de mudança são menores em relação ao tamanho da operação, quais sejam os mercados de crédito, arrendamento mercantil, poupança e cobrança.

O Conselheiro chama a atenção para a substitutibilidade da oferta como elemento que possibilitaria o agrupamento dos serviços bancários na delimitação dos mercados. A substitutibilidade decorre de que os principais ativos necessários ao desempenho de atividades financeiras – reputação, sistemas de tecnologia de comunicação, expertise econômica, capilaridade de atendimento etc. – seriam semelhantes, se não os mesmos.

Em relação à dimensão geográfica dos mercados, o Conselheiro entende que o custo de deslocamento é determinante na delimitação de mercados mais restritos, como municípios ou microrregiões, na medida em que vários dos serviços financeiros requerem o comparecimento do cliente na agência ao qual é vinculado.

Avançando na discussão sobre como se dá a concorrência em nível local, o Conselheiro parte da premissa de que o fato de as tarifas bancárias serem definidas nacionalmente mitiga os efeitos anticoncorrenciais locais decorrentes da concentração, apesar de que isso não constituiria um fator forte o suficiente para ampliar o escopo do mercado relevante no varejo para nacional. Observa que o gerente ainda possui discricionariedade suficiente para distri-

13. Embora Sicsú tenha prosseguido na análise em nível municipal, recorrendo a dados relativos ao número de agências bancárias nos municípios relevantes da operação, as considerações sobre HHI e C3 foram feitas somente em nível nacional.

buir os clientes bancários entre as diversas classificações de clientes que seriam beneficiados por pacotes/tarifas mais ou menos interessantes, o que também acentuaria os efeitos locais decorrentes da concentração bancária.[14]

Entendemos, com base no que já foi exposto até aqui, que a redução do papel dos gerentes locais na precificação do crédito bancário não afasta necessariamente o entendimento de que os limites geográficos da concorrência sejam locais. Conforme o mencionado voto no caso envolvendo o Banco do Brasil e a Nossa Caixa:

> "Primeiramente, porque o relacionamento pessoal do cliente com o gerente de sua conta cria um ambiente propício de troca de informações, em que o gerente, conhecendo do perfil do correntista e, muitas vezes, da situação profissional, familiar, patrimonial, entre outras, encontra-se em condições de oferecer os produtos que atendem melhor ao perfil daquele cliente".

De fato, as informações levantadas dão conta de que até mesmo a definição de taxas de juros poderia ser negociada de forma personalizada para micro e pequenas empresas, cujos casos, "quando apresentados, são tratados pontualmente, em alçada superior à das respectivas agências".

Desse modo, na condução das negociações às alçadas superiores é inegável a importância do papel do gerente local como interlocutor e inclusive como agente agregador de valor na concessão de informações acerca do cliente que se dirige à agência local com a finalidade de obter uma linha de crédito. Portanto, como sustentado no mencionado voto, em havendo tratamento pontual dos casos, presume-se que a análise vá além das informações que alimentam os *softwares* de avaliação nacional de crédito de cada banco.

Segundo, a dimensão local é ainda mais reforçada quando se percebe que "várias dimensões da concorrência por qualidade de atendimento na agência continuam importantes, mesmo com uma significativa unificação no âmbito nacional dos critérios e estratégias de concessão de crédito e tarifas bancárias. A questão da qualidade do atendimento é importante especialmente para os pequenos depositantes que fazem ainda muito uso dos serviços bancários diretamente na agência. A própria política tarifária, em certa medida, também apresenta alguma flexibilidade no âmbito da agência, porquanto os gerentes possuem alçada que lhes permite flexibilizar tarifas para clientes sem adesão ao Pacote de Serviços".

14. A conclusão do Relator pela aprovação da operação foi ancorada no entendimento de que a presença bancária nos mercados mais afetados se dava principalmente por razões de políticas públicas, pois tratava-se de municípios em que investimentos privados não seriam economicamente racionais.

A presença local é de importância estratégica, ainda, do ponto de vista da oferta, pois, ainda que não haja significativa concorrência por preços, a prospecção de clientes passa pela presença física das agências como estratégia de expansão das instituições.

Parece-nos precipitado sustentar a caracterização de um mercado relevante nacional para os produtos no varejo em razão de os preços em geral serem definidos nacionalmente. Seria como dizer que uma pessoa física residente em Brasília, por exemplo, desconsideraria a localização geográfica de sua agência a tal ponto de julgar indiferente abrir conta em Brasília ou em Patos de Minas!

A importância da presença local é motivo de fusões e aquisições no setor bancário. A própria justificativa da operação Banco do Brasil/Nossa Caixa teria sido, em parte, para "atenuar uma deficiência histórica da presença do BB no Estado de São Paulo, cuja liderança caberia a bancos privados como Bradesco e Itaú/Unibanco". Ou seja, o Banco do Brasil reconheceu a necessidade da presença local para atender à sua estratégia de expansão, que se daria de forma menos eficiente se fosse buscada por meio do crescimento orgânico.

A tese da eliminação dos *clusters* em razão da redução dos custos de transação, embora faça sentido, ainda demanda um maior volume de pesquisa sobre se podemos extrapolar a dinâmica da realidade bancária americana para o Brasil.[15]

Especificamente em relação à divulgação de informações de tarifas bancárias pelo BACEN, verifica-se que não é trivial a comparação de preços individuais de cada serviço, notadamente quando muitos dos produtos são oferecidos em pacotes que não se limitam ao *pacote padronizado pessoa física*. O *site* apresenta uma relação de até 44 produtos e serviços diversos, para cada categoria de instituições financeiras, quais sejam Bancos privados, Bancos públicos + Caixa Econômica Federal, Bancos privados + Bancos públicos + Caixa Econômica Federal, Cooperativas de Crédito, Bancos de Desenvolvimento e Investimento, Agências de Fomento e Companhias Hipotecárias, Sociedades de Crédito, Financiamento e Investimento (CFI), Sociedades de Arrendamento Mercantil, Corretoras de Títulos e Valores Mobiliários, Distribuidoras de Títulos e Valores Mobiliários e Corretoras de Câmbio, Associações de Poupança e Empréstimos e Sociedades de Crédito Imobiliário.

De qualquer modo, os dados levantados na experiência de análise concorrencial no setor bancário demonstram que parte significativa dos pequenos clientes ainda comparece pessoalmente à agência para realizar transações e

15. Ressalva-se que o DOJ não sustenta o fim dos *clusters*, mas a mitigação dos seus efeitos, especialmente para alguns produtos específicos.

que, portanto, a internet ainda está longe de alcançar todos os seus potenciais efeitos, tanto na eliminação dos custos de deslocamento, como, por dedução, na eliminação dos efeitos de *cluster*.

5. Considerações finais

A definição de mercados relevantes no setor bancário apresenta peculiaridades que são fortemente associadas a *cluster*, substitutibilidade na oferta e assimetria de informações. O desenvolvimento tecnológico do setor tem gerado impactos em todas essas dimensões, indicando a necessidade constante de atualização da autoridade incumbida da análise concorrencial das fusões bancárias.

Também no *front* institucional as novidades podem influenciar dramaticamente a delimitação dos mercados relevantes. Em especial no Brasil, a portabilidade bancária e o cadastro positivo possuem um grande potencial de atenuar as assimetrias de informação e, por conseguinte, tornar mais competitivos os mercados de crédito.

A segmentação do mercado por porte do cliente constitui análise muito frequente na delimitação de mercados relevantes em bancos. No caso específico do mercado de crédito, essa definição muitas vezes implica separar os mercados relevantes para clientes pessoas físicas, empresas de pequeno e médio porte e empresas de grande porte. No primeiro caso o escopo geográfico dos mercados tende a ser menor; no limite, municípios ou mesmo bairros, enquanto no segundo caso, o mercado geográfico pode atingir abrangência nacional ou mesmo internacional. Conforme visto em OCDE (2000), "os problemas de concorrência nas fusões bancárias mais freqüentemente acontecem nos empréstimos para pequenas e médias empresas e alguns serviços bancários para indivíduos".[16]

Embora a estrutura do setor bancário brasileiro, com sua política nacional de precificação dos produtos direcionados a clientes de pequeno porte, especialmente pessoa física, tenda a ampliar o escopo de atuação das instituições financeiras nacionais, a agência local ainda guarda importância significativa na concorrência pela clientela.

Não obstante, esse padrão ou mesmo a diferenciação dos mercados por tipo de cliente são temas que merecem ser revisitados ao longo da trajetória da tecnologia de acesso do cliente ao banco e deste àquele. Desse modo, a evo-

16. M. I. Nakane (A test of competition in Brazilian banking. *Estudos Econômicos*, São Paulo, Instituto de Pesquisas Econômicas, 2002, vol. 32, n. 2) realiza análise empírica do mercado de empréstimos nacional e confirma a hipótese de que, no período estudado, havia razoável concorrência.

lução da recente jurisprudência na análise dos casos concretos no Brasil deverá caminhar de mãos dadas com a dinâmica de transformações no setor, de modo que, mais do que um entendimento consolidado, deverá ser construído um arcabouço teórico maduro – e sempre em evolução – sobre como adaptar melhor o formato das análises antitruste em geral, e de mercado relevante em particular, ao setor bancário brasileiro.

Análise Antitruste e Atos de Concentração no Setor Bancário

Jorge Fagundes

1. Introdução

A desregulamentação das atividades financeiras, aliada ao surgimento de inovações tecnológicas e o consequente aumento da competição, implicou um forte movimento mundial de consolidação bancária ao longo da década de noventa. Mais recentemente, com a crise financeira mundial, esse movimento foi renovado, tendo em vista as dificuldades enfrentadas por diversas instituições e mesmo a necessidade de obter mais eficiência, na forma de economias de escala e de escopo, para enfrentar os desafios impostos pela forte turbulência no cenário econômico global.

Dessa forma, apesar do incremento dos níveis de concentração bancária em diversos países, inclusive no Brasil,[1] nos últimos anos, assim como observado em outros setores de atividade econômica, atos de concentração no sistema financeiro podem gerar eficiências sociais – estáticas e dinâmicas – que beneficiem os consumidores finais, aumentando o bem-estar social.[2]

De fato, fusões e aquisições entre bancos implicam ganhos de escala e de escopo por meio de consolidação de agências, oferta integradas de serviços, combinação de operações de *back office* e administrativas, integração de sistemas e operações de processamento de dados, diversificação de operações etc., além de gerarem eliminação de ineficiências gerenciais (aumento da eficiência X).[3]

1. Entre 1994 e 2003, o número de instituições financeiras bancárias no País sofreu uma redução de 33%.
2. Ver, por exemplo, Berger e Humphrey, 1997, p. 175-212 e Allen e Rai, 1996, p. 655-672.
3. Para uma avaliação dos resultados aparentemente positivos de fusões bancárias sobre as eficiências das instituições envolvidas no Brasil, ver Faria, De Paula e Marinho, 2006.

Finalmente, deve-se destacar a existência de uma especificidade do setor bancário e dos atos de concentração nele ocorridos. Trata-se da possibilidade de que tais atos gerem benefícios sociais ao reduzirem o risco sistêmico, ou seja, o risco de que as dificuldades financeiras de uma determinada instituição acabem produzindo efeitos negativos sobre a situação de outros bancos, dadas as inter-relações financeiras entre todos os componentes do sistema bancário, provocando um colapso do sistema financeiro.[4]

Aliás, nesse sentido, é importante notar que, no setor bancário, nem sempre a maior concorrência leva ao aumento do bem-estar social: o excesso de competição entre os bancos pode, pelo contrário, gerar posturas agressivas que induzam a operações de maior risco, com aumento da instabilidade do sistema. Não por outro motivo, o sistema bancário está submetido a regulação prudencial,[5] sendo alvo de preocupações das agências reguladoras no que tange à estabilidade financeira.[6] Desnecessário enfatizar, nesse contexto, a relação entre a crise financeira internacional e a renovação da tendência à consolidação do setor bancário no Brasil e no mundo.

Este artigo está dividido em quatro seções, além desta introdução. A Seção 2 apresenta a metodologia de análise de atos de concentração no Brasil, segundo a jurisprudência nacional, demonstrando que a mesma está alinhada com os *mergers guidelines* utilizados em outras jurisdições. A Seção 3 analisa, segundo essa metodologia e à luz das informações disponíveis, o ato de concentração Itaú-Unibanco, no que tange aos mercados de serviços bancários financeiros. Segue-se uma breve conclusão.

2. Metodologia de análise de atos de concentração horizontais e o papel das eficiências econômicas

2.1 Objetivo da Lei de Defesa da Concorrência

O bem-estar da sociedade, em termos da teoria microeconômica convencional, depende do nível de satisfação – subjetiva – experimentado por cada um dos indivíduos que a compõem, nível este que, por sua vez, é influenciado, ainda que não exclusivamente, pela eficiência econômica dos mercados.[7]

4. Para uma avaliação do risco sistêmico brasileiro antes da crise financeira atual, ver Takami e Tabaki, 2006.
5. Ou seja, a supervisão permanente das atividades bancárias, dos requisitos mínimos de capital e o estabelecimento de restrições às atividades desenvolvidas. Tais regras são previstas para proteger depositantes contra perdas em caso de insolvência de um ou vários bancos.
6. Ver Dewatripoint e Tirole, 1994.
7. De fato, a *distribuição* de bem-estar individual – ou utilidades, segundo a teoria econômica convencional – é uma outra variável importante na determinação do bem-estar *social*.

Qualquer tipo de política econômica – inclusive a de defesa da concorrência – deve, obviamente, contribuir para a promoção de um objetivo geral – a promoção do bem-estar social – mediante a perseguição de um subconjunto de objetivos particulares.

Tradicionalmente, as políticas antitruste de diversos países têm como missão evitar que as estratégias empresariais impeçam a livre ação das forças de mercado (Dewey, 1990 e Bonner e Krueger, 1991). A argumentação em favor da implementação de políticas antitruste tem como pilar fundamental a proposição de que a concorrência, concebida como um processo em que o funcionamento da "mão invisível" dos mercados seria capaz de gerar o máximo benefício para a coletividade, deve ser protegida contra alguns efeitos colaterais oriundos do próprio impulso que a movimenta. Sustenta-se que a busca do lucro por agentes privados pode, em certas circunstâncias, levar ao acúmulo assimétrico de poder econômico, tornando-os capazes de manipular as condições de concorrência a seu favor.

Portanto, as políticas de defesa da concorrência devem ter como objetivo *preservar a concorrência como um meio para promover a eficiência econômica total (ou impedir sua redução) e evitar transferências de renda socialmente indesejáveis dos consumidores para os produtores.*[8]

Para cumprir esse objetivo, as políticas de defesa da concorrência utilizam, em geral, *dois instrumentos.*

De um lado, há o controle ou monitoramento *preventivo* sobre os chamados atos de concentração – ou seja, fusões, aquisições, *joint ventures* ou contratos entre firmas –, de natureza horizontal, vertical ou conglomerada, dependendo do tipo de relacionamento existente entre as empresas envolvidas que altere a *estrutura* de um certo mercado.

De outro lado, a política antitruste procura *reprimir* as condutas anticompetitivas por parte de empresas que são capazes, por suas ações, de gerar situações em que a concorrência é, de alguma forma não baseada na maior eficiência de uma firma perante seus rivais, inibida. Trata-se, portanto, da tentativa

8. Tal afirmação *não* implica postular que o objetivo básico das políticas antitruste deveria ser o de promover a distribuição de renda entre diferentes grupos ou categorias de agentes econômicos, inclusive os proprietários de firmas e os consumidores. O leitor deve notar que o critério distributivo não gera uma postura pró-ativa nas ações de defesa da concorrência no que tange à *re*distribuição de renda, que obviamente deve ser alvo de políticas públicas especialmente direcionadas a esse fim, por meio de impostos e transferências, mas tão somente que as políticas de defesa da concorrência, quando confrontadas com possíveis novas alocações econômicas produtoras de eficiências econômicas potenciais às custas de redistribuição socialmente indesejada de renda entre consumidores e produtores, *não podem deixar de levar em consideração um critério distributivo no seu processo de análise e de tomada de decisão, de natureza eminentemente social.* Ver Fagundes, 2003.

de evitar, por meio de ameaças de punição prevista na Lei Antitruste de cada País, as condutas empresariais que visem restringir a ação dos concorrentes, limitar o alcance da competição por intermédio de algum tipo de colusão e/ou impor aos compradores (vendedores) condições desfavoráveis na aquisição de produtos e/ou serviços.

No Brasil, a Lei 8.884/1994 é a principal norma antitruste que fornece, a partir dos ditames constitucionais,[9] o arcabouço legal para a formulação e implementação das políticas de defesa da concorrência nacionais. O art. 54 dessa lei é a principal base normativa para o controle sobre atos de concentração, determinando em seu *caput* que:

> "(...) atos sob qualquer forma manifestados, que possam prejudicar a livre concorrência, ou resultar na dominação de mercado relevante de bens ou serviços, deverão ser submetidos à apreciação do CADE".[10]

No entanto, a Lei 8.884/1994 estabelece no § 1.º do art. 54 que o Conselho Administrativo de Defesa Econômica (CADE), autoridade responsável pelas decisões finais quanto às políticas de defesa da concorrência no Brasil, poderá autorizar tais atos, desde que atendam às seguintes condições:

> "I – tenham por objetivo, cumulada ou alternativamente: a) aumentar a produtividade; b) melhorar a qualidade de bens ou serviços; c) propiciar a eficiência e o desenvolvimento tecnológico ou econômico; II – os benefícios decorrentes (do ato) sejam distribuídos equitativamente entre seus participantes, de um lado, e os consumidores e usuários finais, de outro; III – não implique eliminação da concorrência de parte substancial de mercado re-

---

9. As políticas de defesa da concorrência encontram seu fundamento não apenas no art. 173, § 4.º, da Constituição, mas se articulam também com outros princípios constitucionais da Ordem Econômica. Como nota Schuartz, 1998, a lei antitruste regula – preventiva e repressivamente – a conduta dos agentes econômicos em função de uma idealização do funcionamento das relações de mercado, idealização esta conformada: pelo respeito à livre-iniciativa (CF, art. 170, *caput*); pelo princípio da livre concorrência (CF, art. 170, IV); pelo princípio da função social da propriedade (CF, art. 170, III); pelo princípio da defesa do consumidor (CF, art. 170, V); pelo uso *não abusivo* do poder econômico: "A lei reprimirá o abuso do poder econômico que vise à dominação dos mercados, à eliminação da concorrência e ao aumento arbitrário de lucros" (CF, art. 173, § 4.º).

10. De forma mais objetiva, o § 3.º do art. 54 estabelece que qualquer ato de concentração cujo resultado se manifeste num *market share* conjunto das empresas ou grupo de empresas acima de 20% do mercado *relevante* ou no qual pelo menos uma das empresas envolvidas apresente um faturamento bruto igual ou superior a R$ 400 milhões deve ser *obrigatoriamente* notificado ao CADE.

levante de bens e serviços; e IV – sejam observados os limites estritamente necessários para atingir os objetivos visados".[11]

Em outras palavras, segundo a legislação nacional sobre defesa da concorrência, *uma operação que produza potenciais efeitos anticompetitivos poderá ser aprovada*, a partir do atendimento das condições do § 1.º do art. 54 da Lei 8.884/1994, ou seja, da satisfação *simultânea* de seus incisos I, II, III e IV. Observe-se, portanto, que a lei nacional antitruste admite que atos geradores de prejuízos à livre concorrência ou de dominação de mercado relevante de bens ou serviços podem ser aprovados por meio de defesas baseadas, *desde que não exclusivamente*, nas eficiências econômicas deles derivadas.[12]

De fato, o inciso I do § 1.º do art. 54 da Lei 8.884/1994 caracteriza as eficiências econômicas segundo a lei brasileira, incorporando-as explicitamente à análise e aos critérios de decisão no campo das políticas de defesa da concorrência, conforme, inclusive, ampla jurisprudência já criada pelo CADE.[13] Além do mais, esse inciso explicita que o progresso técnico, ou seja, as eficiências *dinâmicas*, devem ser avaliadas no processo de análise dos efeitos líquidos dos atos previsto no *caput* do art. 54 da Lei 8.884/1994 sobre a eficiência potencial de Pareto.

Entretanto, cumpre destacar que os demais incisos são também condições *necessárias* à aprovação do ato, juntamente com o inciso I, não se referindo a nenhuma forma de eficiência, mas sim apresentando *outros critérios* a serem observados pelas autoridades responsáveis pela defesa da concorrência quando do exame e da decisão sobre a aprovação ou não dos atos previstos no *caput* do art. 54 da Lei 8.884/1994. Em particular, o inciso II estabelece como *condição* à aprovação de um ato *com potenciais efeitos anticompetitivos* que os consumidores não sejam por ele prejudicados, por conta de aumentos de preços possibilitados pelo poder de mercado decorrente do ato de concentração.

Note-se, finalmente, que, dependendo da avaliação do CADE, as empresas responsáveis pelo ato submetido ao sistema brasileiro de defesa da concorrência (SBDC) podem ser obrigadas, como condição para a aprovação da operação *com restrições*, a assumir legalmente *compromissos de desempenho*, previstos no art. 58 da Lei em tela. Tais compromissos, na medida do possível de caráter

11. Entretanto, exceções são previstas no § 2.º do art. 54, que estabelece que a operação poderá ser aprovada com o atendimento de pelo menos três dos incisos do § 1.º, caso ela seja de "interesse da economia nacional".

12. *Obviamente, a utilização das condições previstas no § 1.º do art. 54 depende de as autoridades antitruste terem encontrado, previamente, indícios de que o ato a elas submetido possa produzir efeitos negativos em termos de eficiências econômicas*, os seja, os chamados efeitos anticompetitivos, que se manifestam na alta probabilidade de aumentos de preços – ou redução da qualidade ou ainda do esforço inovativo – caso o ato seja aprovado.

13. Para uma análise da jurisprudência nacional, ver Franceschini, 2000.

estrutural, e não comportamental,[14] referem-se a metas – que devem ser alcançadas pelas empresas – relativas às citadas condições previstas no art. 54, sob pena de revogação da aprovação do ato, entre outras possíveis punições.[15]

2.2 Metodologia de análise de atos de concentração horizontais

2.2.1 Efeitos potencialmente negativos de atos de concentração horizontais

Atos de concentração – fusões, aquisições e *joint-ventures* entre concorrentes – são motivados pela perspectiva de ganhos econômicos. A política antitruste está preocupada somente com uma das possíveis fontes para tais ganhos: o incremento do poder de mercado.[16] Dois são os principais efeitos do exercício de poder de mercado: (i) ineficiência alocativa, derivada da má

14. De modo que impliquem *sunk costs* para as empresas, constituindo-se, portanto, em comprometimento efetivo, com credibilidade, e não somente uma "promessa de bom comportamento", de difícil fiscalização, diante dos supostos efeitos anticompetitivos de qualquer ato envolvendo aumento e/ou criação de poder de mercado. Isso porque a inevitável assimetria de informações entre as empresas e os órgãos de regulação, bem como os altos custos de fiscalização necessários ao monitoramento dos compromissos comportamentais, apontam inequivocamente para as soluções antitruste de natureza preventiva e estrutural por parte do sistema de defesa da concorrência. Entretanto, como aponta Possas (1996, p. 45, grifos do autor): "cabe também a ressalva de que a ampla previsão legal de intervenção do CADE em mercados concentrados, nos quais atos ou contratos potencialmente anticompetitivos estejam ocorrendo, assegurada pelo instituto de compromisso de desempenho, *não deve ser interpretada como um incentivo a que o CADE intervenha arbitrariamente na estrutura desses mercados e/ou se substitua às empresas na definição de estratégias ou de comportamentos de mercado.* A função legal dos compromissos de desempenho é *estritamente* vinculada ao ato em questão e os seus efeitos esperados, e como tal deve ser cumprida. *Não cabe aos órgãos de defesa da concorrência atuar como instrumento de governo, e menos ainda como instrumento de 'política industrial' em sentido estrito*". Para uma visão das convergências entre políticas industrial e de defesa da concorrência, ver Fagundes, 1998.
15. Note-se que tais compromissos não se restringem aos alegados ganhos de eficiência previstos no inciso I do § 1.º, podendo incluir as salvaguardas à concorrência previstas nos demais incisos.
16. Poder de mercado é definido como a capacidade de uma empresa ou grupo de empresas de manter seus preços acima dos níveis competitivos por um período de tempo significativo *sem que tal ação provoque um volume de perdas de vendas suficiente para torná-la não lucrativa.* Também abrange a capacidade de uma empresa ou grupo de empresas de reduzir a competição por meio de estratégias que envolvem outras dimensões, além do preço, tais como produto, qualidade, serviços e inovação. O

alocação de recursos, e expressa por preços superiores aos custos marginais; e (ii) transferência de renda dos consumidores para os produtores. Logo, cabe à *política antitruste impedir os atos de concentração que resultem em criação ou aumento de poder de mercado, ou maior facilidade em exercê-lo.*

Dentro desse contexto, não raramente, tendo em vista a promoção da segurança jurídica, os órgãos de defesa da concorrência elaboram *guidelines* sobre os procedimentos analíticos que serão empregados quando do exame de atos de concentração (e condutas potencialmente anticompetitivas).

Em tais guias, a análise dos efeitos anticompetitivos de atos de concentração horizontais é basicamente *estrutural*, seguindo o modelo estrutura-conduta-desempenho. O Quadro 1 apresenta o esquema analítico básico.

Quadro 1 – Modelo Estrutura-Conduta-Desempenho

ESQUEMA ANALÍTICO
ESTRUTURA
número de produtores e compradores, diferenciação de produtos, barreiras à entrada, estruturas de custos, integração vertical, diversificação
↓
CONDUTA
políticas de preços, estratégias de produto e vendas, pesquisa e desenvolvimento, investimentos em capacidade produtiva
↓
DESEMPENHO
alocação eficiente dos recursos, atendimento das demandas dos consumidores, progresso técnico, contribuição para a viabilização do pleno emprego dos recursos, contribuição para distribuição equitativa da renda, grau de restrição monopolística da produção e margens de lucro

Fonte: Adaptado de Scherer e Ross, 1990.

Assim, torna-se possível identificar os fatores estruturais que condicionam as condutas de fixação de preços das empresas e que, consequentemente, podem levar a situações de elevação abusiva de margens de lucro e prejuízos para os consumidores.

Baseado neste modelo, o *US Horizontal Merger Guidelines*, de 1982, e suas versões seguintes (de 1992 e 1997), analisam um ato de concentração partindo da delimitação do mercado relevante para, em seguida, realizarem um

poder de mercado também pode ser detido por um comprador – monopsônio – ou grupo de compradores, chamando-se, nesse caso, de poder de monopsônio.

exame da possibilidade do surgimento e/ou do aumento de poder de mercado, unilateral ou coordenado, decorrente da operação (Willig, 1991).

No Brasil, existe um *guia para análise de atos de concentração horizontais* (ACs horizontais), elaborado em conjunto pela Secretaria de Acompanhamento Econômico do Ministério da Fazenda e pela Secretaria de Direito Econômico do Ministério da Justiça, em 2001. Trata-se, portanto, de um documento infralegal, sem força de Lei e não desenvolvido pelo órgão máximo de defesa da concorrência do País, o CADE. Entretanto, seus princípios e etapas de análise não somente estão em perfeita sintonia com aqueles observados em outras jurisdições, como também têm sido empregados pelo CADE desde sua divulgação, tornando-se parte da jurisprudência nacional sobre o tema.[17]

A metodologia nacional para o exame de ACs horizontais, que emula os princípios e critérios dos citados *Guidelines* norte-americanos, é composta, basicamente, por cinco etapas, como mostram as figuras a seguir:

(i) definição do mercado relevante nas dimensões produto e geográfica (etapa I);

(ii) análise dos potenciais efeitos anticompetitivos do ato de concentração, ou seja, verificação da probabilidade de que o AC gere ou amplie o poder de mercado unilateral ou coordenado, a partir dos seguintes fatores (etapas II e III):

(ii.1) participação de mercado conjunto das empresas envolvidas e/ou incremento do grau de concentração de mercado nos mercados relevantes associados à operação (etapa II); e

(ii.2) avaliação de outros fatores que afetam os potenciais efeitos anticompetitivos de um ato de concentração, tais como importações, barreiras à entrada e rivalidade (etapa III);

(iii) *caso haja indícios de efeitos anticompetitivos*, exame dos possíveis ganhos de eficiência que não poderiam ser obtidos de outra forma, tendo em vista verificar se os mesmos são suficientes para evitar redução do bem-estar social (etapa IV); e

(iv) avaliação do impacto final líquido do AC sobre o bem-estar social (etapa V).

Note-se, desde já, que:

(i) o exame das chamadas eficiências econômicas é realizado *somente nos casos em que os atos de concentração geram efeitos anticompetitivos*, ou seja, nos casos em que o AC produz um incremento da probabilidade de exercício de poder de mercado unilateral ou coordenado; e

(ii) *há uma única diferença entre o Guia de análise em tela e a jurisprudência do CADE sobre o tema*, a saber: enquanto o primeiro sugere que a análise

17. Ver, por exemplo, os votos dos atos de concentração AmBev e Nestlé-Garoto, disponíveis em: <http://www.cade.gov.br/>.

de eficiências ocorra segundo o critério do excedente total, a segunda, desde o caso *Nestlé-Garoto*, emprega o método do excedente do consumidor como base para o exame das eficiências, quando necessário.

Em resumo, observa-se que, segundo a jurisprudência nacional e internacional sobre ACs horizontais, dado que um mercado se concentrou, a análise antitruste parte da pressuposição de que haverá necessariamente exercício de poder de mercado, *salvo* se houver algum fator que o discipline, tal como a entrada de novas empresas, a possibilidade de importação e/ou alta rivalidade remanescente no mercado relevante.

Figura I – Etapas para a Análise de um Ato de Concentração Horizontal

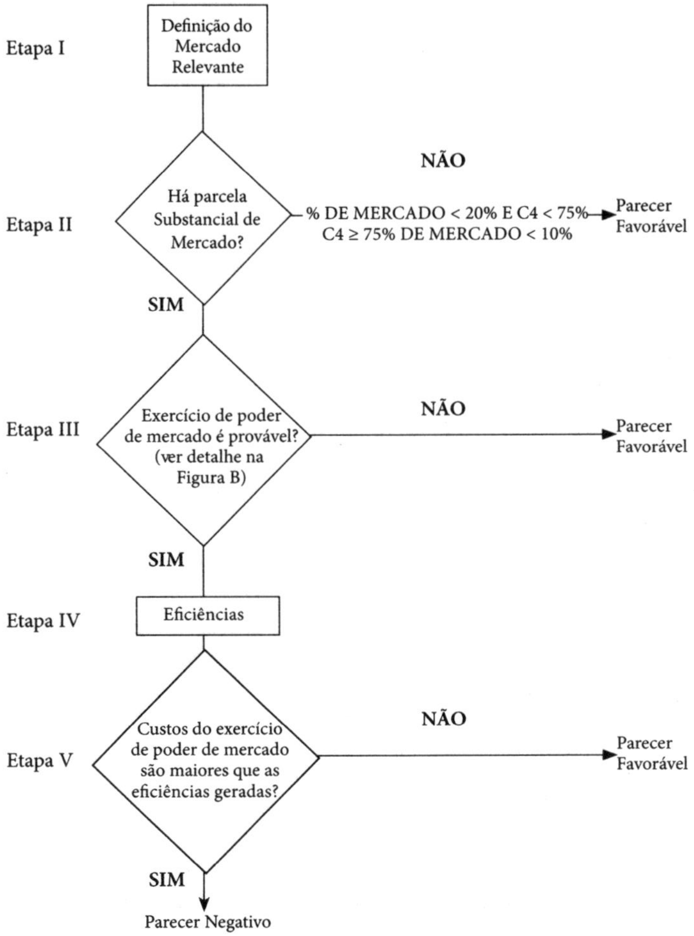

Fonte: "Figura A: As Etapas de Análise Econômica de Atos de Concentração Horizontal", em *Guia para análise econômica de atos de concentração horizontal* da SEAE/SDE, p. 5.

Figura II – Detalhe da Etapa III: Exercício do Poder de Mercado

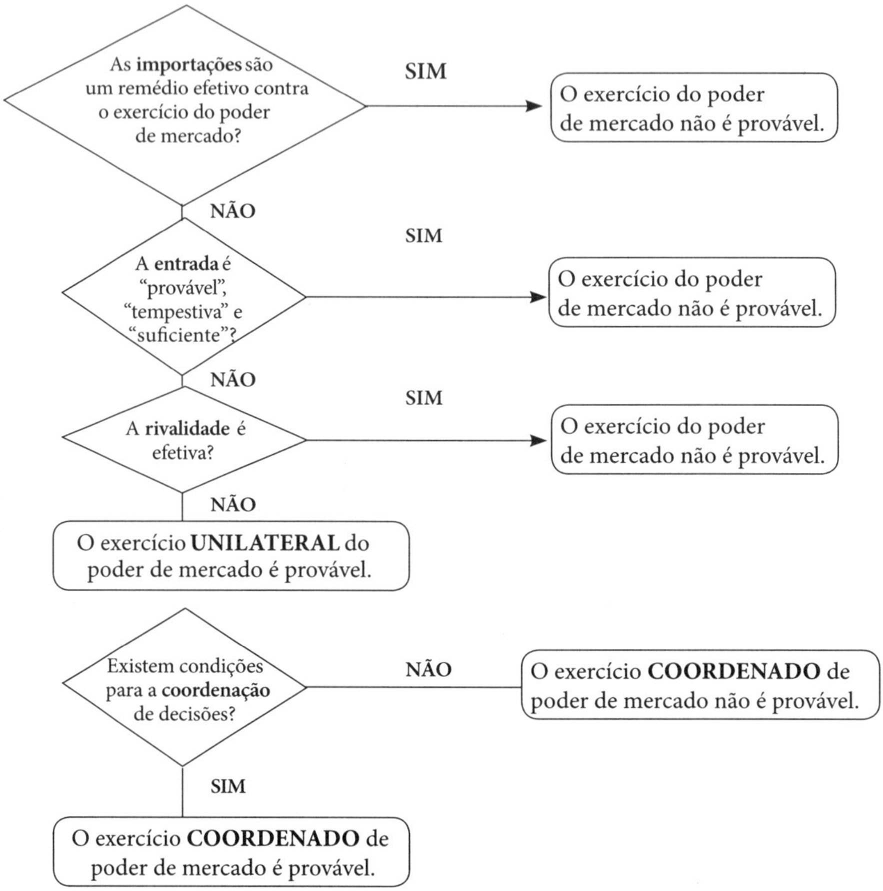

Fonte: "Figura B: As Etapas de Análise Econômica de Atos de Concentração Horizontal", em *Guia para análise econômica de atos de concentração horizontal* da SEAE/SDE, p. 6.

Nas palavras do Guia:

"Para determinar se existem condições suficientes para que o poder de mercado seja exercido unilateralmente pela empresa, ou coordenadamente por um grupo de empresas, a SEAE e a SDE procederão à análise de quatro variáveis principais:

(a) Importações;

(b) Entrada;

(c) Efetividade da rivalidade; e

(d) Outros fatores que favorecem a coordenação de decisões.

19. Condições Negativas. A SEAE e a SDE deduzirão que não existe a probabilidade do exercício unilateral do poder de mercado, quando pelo menos uma das seguintes condições estiver presente:

(a) as importações forem um remédio efetivo contra o exercício do poder de mercado;

(b) a entrada for 'provável, tempestiva e suficiente'; ou

(c) a rivalidade entre as empresas existentes no mercado for efetiva" (SEAE/SDE, 2001, p. 5).

Caso não exista nenhum desses fatores, haverá aumentos de preço, *exceto* se este for evitado por uma redução nos custos marginais da nova empresa (geração das eficiências econômicas). Como afirmam a SEAE e a SDE:

> "13. Critério Geral. Se, por um lado, o exercício de poder de mercado reduz o bem-estar econômico, os eventuais incrementos de produtividade, melhorias na qualidade, maior diversidade de produtos, entre outros possíveis efeitos da concentração, representam um aumento do bem-estar econômico. A SEAE e a SDE estabelecerão como critério básico para a emissão de um parecer favorável à operação, os atos que tenham um efeito líquido não-negativo sobre o bem-estar econômico" (SEAE/SDE, 2001, p. 4).

2.2.2 Definição do mercado relevante

O mercado relevante é definido como aquele em que o exercício de poder de mercado por parte das firmas é *possível* por meio de ações coordenadas ou unilaterais. Observe-se que somente é possível o cálculo dos *market shares* – e, portanto, a estimativa do poder de mercado – se um mercado foi previamente definido.[18]

Os fatores de substituição pelo lado da demanda são os únicos a serem levados em consideração na *definição* – mas não na *mensuração*, em que a substituição pelo lado da oferta é importante – do mercado relevante segundo os *Mergers Guidelines* dos EUA e o *Guia* brasileiro.[19] Na linguagem atual dos *Guidelines*, um mercado é definido de forma tecnicamente precisa como (*teste do monopolista hipotético*):

---

18. Ver Possas, 1996.

19. Nas palavras da SEAE/SDE (2001, p. 9): "O teste do "monopolista hipotético", descrito adiante, é o instrumental analítico utilizado para se aferir o grau de substitutibilidade entre bens ou serviços e, como tal, para a definição do mercado relevante".

"Um mercado é definido como um produto ou um grupo de produtos e uma área geográfica na qual ele é produzido ou vendido tal que uma hipotética firma *maximizadora* de lucros, não sujeita a regulação de preços, que seja o único produtor ou vendedor, presente ou futuro, daqueles produtos naquela área, poderia provavelmente impor pelo menos um 'pequeno mas significativo e não transitório' aumento no preço, supondo que as condições de venda de todos os outros produtos se mantêm constantes. Um mercado relevante é um grupo de produtos e uma área geográfica que não excedem o necessário para satisfazer tal teste"[20] (U.S. DoJ/FTC, 1992, p. 4).

Tal definição envolve deliberadamente um exercício *hipotético* de avaliação de possível efeito anticompetitivo, expresso em termos de poder de mercado sobre preços, resultante de operações que acarretem aumento de concentração econômica em "mercados economicamente significativos – isto é, mercados que possam ser sujeitos ao exercício de poder de mercado".[21]

Para tal, é preciso investigar quais seriam as respostas dos consumidores diante do aumento dos preços de um certo produto – normalmente de 5%, durante um ano, segundo os *Guidelines* e o Guia brasileiro – realizado por um hipotético monopolista, observando que esse aumento poderia não ser lucrativo caso os consumidores:

(i) substituíssem o produto cujo preço foi elevado (*dimensão produto*);[22] e/ou

(ii) passassem a comprar o mesmo produto junto a outros compradores localizados em outras áreas (*dimensão geográfica*).[23]

---

20. U.S. Department of Justice & Federal Trade Commission, *Horizontal merger guidelines*, 1992, p. 4 (tradução nossa).
21. Werden, G. 1992, p. 108.
22. Segundo a *Res. 15/98 do CADE. Anexo V*, entende-se mercado relevante na dimensão produto como aquele que compreende todos os produtos/serviços considerados substituíveis entre si pelo *consumidor* devido a suas características, preço e utilização. *Na definição acima, feita pelo CADE, o fator de substituição pelo lado da demanda é central da definição do mercado relevante produto.*
23. Segundo a *Res. 15/98 do CADE. Anexo V*, entende-se o mercado relevante na dimensão geográfica como aquele que compreende a área em que as empresas ofertam e procuram produtos/serviços em condições de concorrência suficientemente homogêneas em termos de preços, preferências dos consumidores, características dos produtos/serviços.

A partir dessa definição geral, derivam-se as fórmulas dos vários autores e das várias agências regulatórias, mais ou menos fiéis aos termos empregados pelos citados órgãos norte-americanos nas sucessivas edições dos *Guidelines*.[24]

2.2.3 Mensuração do mercado relevante: identificação das firmas participantes do mercado relevante e dos entrantes não comprometidos

Uma vez *definido*, o mercado relevante deve ser *mensurado* em termos de seus participantes e concentração. Os participantes incluem, basicamente, as firmas que produzem ou vendem os produtos contidos no mercado relevante no interior da área delimitada pelo mercado relevante geográfico. Entretanto, também podem incluir outras firmas que não estejam produzindo ou vendendo os produtos contidos no mercado relevante - produto e geográfico - mas que possam vir a fazê-lo rapidamente, sem custos irrecuperáveis de entrada e saída, diante de um aumento significativo e não transitório dos preços. Tais firmas são chamadas de *entrantes não comprometidos, podendo ser tanto firmas nacionais como estrangeiras*. Logo, existem dois tipos de firmas que participam do mercado relevante:

(i) produtores ou vendedores *efetivos*, incluindo empresas que vendem produtos usados, recondicionados ou reciclados, na medida em que esses produtos tenham sido incluídos no mercado relevante; e

(ii) firmas que participam por meio de "novas" ofertas, isto é, firmas que podem rapidamente e sem custos irrecuperáveis[25] significativos passar a produzir ou vender no mercado relevante. Note-se que as "novas" ofertas provenientes dos entrantes não comprometidos derivam da substituição de produtos, da extensão de produtos ou da criação de novos ativos.[26]

---

24. Segundo a fórmula de Hovenkamp (1995, p. 59), por exemplo, o "mercado relevante é o menor mercado para o qual as elasticidades da *demanda e da oferta* são suficientemente baixas para que uma firma que detenha 100% desse mercado possa reduzir a sua produção e aumentar os preços substancialmente". Note-se que, nesse caso, diferentemente dos *Guidelines*, a análise do ponto de vista da substituição pelo lado da *oferta* já é realizada na própria *definição* do mercado relevante.

25. Custos irrecuperáveis são gastos realizados na aquisição de ativos que somente podem ser empregados no mercado relevante. Por exemplo: investimentos em instalações específicas, aquisição de tecnologia, gastos com propaganda e montagem de rede de distribuição, custos com a obtenção de aprovação por parte dos órgãos regulatórios.

26. No primeiro caso, a empresa usa seus ativos para fabricar/vender outros produtos, deixando de fabricar sua linha de produção normal; no segundo caso, a empresa

2.2.4 Market shares *e grau de concentração do mercado relevante: aferindo o poder de mercado*

Os *market shares* são empregados no cálculo do grau de concentração do mercado relevante, que pode ser, então, aferido por indicadores tais como a participação de mercado das quatro maiores firmas (CR4) ou o índice Herfindahl-Hirschman (HHI).[27-28]

Os critérios para identificar se a concentração gera o controle de parcela de mercado suficientemente alta são diferentes entre os países. O SBDC (Sistema Brasileiro de Defesa da Concorrência) considera que uma concentração gera o controle de parcela de mercado suficientemente alta:

(i) para viabilizar o exercício *unilateral* do poder de mercado sempre que resultar em uma participação igual ou superior a *20% do mercado relevante* (art. 20, § 2.º, da Lei 8.884/1994).

(ii) para viabilizar o exercício *coordenado* de poder de mercado sempre que: (a) a concentração tornar o *C4* igual ou superior a *75%*; *e* (b) a participação da nova empresa formada for igual ou superior a *10%* do mercado relevante.

Já nos EUA, os parâmetros gerais para avaliar tais incrementos nos setores tradicionais – *mas não no setor bancário* – são os seguintes (Viscusi, 1995, p. 213):

(i) HHI pós-operação abaixo de 1000 – as autoridades consideram que operações resultantes em mercados desconcentrados não gerarão efeitos anticompetitivos e, portanto, devem ser autorizadas sem requerer análise mais detalhada;

---

amplia o uso de seus ativos para produzir/vender outros produtos constantes no mercado relevante, sem deixar de produzir aqueles que fazem parte de sua produção corrente. No terceiro caso, novos ativos são criados para produzir/vender produtos do mercado relevante.

27. O HHI é calculado por meio da soma dos quadrados dos *market shares* individuais das firmas participantes no mercado relevante, *tendo a vantagem de refletir a distribuição do tamanho das firmas*, posto que o peso conferido às firmas com elevado *market share* é maior do que aquele relativo às firmas com baixo MS. Seu valor oscila entre 10.000 para o caso do monopólio e menos de 100, para concorrência atomística. $HHI = \Sigma xi^2$; i=1,n, onde x é o *market share* e n o número e firmas no mercado relevante.

28. Note-se que o CR4 é, em geral, um índice inferior ao HH, por não refletir a distribuição do tamanho das firmas.

(ii) HHI pós-operação entre 1000 e 1800 – as autoridades consideram que operações resultantes em mercados moderadamente concentrados somente são preocupantes quando o incremento no HHI superar 100 pontos. Caso contrário, tais operações devem ser autorizadas sem requerer análise mais detalhada; e

(iii) HHI pós-operação acima de 1800 – as autoridades consideram que operações resultantes em mercados muito concentrados são preocupantes quando o incremento no HHI superar 50 pontos. Caso contrário, tais operações devem ser autorizadas sem requerer análise mais detalhada.[29-30]

É importante lembrar que o grau de concentração de mercado e as participações de mercado das firmas não necessariamente refletem seu poder de mercado. Existem situações em que mudanças nas condições de mercado implicam que as participações de mercado ou o grau de concentração não são bons indicadores da posição competitiva de uma firma ou grupo de firmas no *futuro*. O ponto básico, portanto, é o de que o *market share* deve ser o melhor indicador da capacidade competitiva da firma no *futuro*.[31]

2.2.5 Fatores que inibem os efeitos anticompetitivos de um ato de concentração

O fato de um AC gerar uma participação de mercado ou um grau de concentração de mercado elevado não implica a possibilidade de exercício de poder de mercado, na medida em que existem fatores que evitam o surgimento de efeitos anticompetitivos, tais como importações, competição potencial e rivalidade pós-operação.

De fato, não há uma relação direta entre concentração e grau de concorrência. Com efeito, a própria jurisprudência da autoridade antitruste brasileira reconhece tal afirmação, havendo casos em que o HHI chegou a atingir seu máximo de 10000 (monopólio puro) e ainda assim houve aprovação sem restrições.

29. Ver Sullivan, E. e Harrison, J. 1998, p. 277; Hovenkamp, H. 1993, p. 222-223.

30. *No setor bancário uma fusão é considerada preocupante quando a concentração aumenta em mais de 200, diferentemente de outras indústrias, em que um aumento de 50 pontos no HHI já suscita preocupações de natureza antitruste.*

31. Por exemplo, se uma nova tecnologia cuja importância é fundamental para a determinação da competitividade das firmas em um certo mercado não está disponível para uma empresa em particular, então é possível concluir que a atual participação de mercado dessa firma superestima seu poder de mercado.

2.2.5.1 Importações

De acordo com a SEAE/SDE, as importações e a possibilidade de importar são fatores que inibem o exercício do poder de mercado, unilateral ou coordenado, das empresas concentradas. Consideram-se as importações equivalentes a pelo menos *30%* do valor de consumo aparente no período de um ano como razoáveis indícios de que a disciplina imposta pelas importações é suficiente para evitar o exercício de poder substancial de mercado por parte das empresas que estão se concentrando.

2.2.5.2 Barreiras à entrada

Bain (1956) define a "condição de entrada" de uma indústria como o "estado de concorrência potencial" de possíveis novos produtores/vendedores, podendo ser avaliada pelas vantagens que as firmas estabelecidas possuem sobre os competidores potenciais, sendo que estas vantagens se refletem na capacidade de elevar persistentemente os preços acima do nível competitivo, sem atrair novas firmas para a indústria em questão.[32] Tais vantagens constituem exatamente o que se denomina "barreiras à entrada". Por sua vez, uma entrada consiste no estabelecimento de uma nova empresa que constrói ou introduz uma nova capacidade produtiva em um mercado.[33]

32. Devendo-se notar que, "as such, the 'condition of entry' is then a primarily structural condition. Its reference to market conduct is primarily to potential rather than to actual conduct, since basically it describes only the circumstances in which the potentiality of competition from new firms will or will not become actual" (Bain, 1956, p. 3).

33. O conceito de entrada também é importante para a definição do "mercado relevante" em análises antitruste, pois permite distinguir entre efeitos de substituição na oferta e o surgimento de um novo concorrente. Segundo Scherer e Ross, "at the risk of being somewhat arbitrary, we should probably draw the line to include as substitutes only existing capacity that can be shifted in the short run, that is, without significant new investment in equipment and work training" (1990, p. 76). Exclui-se do conceito de entrada: (i) a compra de uma empresa (ou planta) já atuante por outra que não atuava no mercado; (ii) a expansão da capacidade de uma empresa já existente; e (iii) a entrada de uma empresa já estabelecida em outra indústria, que apenas altera a forma de utilizar sua capacidade adicionando um novo produto à sua linha de produtos ou alterando o uso de sua capacidade já instalada (entrantes não comprometidos, na linguagem dos *Guidelines*), sem incorrer em custos irrecuperáveis.

Algumas barreiras à entrada, dada a natureza dos seus determinantes, são estruturais, estáveis e se modificam lentamente no tempo, além de não poderem ser facilmente alteradas pelas entrantes potenciais. Isso permite considerar a condição de entrada e seus determinantes como, primariamente, condicionantes estruturais – isto é, *exógenos* – do comportamento das firmas e não como um resultado desse comportamento (Shepherd, 1997, e Geroski, 1988, p. 182). Como afirmam Bonner e Krueger (1991, p. 5):

> "Entry conditions are a central feature of antitrust analysis, because potencial entry represents a significant market force that undermines incumbents' tendency toward unilateral or joint (collusive) exercise of market power".

A importância da análise das barreiras à entrada não somente é reconhecida pela teoria econômica aplicada à área antitruste, mas também na jurisprudência dos órgãos de defesa da concorrência nos países desenvolvidos. Sua relevância aparece explicitamente, por exemplo, no já citado *Horizontal Merger Guidelines,* onde as autoridades norte-americanas responsáveis pela defesa da concorrência afirmam que:

> "A merger is not likely to create or enhance market power or to facilitate its exercise, if entry into market is so easy that market participants, after the merger, either collectively or unilaterally could not profitably maintain a price increase above premerger levels" (U.S. DoJ/FTC, 1992, p. 25).

Nessas situações, a entrada potencial será suficiente para impedir o surgimento de eventuais efeitos anticompetitivos resultantes da fusão.

> Os *Guidelines* classificam as empresas entrantes potenciais em dois tipos básicos: *uncommitted* e *committed entrants.* As primeiras são aquelas cuja nova oferta tenha, em resposta a um "pequeno, mas significativo e não-transitório" aumento de preços, a probabilidade de ocorrer em um período de 1 (um) ano, sem que devam incorrer, para ofertar os seus produtos, em custos de entrada e saída significativos (*sunk costs*) (U.S. DoJ/FTC, 1992, p. 11).[34]

Além dos *uncommitted entrants*, os *Guidelines* apontam para a importância, do ponto de vista da presença de concorrência potencial e de limites ao exercício de poder de mercado derivado da existência de elevados índices de concentração econômica, dos chamados *committed entrants*. Esse tipo de

---

34. É preciso diferenciar *sunk costs* do conceito de custos fixos: estes últimos podem ser recuperáveis quando da eventual saída da empresa do mercado.

entrada é definida como aquela situação em que os novos entrantes devem incorrer em *sunk costs* significativos.

2.2.5.3 Rivalidade pós-operação

Na medida em que um ato de concentração pode aumentar a probabilidade de ações *coordenadas* entre concorrentes no(s) mercado(s) relevante(s), é preciso avaliar se as condições de mercado pós-operação facilitam a obtenção de acordos explícitos ou implícitos entre rivais, a detecção de desvios em relação a esses acordos e a punição de eventuais desvios. Dentre essas condições, destacam-se: (i) a existência de informações públicas associadas às condições de mercado, transações e competidores individuais; (ii) o grau de diferenciação das firmas e de seus produtos; (iii) as políticas de preço e *marketing* empregadas pelas firmas; (iv) as características dos compradores e vendedores; e (v) as características das transações.

Dessa forma, atos de concentração que impliquem o incremento *significativo* do grau de concentração do mercado (nexo causal) – medido por um indicador qualquer, como o C4 ou o HHI – em mercados relevantes com as características acima explicitadas podem produzir, ainda que não necessariamente, as condições necessárias para o exercício do poder de mercado coordenado.[35]

Com efeito, *note-se que o incremento da probabilidade de poder de mercado coordenado entre competidores depende da hipótese de que todas as demais variáveis que influenciam tal probabilidade além do número de* players *permaneçam constantes, isto é, não sejam afetadas pelo AC.* Caso contrário, um AC pode até mesmo resultar na redução dessa probabilidade.

Isso porque a colusão tácita é uma conduta de mercado que permite que as firmas que a praticam obtenham lucros extraordinários. Trata-se de um acordo tácito, obtido por meio de repetidas interações ao longo do processo competitivo, no qual todas as firmas, agindo de modo independente e visando maximizar lucros de longo prazo, sustentam preços supracompetitivos com base na ameaça de que qualquer desvio de conduta será detectado e punido

35. A constatação de que as firmas de uma certa indústria já participaram de acordos cooperativos no passado pode ser uma evidência de que um ato de concentração poderá gerar efeitos anticompetitivos.

com a prática de preços competitivos (ou seja, com a emergência de equilíbrio com lucro econômico zero).[36]

Dado esse arcabouço teórico, a avaliação do impacto de um AC sobre a probabilidade de exercício de poder de mercado coordenado deve ser feita, portanto, a partir da identificação dos impactos da operação sobre a magnitude de variáveis, tais como barreiras à entrada, elasticidade da demanda (resposta de consumidores ao aumento de preços) poder de barganha dos compradores, entre outras: são as mudanças nessas variáveis, causalmente ligadas ao AC, que determinam o impacto líquido da operação em termos de acréscimo de poder de mercado coordenado.[37]

Já no caso em que a operação gera uma elevada participação de mercado para a firma fusionada, mas não altera significativamente o grau de concentração do mercado, a preocupação está associada ao poder de mercado *unilateral*, havendo *duas* possibilidades de análise, dependendo da característica do produto: (i) diferenciado; ou (ii) homogêneo (SEAE/SDE, 2001, p. 15).

Em mercados em que os produtos são *diferenciados*, quanto mais próximos, em termos de substituição, forem os produtos fabricados pelas empresas envolvidas no ato de concentração e mais distantes forem esses produtos daqueles oferecidos pelos rivais, maiores são as chances de que se permita o aumento dos preços.

Nesse contexto, os fatores a serem considerados são, portanto: (i) o número de consumidores que consideram os produtos das firmas envolvidas no ato de concentração como sua primeira e segunda opções (tal número deve ser elevado); (ii) o grau de proximidade dos produtos fabricados

36. Embora existam outras formas de retaliação, inclusive com a prática temporária de preços abaixo do preço competitivo.

37. Adicionalmente, deve-se destacar que algumas dessas variáveis podem não ser afetadas pela ocorrência de um ato de concentração – tal como o grau de transparência do mercado – *ou ainda serem de tal magnitude que inibam de forma absoluta os efeitos de um ato de concentração em termos do exercício de poder de mercado coordenado*. Por exemplo, as barreiras à entrada podem ser tão baixas que o fator de desconto crítico permaneça acima do fator de desconto da firma após a realização de um ato de concentração cujo único efeito – por hipótese – fosse o de reduzir o número de *players* (aumentando, *ceteris paribus*, o fator de desconto crítico δ^*). Nesse caso, embora o ato de concentração aumentasse de fato a probabilidade de exercício de poder de mercado coordenado, tal probabilidade ainda seria insuficiente para viabilizar a colusão tácita, de modo que seu impacto efetivo em termos do exercício de poder de mercado coordenado seria nulo.

pelas firmas envolvidas no ato de concentração; e (iii) o nível das barreiras à entrada *em relação aos produtos por elas fabricados*, e não ao mercado como um todo.

Em mercados nos quais a competição é determinada basicamente pela capacidade produtiva das empresas – mercado de produtos *homogêneos* –, mantido o mesmo regime de competição, a redução do número de *players* implica a elevação do preço de equilíbrio. O exemplo clássico é a competição via quantidade: em um modelo de Cournot, quanto maior o número de firmas, maior a quantidade e menor o preço em equilíbrio (Tirole, 1988).

A possibilidade de efeitos anticompetitivos unilaterais nesse tipo de mercado é tanto maior quanto maior a participação conjunta das empresas envolvidas pós-operação, maior o grau de utilização da capacidade dos concorrentes pré-operação e maior o custo, para os concorrentes, de utilizar a capacidade excedente ou criá-la no curto prazo. De fato, a existência de excesso de capacidade por parte dos concorrentes ou a capacidade de criá-la rapidamente limita a capacidade de uma firma de aumentar seus preços. Na medida em que a firma tentasse aumentar seus preços pela redução da produção, na ausência de cooperação, os rivais simplesmente aumentariam a sua produção.

Finalmente, se existem evidências de que a firma adquirida possuía um comportamento extremamente agressivo – mesmo que sua participação de mercado fosse pequena –, então a possibilidade de que o ato de concentração gere efeitos anticompetitivos é maior.[38]

2.2.6 Análise das eficiências e avaliação do impacto líquido da operação

Caso haja efeitos anticompetitivos derivados de um AC, as firmas que se concentram devem demonstrar que a operação gera eficiências econômicas capazes de produzir um impacto *líquido não negativo sobre o bem-estar social.* Nesse sentido, o critério de decisão das autoridades antitruste basicamente pode ser: (i) o excedente total (ou critério de Williamson);[39] e (ii) o excedente do consumidor (ou *price standard*).[40]

38. Os *Guidelines* chamam essas firmas de "*Maverick firms*".
39. Ver Williamson 1968 e 1985.
40. Ver Fisher, Johnson e Lande, 1989.

Com efeito, é preciso saber exatamente qual o *objetivo* da Lei Antitruste do País – o significado do termo "impacto não negativo sobre o bem-estar social" –, a saber: proteger o bem-estar social *agregado* ou somente o bem-estar dos *consumidores*.

Dependendo do objetivo da política de defesa da concorrência, um mesmo ato de concentração pode ser aprovado ou não.

3. Análise da operação Itaú-Unibanco

3.1 Breves considerações sobre a análise antitruste de concentração no setor bancário

A análise antitruste da operação Itaú-Unibanco nos mercados relevantes associados às atividades *bancárias financeiras* requer algumas adaptações à metodologia tradicional acima apresentada. A presença de certas especificidades, como a informação assimétrica, implica que a existência de algum poder de mercado pode ser socialmente benéfica (ver Seção 3.4 adiante).

Além do mais, atos podem gerar benefícios sociais ao reduzirem o risco sistêmico, ou seja, o risco de que as dificuldades financeiras de uma determinada instituição acabem produzindo efeitos negativos sobre a situação de outros bancos, dadas as inter-relações financeiras entre todos os componentes do sistema bancário, provocando um colapso do sistema financeiro.[41]

Assim, no setor bancário, nem sempre a maior concorrência leva ao aumento do bem-estar social: o excesso de competição entre os bancos pode, ao contrário, gerar posturas agressivas que induzam a operações de maior risco, com aumento da instabilidade do sistema (OECD, 2000). Não por outro motivo, o sistema bancário está submetido a regulação prudencial,[42] sendo alvo de preocupações das agências reguladoras no que tange a estabilidade financeira.[43] Desnecessário enfatizar, nesse contexto, a relação entre a crise financeira internacional e a renovação da tendência à consolidação do setor bancário no Brasil e no mundo.

---

41. Para uma avaliação do risco sistêmico brasileiro antes da crise financeira atual, ver Takami e Tabaki, 2006.
42. Ou seja, a supervisão permanente das atividades bancárias, dos requisitos mínimos de capital e o estabelecimento de restrições às atividades desenvolvidas. Tais regras são previstas para proteger depositantes contra perdas em caso de insolvência de um ou vários bancos.
43. Ver Dewatripoint e Tirole, 1994.

3.2 Definição dos mercados relevantes no setor bancário

3.2.1 Jurisprudência internacional

A maior parte das discussões em torno da análise antitruste do setor bancário brasileiro envolve o problema da harmonização entre objetivos regulatórios e objetivos concorrenciais. Com a indefinição sobre a competência do CADE para o julgamento de atos de concentração no setor bancário, a jurisprudência brasileira pouco ou nada se desenvolveu com respeito à definição de mercados relevantes e análise de outros aspectos do padrão de competição na indústria de serviços financeiros e bancários.

No primeiro julgamento realizado pelo CADE envolvendo os mercados bancários de depósitos à vista, a prazo, poupança e crédito, o conselheiro-relator-relator Sicsú observou que há *três possibilidades metodológicas de análise de mercados relevantes na dimensão produto.*[44] Na primeira, todos os produtos são considerados componentes de um único mercado relevante. Uma segunda possibilidade, também extrema, admite a segmentação de todos os serviços. Por fim, pode-se considerar a possibilidade de agregar os produtos em grupos por algum critério de similaridade (*cluster*).

Todas essas possibilidades encontram-se presentes na experiência internacional, variando no tempo em um mesmo País, como vem ocorrendo nos Estados Unidos, e entre países, como, por exemplo, entre Canadá e Comunidade Europeia.

Nesse sentido, a cooperação entre as autoridades reguladora e de defesa da concorrência é fundamental na medida em que o órgão regulador dispõe sobre o conhecimento profundo do setor bancário, bem como de dados que favorecem o exame mais detalhado do padrão de competição presente no(s) mercado(s) bancário(s).

Na década de 1990, por iniciativa da OCDE (Organização para a Cooperação e o Desenvolvimento Econômico), reuniram-se estudos relativos à política antitruste dos países membros para o setor bancário em documentos que demonstraram padrões plenamente satisfatórios de cooperação entre autoridades reguladoras e de defesa da concorrência.[45]

Em geral, as definições de mercado relevante diferem quanto ao *grau de agregação de produtos e serviços financeiros*, mas obedecem a uma regra geral

44. Ato de Concentração 08012.010081/2007-11 entre Santander, Fortis e Royal Bank.

45. Ver, por exemplo, OECD, 2000.

de classificação que distingue os mercados de serviços para correntistas e depositantes do mercado de crédito. Além do mais, serviços financeiros como *leasing*, seguros, cartões de crédito, operações de câmbio, fundos de pensão e previdência constituem frequentemente atividades exercidas por bancos no mundo todo e, portanto, surgem também como mercados relevantes nas operações de fusão e análises de conduta.

3.2.1.1 Estados Unidos

Nos Estados Unidos, desde 1963, está estabelecida a competência do *Department of Justice* (DoJ) para a análise de atos de concentração e condutas no âmbito dos mercados financeiro e bancário. Atualmente, as operações de fusões bancárias são submetidas aos órgãos antitruste depois de aprovadas pelas agências reguladoras daquele país.[46]

A doutrina estabelecida em 1963 pela suprema Corte, no primeiro julgamento envolvendo mercado bancário (*US vs Philadelphia National Bank*), determinou metodologia de análise de fusões bancárias nos Estados Unidos com base no *volume de depósitos por instituição financeira na região de atuação dos bancos fusionados*. O uso do volume de depósitos como *proxy* para a avaliação do grau de concentração do mercado[47] se apoia no entendimento de que instituições bancárias oferecem um mesmo conjunto de produtos e serviços (*clustering*), que, pelo lado da demanda, apresentam economias de escopo ou economias transacionais. O consumidor, por economias de custo de busca, tende a utilizar todo o conjunto de serviços de um mesmo banco. Este, por sua vez, nas relações permanentes com seus clientes, dispõe de um histórico do correntista que lhe permite uma boa avaliação de risco de empréstimos. Esta é a metodologia ainda entendida como mais adequada no julgamento de fusões nas Cortes norte-americanas.

Não há um consenso, entretanto, entre as duas principais autoridades norte-americanas reguladoras da concorrência no setor bancário – o Federal Reserve Board (FED) e o Department of Justice (DoJ). O FED acompanha a doutrina estabelecida em 1963 com o uso de depósitos à vista para o cálculo de concentração de mercado, mas o DoJ vem crescentemente, desde os anos

46. Ver OECD, 2005.

47. Como já mencionado, a medida de concentração utilizada pelas autoridades norte-americanas é o HHI. O nível a partir do qual uma estrutura é considerada concentrada é de 1.800. *No setor bancário uma fusão é considerada preocupante quando a concentração aumenta em mais de 200, diferentemente de outras indústrias, em que um aumento de 50 pontos no HHI já suscita preocupações de natureza antitruste.*

1970, utilizando medidas de concentração *nos produtos que julga relevantes em cada fusão em particular.* A título de ilustração, há casos analisados pelo DoJ em que os mercados de produtos relevantes foram definidos como os de empréstimos para capital operacional, contas-correntes para firmas pequenas, empréstimos para capital de giro, e produtos de gestão de liquidez para firmas médias, entre outros.[48]

Rozanski e Rubinfeld (1998) defendem que os mercados relevantes devem ser definidos em maior nível de desagregação em virtude da ausência de substitutibilidade entre vários dos produtos financeiros. Em linha com este entendimento, tanto nos EUA quanto nos demais países, há entidades financeiras especializadas em serviços - como seguros e administração de cartões de crédito - que exercem pressão competitiva sobre os bancos em nichos específicos de mercado. *Por isso, instituições financeiras não bancárias são incluídas nos cálculos de concentração gerada por uma fusão.*

Do ponto de vista da dimensão geográfica, a doutrina da Suprema Corte norte-americana de 1963 estabeleceu que o mercado relevante é local. Tal definição decorreu da existência de preocupações com o segmento de pequenas firmas e pessoas físicas à época. Já os grandes consumidores de serviços bancários teriam, segundo esse entendimento, não somente acesso a bons substitutos ao crédito bancário (mercados de títulos e ações), como também, por diversos meios de comunicação, a bancos situados em localidades distantes. Portanto, as autoridades de defesa da concorrência nos EUA entendem que os aumentos de concentração no mercado bancário devem ser considerados em cada um dos mercados relevantes geográficos identificados.

Não por outro motivo, frequentemente as autoridades antitruste norte-americanas (FED, DoJ e Federal Deposit Insurance Corporation - FDIC) aprovam uma fusão no mercado bancário sob a condição de que, em determinados mercados locais nos quais a fusão produz um aumento significativo da concentração, agências sejam vendidas.[49]

De qualquer forma, as mudanças na regulamentação do setor bancário, que agora permitem atuação mais ampla das instituições em termos geográficos, têm incentivado fusões entre bancos originários de diferentes regiões. Todavia, em função da dimensão ainda local dos mercados geográficos naque-

---

48. Ver casos recentes analisados pelo DOJ, a saber: as fusões entre Society e Ameritrust, Comerica e Manufacturers National e a compra do Security Pacific pelo Bank of America.

49. Para uma descrição mais profunda das metodologias e remédios utilizados pelas autoridades norte-americanas na análise de julgamento de fusões bancárias, ver Mello, 2006 e OECD, 2006.

le país, que tem uma configuração diversa do mercado brasileiro, com bancos de atuação nacional, muitas das operações notificadas não têm causado concentração local de mercado.

3.2.1.2 Europa

De acordo com a jurisprudência recentemente desenvolvida pela Comissão Europeia[50] os serviços bancários são amplamente classificados como *(i) serviços bancários de varejo, (ii) serviços bancários de atacado* (corporate banking) *e (iii) serviços financeiros.*

Esses três grandes segmentos podem ser subdivididos na medida das exigências de análise antitruste de cada operação de fusão bancária.

O segmento de varejo é composto pelos mercados de depósito em conta-corrente, empréstimos, cartões de crédito, crédito imobiliário (hipotecas) e fundos de investimentos (entendidos como depósito a prazo).

O chamado *corporate banking* oferece serviços para clientes corporativos. A Comissão Europeia subdivide esse segmento nos mercados de depósitos, empréstimos, transações de pagamento, crédito (*documentary credits*) e serviços de pagamentos internacionais. A Comissão entende que esses mercados podem ainda ser novamente subdivididos em mercados dedicados a grandes corporações e os destinados a atender às pequenas e médias empresas. Segundo a Comissão, embora a análise empírica não traga resultados conclusivos acerca dessa subdivisão dos mercados relevantes nesse nível, há indícios de que as instituições bancárias dispõem de estratégias específicas para cada uma das duas classes de cliente corporativo.

Por fim, o segmento de serviços financeiros é composto pelos mercados de corretagem, operações de câmbio e gestão de investimentos, entre outros.

A julgar pela jurisprudência da Comissão Europeia, há uma tendência a sub-segmentar os mercados de serviços financeiros, como, por exemplo, o de seguros. Na operação de fusão entre AXA e Winterthur (Case n. COMP/M.4284) definiram-se os mercados relevantes do feito como os de (i) seguros de vida, (ii) outros seguros e (iii) resseguros (*reinsurance*).

Quanto à definição *geográfica*, as decisões da Comissão têm considerado que os mercados de serviços bancários de varejo possuem dimensão *nacional*, dadas as especificidades de cada país membro, enquanto os mercados de serviços corporativos para grandes clientes apenas podem ter dimensão mais ampla, isto é, são internacionais. Segundo a Comissão, as investigações confir-

50. Ver Case COMP/M.4692 – Barclays/ABN Amro.

mam que nos mercados relevantes dedicados às pequenas e médias empresas os mercados são nacionais.

Os mercados de serviços financeiros e gestão de investimentos são delimitados pela jurisprudência europeia como mercados *internacionais ou nacionais* dependendo das especificidades de cada caso. Por fim, os mercados de seguros de vida e outros seguros são tidos como nacionais, enquanto os mercados de resseguros (*reinsurance*) são internacionais.

3.2.1.3 Considerações sobre definição de mercado relevante

A delimitação de mercados relevantes nas dimensões produto e geográfica assume caráter altamente empírico e pode ser alterada temporalmente, a depender das mudanças na estrutura da indústria, no modelo de regulação e de transformações tecnológicas. Por exemplo, o uso da internet e de caixas eletrônicos para pequenas transações tende, conforme citado pelas autoridades de vários países no estudo da OCDE (OECD, 2000), a estender a dimensão geográfica dos mercados.

Seja como for, os remédios mais frequentemente observados em fusões bancárias consistem na alienação de agências bancárias, quando existem evidências empíricas e a estrutura do sistema bancário na jurisdição considerada é de âmbito local, de modo a conservar o número de alternativas ao consumidor na localidade relevante.

3.2.2 A Jurisprudência do CADE relativa a fusões no setor financeiro

A jurisprudência do CADE apresenta uma série de operações realizadas por instituições financeiras e bancárias no Brasil, *sem, no entanto, estabelecer uma análise exaustiva e definitiva acerca da delimitação dos mercados relevantes e dos padrões de concorrência próprios do setor.*

Recentemente, com o julgamento, em dezembro de 2007, do ato de concentração que fundiu as atividades do Banco Santander e do ABN Amro (Banco Real), o Conselheiro-relator Abraham Sicsú explanou o critério para classificação de serviços tradicionalmente ofertados por bancos entre atividades *financeiras* (coleta, intermediação e aplicação de recursos) *e não-financeiras* (*asset management*, corretagem de seguros e distribuição de valores mobiliários):[51]

51. Antes disso, o CADE julgou apenas operações que envolviam as atividades não financeiras, na *classificação do relator*, a saber: (i) gestão de recursos de terceiros (*asset management*), (ii) seguros, (iii) corretagem de valores mobiliários e (iv) cartões de crédito. Outros mercados relevantes foram identificados em atos de concentração anteriores, como serviços de formação de mercado, serviços de

No setor bancário, responsável pelas "atividades financeiras", nos termos do Conselheiro Sicsú, os mercados relevantes identificados na operação Santander/ABN Amro, foram os de (i) depósitos à vista, (ii) poupança, (iii) depósitos a prazo e (iv) empréstimos e arrendamento mercantil.

O conselheiro então identifica nove municípios do território nacional, todos localizados no estado de São Paulo, que possuem entre quatro e seis agências sendo duas delas, uma do Santander e outra do ABN Amro. Estas constituiriam as situações extremas de possíveis danos da operação contra a competição pela eliminação de uma agência bancária no município.

Em que pese a delimitação nacional para os mercados relevantes, o Conselheiro deixa em aberto a possibilidade de definições mais restritas, possivelmente em nível local, nos limites de municípios tão pequenos quanto os com população inferior a 35 mil habitantes, como nos nove casos identificados acima. No que se refere aos mercados financeiros, a análise realizada no AC Santander/ABN Amro pode assim ser resumida:

3.2.2.1 Depósitos à vista

No segmento de depósitos à vista a operação Santander/ABN Amro concentrou 5,7% do mercado relevante no Brasil. Os maiores *players* nesse segmento eram, em julho de 2007, o Banco do Brasil (29,5%), Bradesco (17,9%) e Itaú (15,8%). As demais instituições bancárias detinham, em julho de 2007, menos de 7,5% de mercado cada uma. Em vista da pequena concentração gerada pela operação, o Conselheiro não prosseguiu com a análise.

3.2.2.2 Poupança

No segmento de depósito em poupança, Santander e ABN Amro, apresentaram participação conjunta de 6,9% na oferta nacional. Em vista da pequena concentração e da presença de participante muito mais expressivo, como a CEF, com 32,8% de participação no mercado, o conselheiro se absteve de prosseguir com a análise de rivalidade e condição de entrada.

3.2.2.3 Depósitos a prazo

A concentração da operação Santander/ABN Amro neste segmento é a maior de todas, atingindo 16,8% do mercado brasileiro. Mesmo assim, o Conselheiro observou que "não se configura como capaz de gerar preocupações

---

consórcio automotivo, promoção de vendas para financiamento de produtos de crédito e serviços de exportação. Todavia, como a operação Itaú/Unibanco não apresenta sobreposição de atividades nesses segmentos, dispensa-se a apresentação da jurisprudência nesses casos.

concorrenciais". O banco fusionado alcança dessa forma a maior parcela detida por um participante no segmento, o Banco do Brasil, com 16,6% de participação. Dos demais participantes, nenhum conta com *share* superior a 12%.

3.2.2.4 Empréstimos e arrendamento mercantil

Por fim, ainda no caso Santander/ABN Amro, o Conselheiro avaliou que a participação conjunta das Requerentes, da ordem de 13,6% no Brasil, não constitui parcela significativa do segmento, e não desenvolveu, portanto, maiores considerações.

3.2.3 Mercados relevantes do AC Itaú-Unibanco associados aos mercados bancários financeiros

Dada a ausência de exercícios empíricos e de informações mais profundas e em linha com a jurisprudência nacional, a operação Itaú-Unibanco neste estudo é preliminarmente analisada somente quanto a seus impactos nos mercados bancários financeiros, a partir do critério de clusters, todos com dimensão geográfica nacional (utilizada no AC Santander-Real),[52] *a saber:*

(i) depósitos à vista;

(ii) depósitos a prazo;

(iii) depósitos de poupança;

(iv) crédito livre a pessoa jurídica; e

(v) crédito livre a pessoa física.

Entretanto, breves considerações acerca dos efeitos da operação a partir de uma maior (ou menor) segmentação dos mercados relevantes (inclusive na dimensão geográfica) também serão realizadas, no intuito de demonstrar que, em todos os casos, o AC não gera efeitos anticompetitivos.

52. Deve-se notar o elevado crescimento do atendimento bancário via Internet – que cresceu, nos últimos anos, a uma taxa de 22% a.a. contra 8% a.a de abertura de contas-correntes (Associação Brasileira de bancos, 2006, p. 8) – e de postos de atendimento eletrônico (que, de acordo com a FEBRABAN, aumentaram em 6,1% entre 2000 e 2007, contra 1,5% de crescimento no número de agências), bem como o fato de que as instituições no Brasil operam com cobertura nacional.

Se a concentração nesses mercados for vista pelo HHI, tem-se que:

Tabela I - Variação do HHI

	HHI		
Produto	Antes	Depois	Variação
Depósitos à Vista	1.713	1.787	74
Depósitos de Poupança	1.917	1.997	80
Crédito Total	1.101	1.247	146
Crédito Livre	1.295	1.616	321

Fonte: Tendências (2008), p. 33.

A rigor, pela tabela acima, observa-se que a variação no HHI para os mercados de depósito à vista, de poupança e de crédito total PF é inferior a 200 pp. Isso implica, segundo os *Guidelines* norte-americanos, como já mencionado, bem como pela jurisprudência do CADE, a *inexistência de preocupações concorrenciais como resultado da operação.*[53] Somente no mercado de crédito PF o HHI ultrapassa 200 pontos.

Aliás, no caso dos mercados de depósitos a prazo e de poupança, e acréscimos de *market share* (oriundos do Unibanco) não chegam a alterar a dinâmica competitiva desses mercados, fortemente influenciada pelas estratégias do Banco do Brasil e da Caixa Econômica Federal, instituições de natureza pública.

(ii) se forem considerados níveis de *desagregação mais profundos*, a operação gera uma empresa fusionada com mais de 20% de participação somente nos mercados de *descontos de duplicatas e contas garantidas*, notando-se que, nesses casos, *a operação basicamente gera uma empresa com 20% desses mercados* - e *repasse 63*, com *share* conjunto de 37,4% (PJ) e *financiamento para aquisição de veículos e de cartão de crédito* (PF); nesse caso, com *share* conjunto basicamente entre 30% e 35%, níveis bastante aceitáveis pela jurisprudência

53. Com efeito, ainda que essa consideração emane de critérios utilizados nos EUA, o CADE, no AC Santander - ABN Amro Real, ao examinar o mercado de depósito a prazo, para o qual o HHI após a fusão seria de 1.394,91 e a variação desse indicador alcançaria 133,12, considerou que (voto do Conselheiro Sicsú, p. 19: "*A princípio, pode parecer que no segmento de depósitos a prazo a variação do HHI indique preocupações concorrenciais. Entretanto, os critérios adotados pela Federal Trade Comission (sic) (FTC) no segmento bancário consideram que a variação do HHI só seria preocupante para valores acima de 200. Deve-se, contudo, lembrar que esse segmento não apresentou concentração que ensejasse maiores preocupações concorrenciais*".

nacional. *Nesse nível de desagregação, não se dispõem de dados para o cálculo do C4;*[54] e

(iii) finalmente, num nível de *agregação máximo (crédito total e depósitos totais)*, observa-se, também pelos gráficos abaixo, que a operação não gera preocupações concorrenciais.

Gráfico I – Participações de Mercado – Empréstimos Totais e de Recursos Captados (ago. 2008)

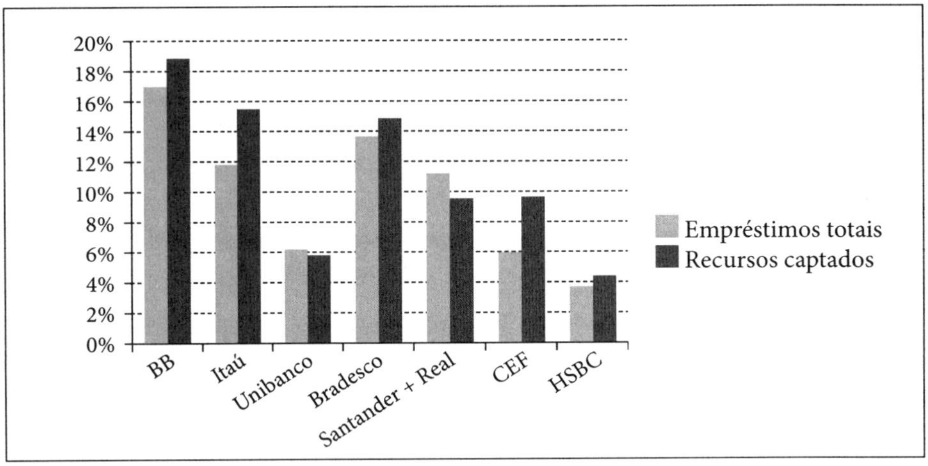

Obs1: Inclui PF, PJ, veículos, cartões de crédito, crédito imobiliário, financeiras e crédito consignado. Não inclui avais e fianças (garantias) e unidades externas.

Obs2: Inclui DAV + Poup. + CDB + Cart. Próprias + Fundos (inclui previdência e capitalização) + Cart. Administradas + Carteiras de terceiros + Fundos de terceiros. Inclui unidades Externas e Conta investimento.

Fonte: BACEN.

Em resumo, segundo o *Guia para análise de atos de concentração horizontais* da SEAE/SDE, a operação deveria ser examinada nas dimensões rivalidade e entrada nos seguintes mercados relevantes bancários financeiros, definidos em âmbito *nacional* na forma de *clusters*, conforme jurisprudência do CADE e informações disponíveis:

(i) *crédito PF*, no que tange à probabilidade de exercício de poder de mercado *unilateral e coordenado*; e

54. Como já mencionado, uma desagregação nesse nível parece não ser adequada, dada a flexibilidade da oferta dentro de operações de crédito para PJ, de um lado, e PF, de outro.

(ii) *depósitos à vista e depósitos de poupança*, no que tange à probabilidade de exercício de poder de mercado *coordenado*.

Caso o mercado relevante geográfico fosse definido em âmbito *municipal*, o exame das condições de entrada e concorrência deveria ser feito em dezenas de municípios. É possível, que tal análise seja desnecessária, tendo em vista a facilidade de entrada de entrantes não comprometidos – ou seja, outros bancos presentes em outros municípios que podem passar a ofertar os mesmos serviços mediante a abertura de novas agências nos municípios em que houve concentração, caso haja exercício de poder de mercado unilateral ou coordenado –, bem como devido à rivalidade pós-operação, gerada pela presença de outros bancos nos municípios em que se observa uma concentração como resultado da operação.

Finalmente, dada a *flexibilidade da oferta* de serviços bancários financeiros, também creio desnecessária a análise em termos de produtos: qualquer tentativa de exercício de poder de mercado no segmento de descontos de duplicatas, por exemplo, ensejaria o aumento da oferta de crédito nessa modalidade por parte dos rivais estabelecidos no setor bancário.[55]

3.3 *Barreiras à entrada e rivalidade nos mercados relevantes bancários afetados pela operação e ausência de efeitos anticompetitivos*

Embora as barreiras à entrada no mercado bancário em geral sejam elevadas para entrantes comprometidos (aqueles que devem realizar investimentos afundados significativos), *a entrada por parte de entrantes não comprometidos e, sobretudo, a rivalidade pós-operação entre os bancos em qualquer mercado relevante em particular é suficiente para evitar qualquer possibilidade de exercício de poder de mercado unilateral por parte da empresa fusionada.*

Desde o Plano Real, o sistema bancário brasileiro sofreu transformações significativas. De fato, a perda dos ganhos propiciados pelas transferências inflacionárias por parte de muitos bancos gerou a necessidade de que a autoridade reguladora adotasse medidas para fortalecer a indústria, tais como a adoção das orientações do Acordo de Basileia – que enquadrou os bancos brasileiros no padrão internacional de solvência e liquidez – e a redução das restrições à entrada dos bancos estrangeiros[56] – que proporcionou o aumento da concorrência sobre os bancos domésticos.

55. Note-se também a forte concorrência exercida pelos bancos estrangeiros no caso de operação com Repasse 63, que possuem facilidade de captação de recursos no exterior.

56. O número de bancos com controle estrangeiro passou de 38 em 1995 para 62 em 2003.

Como resultado desses fenômenos e em consonância com processo de reestruturação bancária em nível mundial, também se observou, no País, um movimento de consolidação bancária (De Paula e Marques, 2004).

Gráfico II – Fusões e Aquisições no Setor Bancário

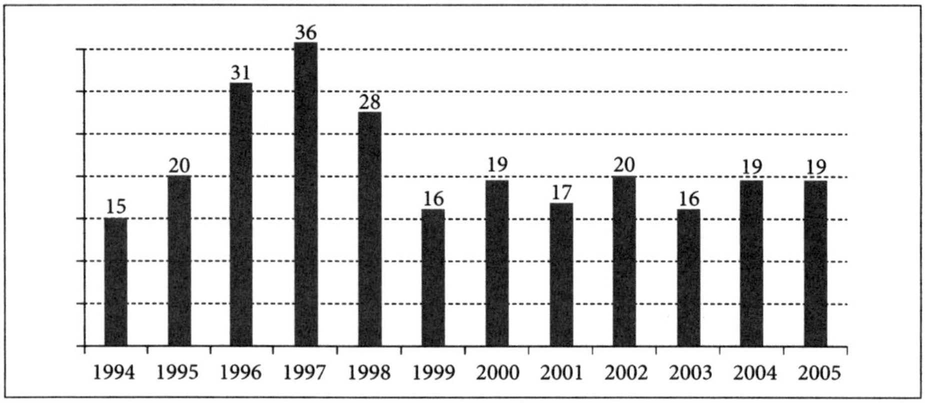

Fonte: KPMG *apud* Rocha, 2007.

Gráfico III – Evolução do Número de Bancos (1988-2003)

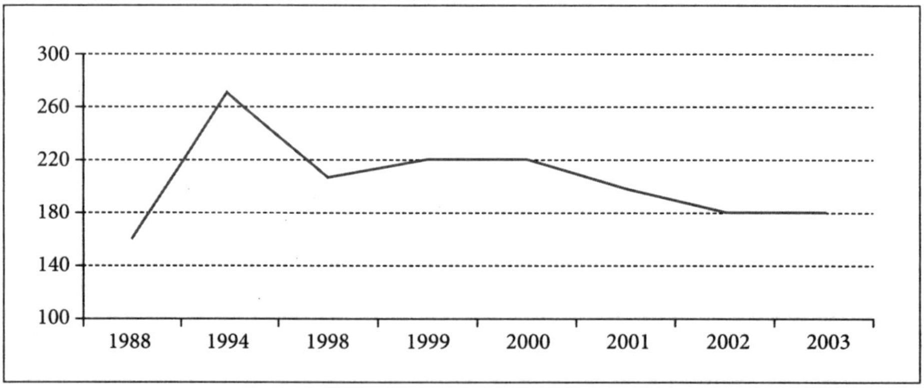

Fonte: BCB *apud* Rocha, 2007.

Apesar dos movimentos de aquisições, incorporação e fusões entre 1994 e 2003, não se observou uma alteração relevante na estrutura da indústria, como se pode constatar pela análise da evolução do HHI no período. A partir de 2003-2004, note-se a estabilização do número de bancos no País, com uma redução de apenas nove instituições entre 2003 e 2006.

Tabela II - Evolução do HHI (jun. 1999 a jun. 2004)

Período	HHI	N. de Bancos
jun/99	0,0819	173
dez/99	0,0770	168
jun/00	0,0764	166
dez/00	0,0735	162
jun/01	0,0632	158
dez/01	0,0671	153
jun/02	0,0675	147
dez/02	0,0716	145
jun/03	0,0760	139
dez/03	0,0799	146
jun/04	0,0727	147

Fonte: Araújo e Jorge Neto, 2007.

Tabela III - Evolução do Setor Bancário por Tipo de Banco (2003-2006)

Setor Bancário				
Tipo	2003	2004	2005	2006
Múltiplos	141	140	139	137
Nacionais	82	83	81	90
Participação Estrangeira	9	10	8	9
Controle Estrangeiro	50	47	49	49
Comerciais e Filiais de Bancos Estrangeiros	23	23	22	21
Nacionais	11	12	14	13
Participação Estrangeira				
Controle Estrangeiro	3	2		
Filiais	9	9	9	9
Bancos de Desenvolvimento	4	4	4	4
Bancos de Investimento	21	21	20	19
Caixa Econômica Federal	1	1	1	1
Total	190	189	195	191

Fonte: Relatório Anual da Associação Brasileira dos Bancos, 2006.

Diversos estudos – com distintas metodologias, conjunto de dados, periodicidades e períodos amostrais e mercados (tanto na dimensão produto quanto na dimensão geográfica) – realizados no Brasil demonstram que, embora apresente uma estrutura de mercado imperfeita (concorrência monopolística), *o mercado bancário nacional tem um grau significativo de concorrência,* apesar da concentração ocorrida desde a segunda metade da década de 1990 (Nakane, 2002; Belaisch, 2003; Petterini e Jorge Neto, 2003).

Na mesma direção, Araújo e Jorge Neto (2007) mostram que os bancos brasileiros operam em concorrência monopolista e que a competição implica uma maior exposição ao risco – indicando a possível existência de um *trade-off* entre risco e competição[57] – e Tonooka & Koyama (2003), que analisaram a relação entre taxa de juros (preço) e o índice de Herfindahl-Hirschman (concentração), não encontraram nenhuma relação entre a taxa de juros nos empréstimos e a concentração do mercado. *Portanto, a evidência disponível sugere que conduta no setor bancário é bastante competitiva, não havendo motivo para preocupação por parte do SBDC.*

Não se trata de negar, obviamente, que a existência de um movimento de fusão e incorporação entre os bancos não possa afetar o grau de competição nos mercados relevantes, mas sim de reconhecer que competição bancária é influenciada por outros fatores característicos, tais como assimetria de informação, risco moral e seleção adversa, *switching costs,* rede de agências e tecnologia (Northcott, 2004).

A presença de tais fatores implica que o modelo de Estrutura-Conduta-Desempenho (ver Seção 2.1) pode simplificar o comportamento competitivo dos bancos quando assume que uma maior concentração está associada a maiores níveis de poder de mercado; pelo contrário, sob a influência de tais fatores, *a existência de algum poder de mercado no mercado bancário pode ser benéfica do ponto de vista social.*

Seja como for, para efeito da análise da operação Itaú-Unibanco, importa notar que a *rivalidade pós-operação é suficiente para disciplinar o eventual exercício de poder de mercado unilateral por parte da empresa fusionada.*

Com efeito, no mercado (relevante) de *crédito livre PF* existe não somente *flexibilidade de oferta* – ou facilidade de entrantes não comprometidos, estimulada pelo crescimento do crédito total, inclusive às pessoas físicas, obser-

57. Segundo os autores: "Em outras palavras, um comportamento mais competitivo pode não levar a uma maior concessão de crédito, mas leva a um maior nível de risco" (p. 176) e: "maior concentração (refletindo menor competição) implica em menor concessão de crédito e, também, em menor nível de risco (maior índice de Basiléia)" (p. 193).

vado nos últimos anos (Gráficos IV e V), e pelo próprio aumento do nível de bancarização no Brasil[58] - *como elevada capacidade de reação dos rivais* - tais como Bradesco, Santander, Banco do Brasil, agora em conjunto com Nossa Caixa Nosso Banco, e HSBC.

Gráfico IV - Evolução do Crédito Total/PIB no Brasil (2004-2006)

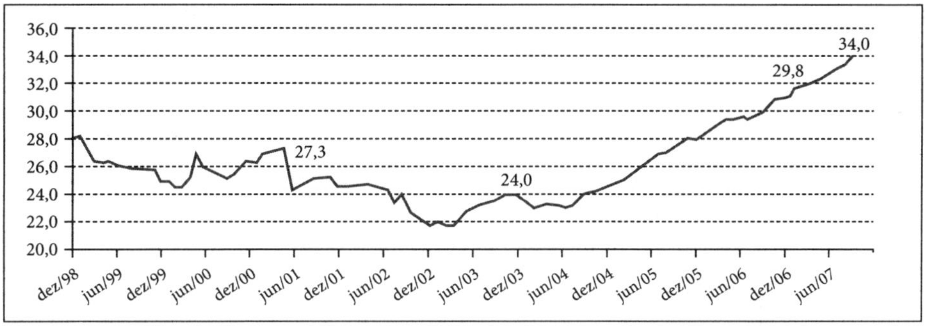

Fonte: Febraban, 2007.

Tais bancos poderiam rapidamente expandir sua oferta de crédito para PF como resultado de um aumento unilateral das taxas de juros cobradas pela empresa fusionada. Com efeito, o cadastro positivo e a portabilidade de cadastro[59] e de crédito, com a transferência de dívidas entre instituições via quitação antecipada,[60] - derivados das medidas do BACEN voltadas para o aumento da concorrência - reduzem os custos de troca e a assimetria de informação e, portanto, o efeito *lock in*, facilitando a substituição pelo *lado da demanda.*[61]

58. O processo de bancarização foi facilitado com a abertura de contas correntes simplificadas, voltadas para a população de baixa renda e que exigem documentação mínima, destinando-se às movimentações financeiras de até R$ 1.000,00. Em 2007, verificou-se um crescimento de 12,2% na quantidade dessas contas (em comparação com 2006), que totalizaram 7,6 milhões (Febraban, 2007).

59. A portabilidade de cadastro permite que o cliente possa repassar para um novo banco as informações de crédito da antiga instituição em que tinha a sua conta-corrente. O banco antigo tem 15 dias de prazo para soltar os dados.

60. Ver Resolução do BC 3401/2006 que viabiliza a transferência do relacionamento de um cliente de uma instituição financeira para suas concorrentes. Ver também: Tendências, 2008. p. 35.

61. Dados do Unibanco mostram que dos 14% dos 286.632 contratos de financiamento de veículos leves (CDC e *leasing*) - *contratados* entre janeiro de 2006 e março de 2008 - encerrados no mesmo período, 61% tiveram sua quitação antecipada. Por outro lado, dos 149.412 contratos encerrados no mesmo período (mas eventualmente contratados em outra época), 44% foram antecipados.

Gráfico V – Evolução do Crédito com Recursos Livres, Saldos em Final de Período (R$ bilhões correntes)

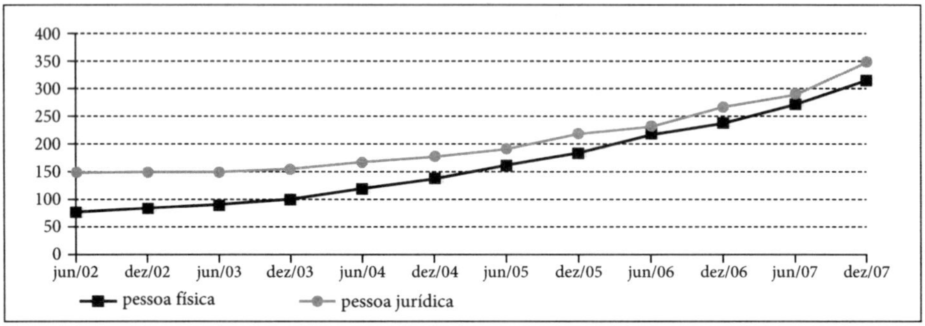

Fonte: Fundap, 2008.

Note-se que as operações voltadas para o financiamento de veículos e crédito consignado são responsáveis por cerca de 70% do crédito total PF (ver tabela abaixo) e que o tal mercado responde por, respectivamente, cerca de 38% e 27% do crédito total a partir de recursos livres e do crédito total no País (base: outubro de 2007).

Tabela IV – Operações de Crédito PF*

	R$ Milhões			Partici-pação (%)	Variações		
	out/06	set/07	out/07		Mensal	Anual	12 Meses
Cheque Especial	13.368	13.990	14.620	6,2	4,5	24,3	9,4
Crédito Pessoal (1)	78.151	96.779	98.805	42,1	2,1	23,7	26,4
Financiamento Imobiliário	1.116	1.921	1.966	0,8	2,4	62,4	76,2
Aquisição de Bens – Total	71.674	87.574	89.788	38,2	2,5	20,9	25,3
Aquisição de Veículos	61.522	76.126	78.019	33,2	2,5	22,9	26,8
Aquisição de Outros bens	10.152	11.448	11.769	5,0	2,8	9,2	15,9
Cartão de Crédito	13.511	16.674	17.016	7,2	2,0	26,8	25,9
Outros	11.200	12.523	12.605	5,4	0,7	11,5	12,5
Total Pessoa Física	189.020	229.461	234.800	100,0	2,3	22,4	24,2

* Volume das Operações de Crédito Referenciais para Taxas de Juros – Pessoa Física. Exclui operações de *leasing* e de cooperativas de crédito.

(1) Inclui operações consignadas em folha de pagamento e exclui cooperativas.

Fonte: Febraban, 2007.

Finalmente, *não se pode desprezar a concorrência gerada por outras instituições não bancárias* – tal como reconhecido em outras jurisdições,[62] como

62. Ver Mello, 2006.

cooperativas de crédito e sociedades de crédito ao microempreendedor[63] – em que as barreiras à entrada são mais baixas.

Quanto à possibilidade de efeitos *coordenados*, conforme argumentado na seção 3.2.2, a variação no HHI para os mercados de *depósito à vista e de poupança* (e mesmo de crédito total) é inferior a 200 pp., implicando, segundo os Guidelines norte-americanos, bem como a jurisprudência do CADE, a *inexistência de preocupações concorrenciais como resultado da operação (nexo causal)*.

Além do mais, no caso dos mercados de depósitos a prazo e de poupança, é pouco crível imaginar que os pequenos acréscimos de *share* (inferiores à 5%, oriundos do Unibanco) pudessem alterar a dinâmica competitiva desses mercados, fortemente influenciada pelas estratégias do Banco do Brasil e da Caixa Econômica Federal, instituições de natureza pública. De fato, na presença de tais instituições, não é razoável supor que possa haver colusão tácita ou explícita no mercado bancário nacional.

Finalmente, no mercado de *crédito livre PF*, a possibilidade de efeitos coordenados também é minimizada tanto pela presença de bancos públicos, como acima mencionado, como pela probabilidade de entrada de *players* não comprometidos, magnificada pelo forte crescimento do mercado de crédito.

3.4 Eficiências

Como acima demonstrado, o exame das eficiências não é necessário no caso do AC Itaú-Unibanco. No entanto, tais eficiências, embora ainda não quantificadas pelos Requerentes, certamente estão presentes na operação Itaú-Unibanco. Com efeito, atos de concentração no sistema financeiro podem gerar eficiências sociais – estáticas e dinâmicas –, aumentando o bem-estar social.[64]

Fusões e aquisições entre bancos podem implicar ganhos de escala e de escopo por meio de consolidação de agências, oferta integradas de serviços, combinação de operações de *back office* e administrativas, integração de sistemas e operações de processamento de dados, diversificação de operações etc.,

63. Assim, o BACEN vem agindo no sentido de ampliar o volume de crédito às pessoas físicas e microempreendedores. Veja-se, por exemplo, a Resolução 3.422/2006 – que ampliou os valores limites para operações de crédito – e a Resolução 3.399/2006 – que incluiu as cooperativas de crédito no elenco de instituições aptas a receberem e efetuarem depósitos interfinanceiros.

64. Ver, por exemplo: Berger e Humphrey, 1997; Allen e Rai 1996; e OECD 2000.

além de gerarem eliminação de ineficiências gerenciais (aumento da eficiência X) e efeitos positivos em termos informacionais.[65]

4. Conclusões

O objetivo da política de defesa da concorrência é evitar a redução do bem-estar social que possa decorrer da realização de atos de concentração ou implementação de condutas anticompetitivas por parte de firmas em uma economia de mercado. Trata-se, portanto, de uma política de natureza reativa, que não tem como função a promoção do *incremento* do bem-estar social, mas tão somente a coibição de atos ou estratégias empresariais que possam reduzi-lo por meio da redução da concorrência.

Diversas jurisdições possuem guias para análise de atos de concentração horizontais (ACs Horizontais), cujos princípios e métodos estão baseados na teoria microeconômica convencional. No Brasil, a SEAE e a SDE, em 2001, elaboraram *Guidelines* para o exame de ACS horizontais, que, embora não tenham força de lei, têm sido empregados sistematicamente pelo CADE, formando jurisprudência na área.

Tal guia não difere substancialmente daqueles utilizados em outras jurisdições e estabelece que o exame das eficiências econômicas de um AC horizontal é necessário *se e somente se* tal ato gerar efeitos anticompetitivos, ou seja, se a operação gerar aumento da probabilidade de exercício de poder de mercado unilateral ou coordenado. Isso só pode ocorrer se: (i) houver incremento *significativo* da participação de mercado da empresa fusionada e/ou do grau de concentração do mercado (relevante); e (ii) *não existir nenhum fator capaz de disciplinar o exercício de poder de mercado*, tais como importações, baixas barreiras à entrada ou rivalidade efetiva pós-operação. Não por outro motivo, a exigência de demonstração das eficiências econômicas de um AC é realizada somente *após* a eventual identificação de efeitos anticompetitivos decorrentes da operação;

A operação Itaú-Unibanco, à luz das informações disponíveis, apresenta efeitos neutros sobre a competição.

(I) Os mercados relevantes associados ao mercado bancário financeiro para fins de análise da operação, definidos a partir do critério de *clusters*, todos com dimensão geográfica *nacional* (dimensão geográfica utilizada no AC Santander-Real), são: *(a) depósitos à vista; (b) depósitos a prazo; (c) depósitos de poupança; (d) crédito livre a pessoa jurídica; e (f) crédito livre a pessoa física*

65. Para uma avaliação dos resultados aparentemente positivos de fusões bancárias sobre as eficiências das instituições envolvidas no Brasil, ver Faria e Marinho, 2006.

(I.1) Em tais mercados relevantes, em somente um deles – *crédito PF* – a operação gera um *market share* superior aos 20% a partir do qual se presume a presença de posição dominante.

(I.1.1) No mercado relevante de *crédito livre PF*, existe não somente flexibilidade de oferta – ou facilidade de entrantes não comprometidos, estimulada pelo crescimento do crédito a pessoas físicas observado nos últimos cinco anos – como elevada capacidade de reação dos rivais – tais como Bradesco, Santander, Banco do Brasil, agora em conjunto com Nossa Caixa Nosso Banco, e HSBC. Tais bancos têm condições de expandir sua oferta de crédito para PF como resultado de um aumento unilateral das taxas de juros cobradas pela empresa fusionada. Com efeito, o cadastro positivo e a portabilidade de cadastro e de crédito, com a transferência de dívidas entre instituições via quitação antecipada – derivados das medidas do BACEN voltadas ao aumento da concorrência –, reduzem os custos de troca e a assimetria de informação e, portanto, o efeito *lock in*, facilitando a substituição pelo *lado da demanda*. Finalmente, identifica-se concorrência exercida por outras instituições não bancárias – tal como reconhecido em outras jurisdições, como cooperativas de crédito e sociedades de crédito ao microempreendedor – em que as barreiras à entrada são mais baixas.

(II) No que tange à possibilidade de exercício de poder de mercado *coordenado*, a operação gera um C4 maior do que 75% nos mercados de depósito à vista, depósito de poupança e crédito PF. Entretanto, observa-se que a variação no HHI para os mercados de depósito à vista e de poupança é inferior a 200 pp. Isso implica, segundo os *Guidelines* norte-americanos, bem como a jurisprudência do CADE, a inexistência de preocupações concorrenciais como resultado da operação.

(II.1) Aliás, no caso dos mercados de depósitos a prazo e de poupança, acréscimos inferiores à 5% (oriundos do Unibanco) não chega a alterar a dinâmica competitiva desses mercados, fortemente influenciada pelas estratégias do Banco do Brasil e da Caixa Econômica Federal, instituições de natureza pública.

(II.2) no mercado de *crédito livre PF*, a possibilidade de efeitos coordenados também é minimizada tanto pela presença de bancos públicos, como acima mencionado, quanto pela probabilidade de entrada de *players* não comprometidos, magnificada pelo forte crescimento do mercado de crédito.

(III) Caso o mercado relevante geográfico fosse definido em âmbito *municipal*, o exame das condições de entrada e concorrência deveria ser feito em dezenas de municípios. Entretanto, tendo em vista a facilidade de entrada aos entrantes não comprometidos – ou seja, outros bancos presentes em outros municípios que podem passar a ofertar os mesmos serviços mediante a abertura de novas agências nos municípios em que houve concentração, caso haja exercício de poder de mercado unilateral ou coordenado - bem como a rivalidade pós-operação, gerada pela presença de outros bancos nos municípios em que se observa uma concentração como resultado da operação.

(IV) Se forem considerados níveis de *desagregação mais profundos*, a operação gera uma empresa fusionada com mais de 20% de participação somente nos mercados de descontos de duplicatas e contas garantidas - notando-se que nesses casos, a operação basicamente gera uma empresa com 20% desses mercados - e repasse 63, com *share* conjunto de 37,4% (PJ) e *financiamento para aquisição de veículos e de cartão de crédito* (PF) - nesses casos, com *share* conjunto basicamente entre 30% e 35%, níveis bastante aceitáveis pela jurisprudência nacional. Além do mais, dada a *flexibilidade da oferta* de serviços bancários financeiros, parece desnecessária a análise em termos de produtos: qualquer tentativa de exercício de poder de mercado no segmento de descontos de duplicatas, por exemplo, ensejaria o aumento da oferta de crédito nessa modalidade por parte dos rivais.

(V) Por último, num nível de *agregação máximo (crédito total e depósitos totais),* observa-se que a operação não gera preocupações concorrenciais, posto que não produz participações de mercado acima de 20% ou C4 superior a 75%.

(VI) Como acima demonstrado, o exame das eficiências parece desnecessário no caso do AC Itaú-Unibanco. No entanto, tais eficiências, embora ainda não quantificadas nos autos desse ato de concentração, certamente estariam presentes na operação Itaú-Unibanco. Com efeito, atos de concentração no sistema financeiro podem gerar eficiências sociais - estáticas e dinâmicas -, aumentando o bem-estar social.

(VI.1) Fusões e aquisições entre bancos podem implicar ganhos de escala e de escopo, por meio de consolidação de agências, oferta integradas de serviços, combinação de operações de *back office* e administrativas, integração de sistemas e operações de processamento de dados, diversificação de operações etc., além de gerarem eliminação de ineficiências gerenciais (aumento da eficiência X) e efeitos positivos em termos informacionais.

Bibliografia

ALLEN, L. e RAI, A. Operational efficiency in banking: an international comparison. *Journal of Banking and Finance*, vol. 20, p. 655-672, May 1996.

ANDRADE, T. Relatório e Voto no Ato de Concentração 08012.001697/2002-89. 2003. Disponível em: <http://www.cade.gov.br/sitebkp/Votos/Thompson/

rela001697-2002.pdf> e <http://www.cade.gov.br/sitebkp/Votos/Thompson/voto001697-2002.pdf>.

ARAÚJO, Luiz Alberto D'Ávila e JORGE NETO, Paulo de Melo. Risco e competição bancária no Brasil. *Revista Brasileira de Economia*, vol. 61, n. 2, 2007.

ASSOCIAÇÃO BRASILEIRA DE BANCOS. *Relatório anual*. 2006. Disponível em: <http://www.abbc.org.br/IMAGENS/Relat%C3%B3rio%20Anual/relatorio_anual_2006.pdf>.

AUDRETSCH, D. Divergent views in antitrust economics. *Antitrust Bulletin*, vol. XXXIII, n. 1, p. 135-160, 1988.

BAIN, J. *Barriers to new competition*. Cambridge, Mass.: Harvard University Press, 1956.

BAKER, J. e BRESNAHAN, T. The gains from a merger or collusion in product-differenciated industries. *Journal of Industrial Economics*, vol. 33, p. 427-444, 1985.

BAKER, J. e RUBINFELD, D. Empirical methods in antitrust litigation: review and critique. *American Law and Economics Review*, vol. 1, p. 386-435, 1999.

BELAISCH, A. Do Brazilian banks compete?, International Monetary Fund, *IMF Working Paper* WP/03/113, 2003.

Berger, Allen N. e DEYOUNG, Robert. Technological progress and geographic expansion of the banking industry. *Federal Reserve Bank of Chicago Working Paper* 2002-07, 2002.

BERGER, Allen N. e HUMPHREY, D. B. Efficiency of financial institutions: international survey and directions for future research. *European Journal of Operational Research*, vol. 98, p. 175-212, 1997.

BIKKER, J. e HAAF, K. Competition, concentration and their relationship: an empirical analysis of the banking industry. *Journal of Banking & Finance*, vol. 26, p. 2191-2214, 2002.

BONNER, A. R. e KRUEGER, R. The basics of antitrust policy: a review of ten nations and the EEC. The World Bank Industry and Energy Department Working Paper, *Industry Series Paper*, n. 43, fev. 1991.

BORK, Robert H. *The antitrust paradox: a policy at war with itself*. New York: Basic Books, 1978.

CARLETTI, Elena e HARTMANN, Philipp. Competition and stability: what's special about banking? European Central Bank, *Working Paper Series*, n. 146, 2002.

COMPETITION BUREAU CANADA. *The merger enforcement guidelines as applied to a bank merger*. Disponível em: <http://www.competitionbureau.gc.ca/internet/index.cfm?itemID=1253&lg=e>.

CROOKE, P., FOREB, L. e WERDEN, G. Effects of assumed demand form on simulated postmerger equilibria. *Review of Industrial Organization*, vol. 15, p. 205-217, 1999.

DAVES, P., HUSE, C. e VAN REENEN, J. *Evaluating incentives of collusion in differentiated products markets: measuring the coordinated effects of mergers*. London: London School of Economics, 2005.

De PAULA, L. F. e MARQUES, M. B. L. *Tendências recentes da consolidação bancária no mundo e no Brasil*, 2004. Disponível em: <http://www.ie.ufu.br/ix_enep_mesas/Mesa%2008%20-%20Economia%20monet%C3%A1ria%20e%20financeira%20I/Tend%C3%AAncias%20Recentes%20Consolida%C3%A7%C3%A3o%20Banc%C3%A1ria%20SEP.pdf>.

DEMSETZ, H. Barriers to entry. *The American Economic Review*, vol. 72, 1982.

_____. Why regulate utilities? *Journal of Law and Economics*, vol. 11, p. 55-66, abr. 1968.

DEWATRIPOINT, Mathias e TIROLE, Jean. *The prudential regulation of banks*. Chicago: The MIT Press, 1994.

DICK, A. R. Are export cartels efficiency-enhancing or monopoly-promoting? *Fifteen Research in Law and Economics*, vol. 15, p. 89-127, 1992.

DIXIT, A. Recent developments in oligopoly theory. *American Economic Review*, vol. 72, n. 2, maio 1982.

_____. The role of investment in entry-deterrence. *Economic Journal*, vol. 90, p. 95-106, mar. 1980.

EPSTEIN, R. e RUBINFELD, D. Merger simulation: a simplified approach with new applications. *Antitrust Law Journal*, vol. 69, p. 883-919, 2001.

FAGUNDES, J. Análise antitruste do caso Nestlé-Garoto e simulação de fusões. In: MATTOS, C. *A revolução do antitruste no Brasil.* São Paulo: Singular, 2007. vol. 2.

_____. *Fundamentos econômicos das políticas de defesa da concorrência*. São Paulo: Singular, 2003.

_____. Políticas de defesa da concorrência e política industrial: notas para um projeto de integração. *Revista Arché*, Universidade Candido Mendes, 1998.

FAGUNDES, J. e KANCZUK, F. O uso de modelos de simulação em análises de fusões. *Revista do IBRAC*, vol. 11, n. 4, 2005.

FAGUNDES, J. e PONDÉ, J. Políticas de defesa da concorrência e controles sobre atos de concentração horizontais: o caso brasileiro. *Revista Archè*, Universidade Cândido Mendes, n. 16, ano VI, 1997.

FARIA, J, DE PAULA, L. e MARINHO, A. Fusões e aquisições bancárias no Brasil: uma avaliação da eficiência técnica e de escala. *Texto para discussão n. 1233. IPEA*, 2006.

FARRELL, J. e SHAPIRO, C. Horizontal merger: an equilibrium analysis. *American Economic Review*, vol. 80, p. 107-126, 1990.

FEBRABAN. Relatório Febraban - evolução do crédito do sistema financeiro, 2007. Disponível em: <http://www.febraban.org.br/Arquivo/Destaques/RELATORIOFEBRABANEvolucaodoCredito112007.pdf>.

FISHER, A., JOHNSON, F. e LANDE, R. Price effects of horizontal mergers. *California Law Review*, vol. 77, n. 4, p. 777-827, jul. 1989.

FRANCESCHINI, J. I. G. *Direito da concorrência: case law*. São Paulo: Singular, 2000.

FUNDAP. *Mercado de crédito no Brasil: tendências recentes*, 2008. Disponível em: <http://www.fundap.sp.gov.br/debatesfundap/pdf/conjuntura/O_mercado_de_cr%C3%A9dito_no_Brasil.pdf>.

GALLO, J. C., CRAYCRAFT, J. L., DAU-SCHMIDT, K. e PARKER, C. J. Department of Justice Antitrust Enforcement, 1955-1997: an empirical study, 17 *Review of Industrial Organization*, p. 75-133, 2000.

GEROSKI, P. Competition policy and the structure-performance paradigm. In: DAVIES, S. e LYONS, B. (ed.). *Economics of industrial organization. Surveys in economics*. London: Longman, 1988. cap. 5.

HOVENKAMP, H. *Antitrust*. St. Paul: West Publishing Co., 1993.

_____. *Federal antitrust policy*. St. Paul: West Publishing Co., 1995.

IVALDI, M. e VERBOVEN, F. Quantifying the effects of horizontal mergers in European competition policy. *International Journal of Industrial Organization*, vol. 23, p. 669-691, 2005.

IVALDI, M. et al. *The economics of tacit collusion (Final report for DG Competition, European Commission)*, IDEI, 2003.

_____ et al. *The economics of unilateral effect (Interim Report for DG Competition, European Commission)*, 2003b.

JACQUEMIN, A. *The new industrial organization: market forces and strategic behavior*. Oxford: Clarendon Press, 1987.

MELLO, João Manoel Pinho de. Atos de concentração e conduta no setor bancário. In: FIÚZA, Eduardo P. S. e MOTTA, Ronaldo Seroa da (coord.).

Métodos quantitativos em defesa da concorrência e regulação econômica. Rio de Janeiro: Ipea, 2006. tomo II.

MOTTA, M. *Competition policy: theory and practice.* New York: Cambridge University Press, 2004.

NAKANE, Márcio I. A test of competition in Brazilian banking. *Estudos Econômicos*, vol. 32, n. 2, p. 203-224, 2002.

_____. *Concorrência e spread bancário: uma revisão da evidência para o Brasil.* Technical report. Banco Central do Brasil, dez. 2003.

NAKANE, Márcio I. e ALENCAR, Leonardo. *Análise de fusões e aquisições horizontais no setor bancário: uma reflexão a partir da experiência internacional.* Technical report. Banco Central do Brasil, 2004.

NAKANE, Márcio I. e ALENCAR, Leonardo e KANCZUK, Fabio. Demanda por serviços bancários. In: FIÚZA, Eduardo P. S. e MOTTA, Ronaldo Seroa da (coord.). *Métodos quantitativos em defesa da concorrência e regulação econômica.* Rio de Janeiro: Ipea, 2006. tomo I.

NORTHCOTT, C. A. Competition in banking: review of the literature. *Working Paper 2004-* 24, Bank of Canada, 2004.

OECD. Mergers in financial services. *Series Roundtable on Competition Policy.* Committee on Competition Law and Policy. DAFFE/CLP(2000)17.

_____. *The relationship between competition authorities and sectoral regulators.* Contribution from United States to the Global Forum on Competition, 2005.

_____. Working Party n. 2 on Competition and Regulation – United States. *Roundtable on Competition and Regulation in Retail Banking*, 2006.

PETERSEN, Mitchell e RAJAN, R. Does distance still matter? The information revolution and small business lending, *Journal of Finance*, vol. 57, 2002.

PETTERINI, F. e JORGE-NETO, P. M. *Análise da competição dos bancos privados nacionais nas operações de crédito do Sistema Financeiro Nacional.* Dissertação de Mestrado. CAEN/UFC, 2003.

POSNER, R. The Chicago School of antitrust analysis. *University of Pennsylvania Law Review*, vol. 127, 1979.

_____. The social cost of monopoly and regulation. *Journal of Political Economy*, vol. 83, p. 807-827, ago. 1975.

POSSAS, M. Os conceitos de mercado relevante e de poder de mercado no âmbito da defesa da concorrência. *Revista do IBRAC*, vol. 3, n. 5, 1996.

ROCHA, F. A. S. Concorrência no setor bancário brasileiro. *8.o SEMAT – Seminário de Atendimento Bancário.* 2007. Disponível em: <http://www.

febraban.org.br/p5a_52gt34++5cv8_4466+ff145afbb52ffrtg33fe36455li5411pp+e/sitefebraban/semark_semat2007_BrunodePaula.pdf >.

_____. *Evolução da concentração bancária no Brasil (1994-2000)*. Nota técnica n. 11 do Banco Central do Brasil, nov. 2001.

SCHEFFMAN, D. T. e COLEMAN, M. *Quantitative analyses of potential competitive effects from a merger*. Federal Trade Commission (FTC) working paper. 2003.

SCHERER, F. e ROSS, D. *Industrial market structure and economic performance*. 3. ed. Boston: Houghton Mifflin, 1990.

SCHMALENSEE, R. Antitrust and the new economics. *American Economic Review*, vol. 3, p. 72, 1982.

SEAE/SDE. Guia para análise econômica de atos de concentração horizontal. In.: BRASIL. Ministério da Fazenda, Secretaria de Acompanhamento Econômico. Portaria Conjunta SEAE/SDE n. 50, de 1.o de agosto de 2001. *Diário Oficial da União*, n. 158-E, de 17.08.2001, Seção 1, p. 12-15. Disponível em: <http://www.fazenda.gov.br/seae>.

SHEPHERD, W. Contestability vs. competition. *American Economic Review*, vol. 74, n. 4, set. 1984.

_____. *The economics of industrial organization*. England Cliffs: Prentice Hall, 1997.

_____. Three "efficiency school" hypotheses about market power. *Antitrust Bulletin*, vol. xxxiii, n. 2, p. 395-415, 1988.

STENBORG, M. Forest for the trees: economics of joint dominance. *European Journal of Law and Economics*, vol. 18, p. 365-385, 2004.

STIGLER, G. J. *The organization of industry*. Homewood: Richard D. Irwin, 1968.

SULLIVAN, E. e HARRISON, J. *Understanding antitrust and its economic implications*. New York: Matthew Bender, 1998.

TAKAMI, Marcelo e TABAK, Benjamin. *Avaliação do risco sistêmico no setor bancário brasileiro*. 2006. Disponível em: <http://www.anpec.org.br/encontro2006/artigos/A06A096.pdf >.

TIROLE, J. *The theory of industrial organization*. Cambridge (Mass.): The MIT Press, 1988.

TONOOKA, E. K. e KOYAMA, S. M. Taxa de juros e concentração bancária no Brasil. *Trabalhos para discussão* n. 62 do Banco Central do Brasil, 2003.

U.S. DEPARTMENT OF JUSTICE/FEDERAL TRADE COMMISSION. *Horizontal merger guidelines*, 1992.

VISCUSI, W., VERNON, J. e HARRINGTON, J. *Economics of regulation and antitrust*. Cambridge (Mass.): The MIT Press, 1995.

WERDEN, G. A perspective on the use of econometrics in merger investigations and litigation. *Antitrust*, vol. 16, n. 2, p. 55-58, 2002.

_____. A robust test for consumer welfare enhancing mergers among sellers of differentiated products. *Journal of Industrial Economics*, vol. 44, p. 409-413, 1996.

_____. Four suggestions on market delineation. *The Antitrust Bulletin*, vol. 37, n. 1, p. 107-121, Spring 1992.

WERDEN, G. e FROEB, L. The effects of mergers in differentiated products industries: logit demand and merger policy. *Journal of Law, Economics & Organization*, vol. 10, p. 407-426, 1994.

WERDEN, G., FROEB, L. e SCHEFFMAN, D. *A Daubert discipline for merger simulation*. FTC, 2004.

WILLIAMSON, O. Economies as an antitrust defense: the welfare trade-offs. *American Economic Review*, vol. 58, n. 1, p. 18-36, 1968.

_____. *The economic institutions of capitalism*. New York: The Free Press, 1985.

WILLIG, R. *Mergers analysis, industrial organization theory and merger guidelines*. FTC, 1991.

Bancos Estatais e Controle da Concorrência: Qual o Papel do Interesse Público?

Mariana Mota Prado
Julia Cadaval Martins

1. Introdução

Bancos estatais são muito comuns em todo o mundo, em especial nos países em desenvolvimento. Segundo aponta o estudo realizado por La Porta, Lopez-de-Silanes e Shleifer (2002), em 1970, em média 59% do patrimônio dos maiores bancos de um país era de titularidade estatal: aproximadamente 40% nos países industrializados e 65% nos países em desenvolvimento. Nos anos 1980 e 1990, houve uma onda de privatizações que produziu uma transformação nesse quadro. Apesar disso, em meados dos anos 1990, os números ainda eram significativos: em média 25% do patrimônio dos maiores bancos de um país industrializado ainda era de titularidade estatal; nos países em desenvolvimento, o Estado controlava em média 50% do patrimônio dos maiores bancos.[1]

Recentemente, a crise econômica mundial mudou a imagem desses bancos estatais – em especial em países em desenvolvimento. Anteriormente, eles eram considerados empresas ineficientes, pouco lucrativas e altamente vulneráveis a crises (The Economist, 1997). Hoje, foram os bancos que melhor sobreviveram à mais recente crise mundial (The Economist, 2010). Ou seja, depois da crise, essas instituições deixaram de ser consideradas um problema e passaram a ser potenciais modelos para o sistema financeiro.

Dada a relevância dos bancos estatais ao redor do mundo, e especialmente em países em desenvolvimento, o presente artigo descreve quais funções

1. Com a recente crise econômica mundial, esse número possivelmente aumentou, dado que muitos bancos privados foram nacionalizados.

esses bancos desempenham na economia (seção 1), analisa os efeitos que a presença desses bancos tem no setor bancário e no comportamento dos bancos privados (seção 2), e discute – à luz das considerações anteriores – como a legislação concorrencial tem sido aplicada nesse setor (seção 3). Por fim, o artigo analisa a legislação brasileira de defesa da concorrência no que diz respeito às funções de fomento dos bancos públicos, levando em consideração um caso recentemente julgado pelo CADE e a inovação trazida pela Medida Provisória 443/2008, convertida na Lei 11.908/2009 (seção 4).

2. O papel dos bancos estatais na economia

Os bancos estatais desempenharam um papel central na economia de países em desenvolvimento durante a crise e mudaram seu *status* durante esse período. Na China, por exemplo, seguindo ordens do governo, os bancos mantiveram empréstimos em 2008 e 2009, o que permitiu que o crescimento econômico continuasse a passos largos, apesar da recessão mundial. Em outros países, como Brasil, Índia e Rússia, esses bancos tiveram aumentos consideráveis em seus portfólios por meio de ganhos de mercado que vieram às custas de bancos privados (The Economist, 2010). Essas mudanças provavelmente levarão a uma reconfiguração do setor bancário em países em desenvolvimento (e potencialmente no mundo), mas ainda não está muito claro qual o papel que os bancos estatais irão desempenhar nesse novo cenário. Essa incerteza gera um momento oportuno para revisitarmos a literatura sobre bancos estatais e nos perguntar se esta oferecia de fato fundamentos para embasar todo o receio que era dirigido a esses bancos até recentemente.

Em geral, o desempenho das empresas estatais é inferior ao das empresas privadas (Shirley, 2008). O problema é especialmente visível em países em desenvolvimento, onde empresas estatais deficitárias podem impor pesados ônus ao tesouro nacional (Smith e Trebilcock, 2001). Esse padrão parecia se reproduzir no setor bancário antes da crise: estudos empíricos mostram que bancos estatais são menos eficientes que bancos privados (La Porta, Lopez-de-Silanes e Shleifer, 2002). Tal problema parecia ser particularmente visível em países em desenvolvimento (Yeyati, Micco e Panizza, 2007). Entre estes, a América Latina era uma região em que o desempenho dos bancos estatais era significativamente inferior ao dos bancos privados. Em geral, nessa região os bancos estatais cobravam menos juros, pagavam menos dividendos a seus acionistas e tendiam a fazer empréstimos predominantemente para instituições públicas (governo). Esses bancos também tinham taxas de inadimplência mais altas e geravam menos lucros que os bancos privados. O Brasil era um dos países em que bancos públicos cobravam uma das menores taxas de juros da região (a diferença chegava a 2%, comparada às taxas de bancos privados que operavam no Brasil) (Yeyati, Micco e Panizza, 2007).

O que poderia explicar as diferenças de desempenho entre bancos estatais e privados? Há duas correntes distintas sobre a função de bancos estatais na economia de um país: enquanto alguns autores entendem que bancos estatais desempenham as mesmas funções que bancos privados, outros argumentam que bancos estatais e privados desempenham diferentes funções na economia de um país. Por exemplo, bancos estatais podem atender a objetivos sociais ou a metas de desenvolvimento. A primeira corrente é sustentada por aqueles que adotam a chamada *visão política*. Já a segunda corrente é sustentada por aqueles que adotam as chamadas *visão social e visão desenvolvimentista*. Cada uma dessas correntes oferece uma explicação distinta para o desempenho de bancos estatais na economia.

A *visão política* parte do pressuposto de que todos os indivíduos agem de maneira autointeressada. Essa racionalidade autointeressada gera um problema de incentivos nas empresas estatais. Administradores de empresas são nomeados por políticos e, por causa disso, pressupõe-se que não são necessariamente escolhidos entre os profissionais mais competentes do mercado. Além disso, presume-se que esses administradores devem gerir a empresa seguindo orientações políticas na administração empresarial. Quem poderia ter incentivos para monitorar os administradores dessas empresas? Ministros têm poucos incentivos, pois raramente são substituídos em virtude do desempenho de empresas estatais. Políticos, por sua vez, têm incentivos para utilizar os recursos de empresas estatais para obter ganhos políticos ou pessoais, desde que tal uso não seja punido por seus eleitores. Eleitores, por sua vez, não teriam incentivos para monitorar o uso de recursos fiscais por meio de empresas estatais, dado que eles (diferentemente dos acionistas) incorrerão em altos custos para obter informações, e os benefícios de tal monitoramento seriam difusos (Smith e Trebilcock, 2001). No caso específico do setor financeiro, políticos que controlam bancos estatais teriam incentivos para utilizar os recursos disponíveis nesses bancos para obter benefícios políticos ou pessoais, gerando alocação ineficiente de recursos e afetando negativamente o desempenho dessas instituições.[2] Isso poderia explicar, por exemplo, por que há evidência de que a eficiência operacional dos bancos estatais é inferior à dos bancos privados, e por que tais instituições teriam um impacto negativo no

2. Para um estudo do uso político das instituições financeiras estatais, ver Dinc (2005) (indicando que essas instituições aumentam os empréstimos em anos de eleições).

desenvolvimento econômico de um país no longo prazo (La Porta, Lopez-de--Silanes e Shleifer, 2002).

Todavia, tanto a hipótese da visão política quanto os dados em que esta se baseia são questionáveis. Não há evidência empírica conclusiva para demonstrar que bancos estatais têm necessariamente um desempenho operacional inferior ao dos bancos privados. Alguns estudos de casos mostram que ambos são igualmente eficientes em países desenvolvidos (Altunbas Evans e Molyneux, 2001; Micco, Panizza e Yanez, 2007). Da mesma forma, o impacto negativo dos bancos públicos no crescimento econômico não é observado em países desenvolvidos (Körner e Schnabel, 2009).

Tais efeitos, no entanto, são observados em países em desenvolvimento. Uma possível explicação para essa discrepância é o ambiente institucional: países que possuem instituições fortes permitem que eleitores controlem a ação dos políticos (boa governança) e possuem também mecanismos na estrutura de administração interna do banco que criam incentivos para a boa administração de recursos. Ou seja, as instituições políticas de um país e a estrutura interna de governança do banco poderiam criar incentivos para o uso eficiente dos recursos da instituição. Isso poderia explicar por que bancos estatais são eficientes em países desenvolvidos mas não o são em países em desenvolvimento (Körner e Schnabel, 2009). À luz desta hipótese, a mudança nos bancos estatais em países em desenvolvimento após a crise pode ser – ao menos parcialmente – explicada por um amadurecimento institucional. Ou seja, com o aprimoramento dos sistemas financeiro e político de países em desenvolvimento, seria possível diminuir o impacto negativo de bancos públicos no crescimento econômico (Körner e Schnabel, 2011).

Ainda que a visão política, aliada a uma análise institucional, seja uma hipótese plausível para explicar o desempenho inferior dos bancos estatais *vis-à-vis* os bancos privados em países em desenvolvimento no período anterior à crise, ela não é a única. Tal desempenho pode também ser explicado de maneira convincente pelas visões social e desenvolvimentista (Yeyati, Micco e Panizza, 2007), que serão discutidas a seguir.

A *visão social* argumenta que bancos estatais têm objetivos sociais e, portanto, desempenham funções distintas dos bancos privados. Por exemplo, bancos estatais financiam projetos que geram externalidades positivas (são "socialmente lucrativos"), mas não seriam financiados pelo setor privado (Atkinson e Stiglitz, 1980; Stiglitz, 1994). Dois exemplos são projetos de infraestrutura e educação superior (Hainz e Hakenes, 2007). Dado que esses objetivos sociais são exclusivos de bancos estatais, faria pouco sentido comparar bancos estatais e privados em termos de eficiência ou lucratividade. O problema é que essa hipótese não parece explicar a mudança na *performance* desses bancos após a crise mundial. Talvez a lucratividade dos bancos públicos tenha continuado reduzida, mas ainda era superior à dos bancos privados que foram atingidos mais diretamente pela crise. Outra hipótese seria que, em países com um ritmo acelerado de crescimento econômico, o aumento da receita fiscal passou a financiar parte dos projetos "socialmente lucrativos", permitindo que operassem de maneira mais parecida com bancos privados.

A *visão desenvolvimentista* argumenta que bancos estatais podem promover desenvolvimento econômico ao substituir bancos privados em um ambiente com fracas instituições. Esse argumento foi originalmente desenvolvido na década de 1960 (Gerschenkron, 1962) e justificou grande parte do movimento de nacionalização de bancos nas décadas de 1960 e 1970. Ele perdeu força nas décadas de 1980 e 1990, quando o Consenso de Washington e o neoliberalismo dominaram a formulação de políticas econômicas, promovendo uma onda de privatizações ao redor do mundo (Williamson, 1990). Todavia, recentemente, este argumento ganhou força novamente.

Em países onde há escassez de capital e práticas fraudulentas são praticadas por devedores, é pouco provável que um setor financeiro robusto possa se desenvolver (Beck, 2000). Nesse contexto, bancos estatais podem ter um papel central na promoção do desenvolvimento econômico (Stiglitz, 1994). Além disso, em um ambiente institucional fragilizado, os bancos estatais podem oferecer uma segurança ao cidadão que não é oferecida por instituições financeiras privadas. Yeyati, Micco e Panizza, ao discutirem o caso da América Latina, concluem que: "apesar de seus níveis baixos de eficiência (taxas mais altas de inadimplência aliada a altos custos indiretos, e baixa lucratividade) e sua alta exposição ao risco soberano (devido à grande quantidade de ações do governo), os bancos estatais ainda são considerados mais seguros (o que explica as taxas de juros abaixo do mercado, que permitem que eles ofereçam crédito mais barato)"[3] (2007, p. 15). Além disso, tais instituições oferecem serviços bancários para pessoas ou regiões mais pobres, que não são servidas pelo sistema bancário privado (Hakenes e Schnabel, 2006). Tais serviços promovem o desenvolvimento do setor financeiro, gerando externalidades positivas tanto para o crescimento econômico quanto para a redução da pobreza (Burgess e Pande, 2003). Seguindo essa hipótese, o recente crescimento dos bancos estatais talvez possa ser explicado pelo fato de que a crise aumentou ainda mais a

3. "Despite their lower efficiency (higher non-performing loans and overhead costs, and lower returns) and greater exposure to sovereign risk (from larger share of loans to the public sector), public banks are still perceived to be safer (hence, the lower borrowing rates, which in turn allow them to extend credit at lower lending rates)."

desconfiança em relação a bancos privados, em especial os estrangeiros. Isso gerou uma migração para os bancos públicos, que acabaram se beneficiando com a crise (The Economist, 2011).

Os bancos estatais criados por meio da nacionalização dos bancos que ocorreu logo após a crise de setembro de 2008 não têm uma função muito diferente da função dos bancos privados, por exemplo (Körner e Schnabel, 2009, p. 4). Nesses casos, provavelmente a visão política seria a mais acurada, dado que tais nacionalizações não visam promover políticas sociais nem estão vinculadas a metas de desenvolvimento. Todavia, nos demais casos de propriedade estatal de bancos, é difícil determinar quais dessas três visões seria a descrição mais apurada da realidade. Mais especificamente, todas as três hipóteses oferecem uma explicação bastante plausível para o desempenho inferior de bancos estatais *vis-à-vis* bancos privados em países em desenvolvimento no período pré-crise. Elas parecem ter, todavia, limitações ao explicar a ascensão recente desses bancos no cenário financeiro mundial.

Adicione-se à dificuldade de apontar qual teoria seria a mais acurada o fato de que elas não são facilmente reconciliáveis. Ou seja, seria difícil sugerir que cada uma explica um aspecto distinto do complexo universo no qual os bancos estatais funcionam. A visão política assume que atores racionais são autointeressados e nunca irão agir em prol do interesse público. Tal pressuposto se baseia na teoria da escolha pública (*Public Choice Theory*), que possui muitos adeptos na academia americana, mas também é frequentemente criticada como simplista e irrealista.[4] Em contraste com tal teoria, as visões social e desenvolvimentista assumem que políticos podem tomar decisões para favorecer o interesse público, e os administradores de bancos estatais irão encontrar os melhores meios para perseguir tais fins. Ou seja, tanto na visão social quanto na desenvolvimentista haveria espaço para proteção do interesse público.

3. Os efeitos positivos dos bancos estatais na economia

A seção anterior apresentou duas visões da função dos bancos na economia que questionam se devemos avaliar a gestão dos bancos estatais segundo uma racionalidade empresarial meramente privada. Talvez essa pergunta não seja mais relevante no período pós-crise, dado que o desempenho dos bancos estatais nos países em desenvolvimento parece estar superando o dos bancos privados. O dilema entre "lucro econômico" e "lucro social" talvez tenha se desfeito. Todavia, como indicado no início do artigo, ainda não está clara qual

4. Para uma articulação dos princípios básicos dessa teoria, ver Becker (1983). Para uma discussão dos pressupostos teóricos desta teoria, ver Hovemkamp (1992). Para críticas, ver Sustein (1985) e Page (1987).

será a nova configuração do setor bancário no futuro próximo. Além disso, não se sabe quais serão as consequências que o aumento da participação dos bancos estatais poderá gerar no futuro. Há, portanto, um risco de que tal dilema volte à pauta de discussões. Nesse caso, vale apontar as razões pelas quais podemos considerar esses bancos atores com alguma função relevante que merece alguma forma de proteção.

Bancos estatais não prestam serviços públicos propriamente ditos, como educação e saúde. Se, por um lado, há argumentos fortes para que serviços públicos sejam universais e gratuitos (i.e., financiados por recursos fiscais e acessíveis a todos os cidadãos), as operações de uma instituição financeira, por outro lado, não seguem a mesma lógica. Mesmo os bancos estatais buscam lucros em suas atividades. O que se sugeriu na seção anterior é que a estratégia de investimento privada dos bancos estatais é permeável às considerações sociais e metas de desenvolvimento nacional. Ou seja, em sua busca por lucros, bancos estatais abrem espaço também para o interesse público. A visão política acredita que isso é problemático, dado que "quase sempre o interesse público em uma empresa estatal vai ser apropriado por um grupo de interesse privado que tentará promover sua agenda"[5] (Smith e Trebilcock, 2001, p. 221). Em contraste, as visões social e desenvolvimentista sugerem que bancos estatais não são guiados por um único objetivo - maximizar lucros -, mas sim por uma multiplicidade de objetivos econômicos e não econômicos que podem ou não conflitar com o objetivo de realizar lucros em momentos determinados (Jones, 1991, p. 181). Justamente por essa razão, é natural que tenham uma lucratividade mais baixa (Rudolph, 2010).

Alguns questionam, todavia, se os custos de sacrificar eficiência não superam os benefícios sociais e de desenvolvimento perseguidos por bancos estatais. Em outras palavras, ainda que aceitemos o pressuposto de que os administradores das instituições financeiras estão de fato agindo em prol do interesse público, temos que nos perguntar se a totalidade dos resultados das ações promovidas por esses administradores efetivamente beneficia o interesse público.

Um dos custos gerados pela propriedade estatal de empresas é a redução da competitividade, dado que o governo tende a proteger os setores no qual atua, reduzindo a competição por meio da concessão privilégios, como acesso facilitado a crédito para empresas estatais em detrimento das empresas privadas. Isso acaba desestimulando empresas privadas a atuarem naquele setor. A redução do nível de competitividade em um determinado setor, por sua vez,

5. "More often than not public interest in an SOE will take the form of a private interest group furthering its own agenda."

tem um impacto negativo na eficiência das empresas desse setor, e consequentemente no crescimento econômico de um país (Smith e Trebilcock, 2001).

Todavia, no setor bancário ocorre o efeito inverso: bancos estatais geram um *efeito positivo na eficiência e competitividade de bancos privados*. Ao oferecerem empréstimos a taxas de juros mais baixas, tais bancos forçam instituições privadas a reduzirem suas taxas de juros e a se tornarem mais eficientes para permanecerem competitivas. Em um setor com altas taxas de colusão, tal efeito é extremamente benéfico para o consumidor (Yeyati, Micco e Panizza, 2007, p. 23). Além disso, segundo uma visão desenvolvimentista, os bancos estatais poderiam desempenhar um importante papel no desenvolvimento financeiro de um país, seja oferecendo segurança aos consumidores em um ambiente de instabilidade institucional, seja forçando bancos privados a cobrarem taxas mais competitivas e aumentarem sua eficiência.

Um segundo possível custo da propriedade estatal de empresas em geral é o gasto fiscal. Empresas estatais ineficientes podem se tornar incapazes de gerar os recursos necessários para financiar suas operações, fazer novos investimentos e pagar dívidas. A injeção de recursos fiscais nessas empresas não apenas é economicamente ineficiente, mas também gera custos sociais. Primeiro, ao receber uma quantidade significativa do investimento nacional, as empresas estatais acabam por aumentar o custo de capital para empresas privadas. Além disso, tais investimentos podem estar desviando recursos fiscais de áreas da economia onde eles seriam mais bem empregados e onde estariam gerando mais benefícios (Smith e Trebilcock, 2001).

No setor financeiro, todavia, ocorre o efeito inverso: bancos estatais podem *desempenhar funções que não seriam necessariamente desempenhadas por bancos privados, reduzindo falhas de mercado*. Isso significa, por exemplo, que bancos estatais podem financiar setores da economia que teriam altos custos de capital (talvez até proibitivos), se dependessem do setor privado. Setores que podem ser particularmente beneficiados pela existência de bancos estatais são: agricultura (que sofre de assimetria de informação e choques), indústria farmacêutica (que demanda altos investimentos em pesquisa para desenvolvimento de novos produtos) e indústria aeroespacial (que exige um investimento inicial alto e tem períodos de recuperação prolongados).[6]

Além disso, tais bancos podem ser usados pelo governo para reduzir índices de desemprego em tempos de crise, especialmente em setores de mão de

6. No entanto, Rudolph (2009) argumenta que nesse caso deve-se definir claramente a competência desses bancos no que diz respeito à função de resolver falhas de mercado, de modo que atuem de modo complementar ao setor privado e entrem menos em concorrência com bancos privados.

obra intensiva. Tais objetivos podem ser concretizados pelos bancos estatais por meio do desenvolvimento de um setor específico da indústria, ou de uma região, da assistência a novas empresas, da expansão da exportação, entre outros – o que pode resultar em aumento da concorrência nessas áreas (Berger et al., 2004). Nesses casos, em razão de os bancos públicos atuarem especificamente no sentido de implementar uma política governamental, não há competição entre bancos públicos e privados, e estes últimos não geram distorções no mercado. Em vez disso, bancos estatais desempenham funções que não seriam desempenhadas pelo setor privado (Yeyati, Micco e Panizza, 2007, p. 13).[7]

Por fim, há quem argumente que as empresas estatais raramente produzem qualquer benefício social ou de desenvolvimento, tornando-se um custo sem o correspondente benefício (Smith e Trebilcock, 2001). Os dois pontos anteriores sugerem que isso não ocorreria no setor bancário. Entretanto, ainda que ocorra, há que se considerar um terceiro benefício: bancos estatais também *desempenham uma função estabilizadora em tempos de crise.* "Bancos privados tendem a não reagir adequadamente a políticas monetárias anticíclicas, dado que eles não internalizam o fato de que, ao aumentar os empréstimos, eles ajudam a economia a sair da recessão. Se isso for verdade, a intervenção estatal poderia resolver um problema de coordenação e tornaria a política monetária mais efetiva" (Yeyati, Micco e Panizza, 2007).[8] Tal argumento é sustentado por evidência empírica que mostra que os empréstimos de bancos estatais são menos afetados por choques macroeconômicos do que os empréstimos do setor privado. Portanto, bancos estatais desempenham um importante papel na amortização de crises, durante as quais há menos depósitos e, portanto, menos crédito disponível no mercado (Micco e Panizza, 2006; Rudolph, 2010). A crise econômica mais recente, de setembro de 2008, ilustra claramente essa ideia. No Brasil, por exemplo, o governo determinou que o Banco do Brasil baixasse os juros de seus empréstimos no ápice da crise. Apesar de severamen-

7. Há duas possíveis objeções a esse argumento. A primeira é que o banco estatal (ou o governo) não tem informação suficiente para escolher as empresas que serão bem-sucedidas, o que pode gerar uma alocação ineficiente de recursos. O exemplo mal-sucedido da indústria de computadores no Brasil ilustra claramente esse problema (Evans, 1995). A segunda é que, se assumirmos que agentes são autointeressados, essa alocação de recursos se dará com base em interesses políticos ou ligações pessoais, e não de acordo com critérios objetivos. De novo, isso também geraria uma alocação ineficiente de recursos.

8. "Private banks tend to underreact to countercyclical monetary policy as they do not internalize the fact that, by increasing lending, they contribute to push the economy out of a recession. If this is the case, state intervention could solve a coordination problem and make monetary policy more effective."

te criticada, a estratégia teve papel importante na manutenção da economia e acabou ampliando o mercado do banco, com resultados positivos.[9] Medidas similares foram adotadas em outros países: tanto governos de países desenvolvidos quanto de economias emergentes recorreram às suas respectivas instituições financeiras para apoiar a concessão de empréstimos a setores específicos. Países como Canadá, Chile, China, Finlândia, Alemanha, Coreia, México e Rússia usaram instituições financeiras estatais (Rudolph, 2010).

Enquanto a avaliação privada de investimento aponta para riscos nessas iniciativas (juros mais baixos do que os de mercado, empréstimos para setores onde há maior risco e aumento de empréstimos durante políticas monetárias recessivas), afastando o banco privado, o banco público considera tais riscos, mas também considera uma razão adicional e independente, i.e., o interesse público, no balanço de razões sobre a melhor estratégia de investimento. O interesse público, portanto, não é determinante na decisão empresarial bancária, mas compõe o balanço de razões do investimento público.

Apesar de terem sido menos eficientes do que bancos privados no passado, e potencialmente voltarem a sê-lo no futuro, a existência de bancos estatais pode gerar, pelo menos, os três benefícios supracitados para o funcionamento do setor bancário como um todo.

4. Legislação antitruste e interesse público

Assim como há espaço para considerações de interesse público na atuação dos bancos estatais, essas considerações também desempenham um papel importante na aplicação da legislação concorrencial ao redor do mundo. Em geral, concede-se uma série de exceções à regra antitruste por razões sociais, econômicas ou políticas (Khemani, 2002). Tais exceções indicam que potenciais efeitos anticoncorrenciais de uma transação podem ser compensados por outros valores considerados relevantes para o interesse público.[10]

---

9. "Aumento no crédito com redução de juros foram os fatores principais para o lucro recorde de R$ 10,15 bilhões do Banco do Brasil (BB) em 2009, 'o maior lucro do banco e talvez do sistema financeiro nacional', segundo o ministro da Fazenda, Guido Mantega" (Rodrigues, 2010). "Para o ministro, a estratégia de ampliação de crédito com taxas de juros menores se mostrou uma 'prática eficiente, sustentável e salutar'. Mantega disse ainda que com essa prática, o BB criou 'um paradigma na economia brasileira'. Para ele, os bancos privados vão ter de concorrer emprestando mais dinheiro e reduzindo os juros" (Veríssimo e Froufe, 2010).

10. Uma importante exceção é o caso da Polônia, que decidiu implementar uma legislação que reduzia a margem de discricionariedade na aplicação das regras antitruste no período de transição. Bajabiun (2009) argumenta que essa decisão explica por que a economia Polônia teve uma transição mais bem-sucedida para

A legislação do Reino Unido é um exemplo de possibilidade de aprovação de uma transação considerando-se os benefícios para o interesse público. Esta legislação deixa explícito que um efeito anticoncorrencial é, normalmente, contrário ao interesse público, porém o mesmo pode ser compensado por outro efeito da transação também considerado relevante para o interesse público.[11]

Seguindo esse princípio, o governo britânico interveio recentemente de modo radical no ato de concentração *Lloyds TSB/HBOS* com o objetivo de garantir que a operação seria autorizada pelas autoridades de defesa da concorrência. Para tal fim, foi criada uma nova provisão relativa à "*public interest consideration*", relacionada especificamente à estabilidade financeira. Em 18 de outubro de 2008, o Secretary of State for Business Enterprise and Regulatory Reform emitiu uma "*Intervention Notice*" em que decidiu aprovar a operação, afirmando que os benefícios em termos de preservação da estabilidade do sistema financeiro britânico compensavam qualquer preocupação anticoncorrencial.[12]

O Tratado que institui a Comunidade Europeia prevê exceções semelhantes em sua legislação de defesa da concorrência. O artigo 86(2) deixa claro que, ainda que as regras de defesa da concorrência da Comunidade devam ser normalmente aplicadas às empresas que prestam serviços de interesse econômico geral, essa regra não pode ser aplicada de modo a obstruir a prestação de serviços que tenha uma missão particular, ou seja, a regra geral pode ser excepcionada em virtude de outras razões de interesse público.[13] Da mesma

---

uma economia de mercado, se comparada aos outros países da antiga União Soviética.

11. *Enterprise Act 2002*, chapter 2 – Public Interest Cases, Section 45 (6): "For the purposes of this Chapter any anti-competitive outcome shall be treated as being adverse to the public interest unless it is justified by one or more than one public interest consideration which is relevant" [Enterprise Act 2002, capítulo 2 – Casos de Interesse Público, Seção 45 (6): "Para os fins do presente Capítulo, qualquer resultado anticoncorrencial deve ser tratado como sendo prejudicial para o interesse público, a menos que se justifique por uma ou mais consideração de interesse público que seja relevante".]

12. Disponível em: <http://www.berr.gov.uk/files/file47995.pdf>.

13. Título VI (regras relativas à concorrência, à fiscalidade e à aproximação das legislações), Secção 1 (As regras aplicáveis às empresas): "*Artigo 86.* (1). No que respeita às empresas públicas e às empresas a que concedam direitos especiais ou exclusivos, os Estados-Membros não tomarão nem manterão qualquer medida contrária ao disposto no presente Tratado, designadamente ao disposto nos artigos 12.º e 81.º a 89.º, inclusive. *(2). As empresas encarregadas da gestão de*

forma, os artigos 87 (referente aos auxílios concedidos pelos Estados) e 81 (referente aos acordos entre empresas) do Tratado garantem uma exceção à aplicação da regra geral de defesa da concorrência no caso de contribuição para o desenvolvimento regional ou para progresso econômico.[14]

---

serviços de interesse económico geral ou que tenham a natureza de monopólio fiscal ficam submetidas ao disposto no presente Tratado, designadamente às regras de concorrência, na medida em que a aplicação destas regras não constitua obstáculo ao cumprimento, de direito ou de facto, da missão particular que lhes foi confiada. O desenvolvimento das trocas comerciais não deve ser afectado de maneira que contrarie os interesses da Comunidade. (3). A Comissão velará pela aplicação do disposto no presente artigo e dirigirá aos Estados-Membros, quando necessário, as directivas ou decisões adequadas".

14. "*Artigo 81.* (1). São incompatíveis com o mercado comum e proibidos todos os acordos entre empresas, todas as decisões de associações de empresas e todas as práticas concertadas que sejam susceptíveis de afectar o comércio entre os Estados-Membros e que tenham por objectivo ou efeito impedir, restringir ou falsear a concorrência no mercado comum, designadamente as que consistam em: [...]

3. As disposições no n. 1 podem, todavia, ser declaradas inaplicáveis:

– a qualquer acordo, ou categoria de acordos, entre empresas,

– a qualquer decisão, ou categoria de decisões, de associações de empresas, e

– a qualquer prática concertada, ou categoria de práticas concertadas,

que contribuam para melhorar a produção ou a distribuição dos produtos ou para promover o progresso técnico ou económico, contanto que aos utilizadores se reserve uma parte eqüitativa do lucro daí resultante,

e que:

a) Não imponham às empresas em causa quaisquer restrições que não sejam indispensáveis à consecução desses objectivos;

b) Nem dêem a essas empresas a possibilidade de eliminar a concorrência relativamente a uma parte substancial dos produtos em causa.

Secção 2: Os auxílios concedidos pelos Estados

Artigo 87.

1. Salvo disposição em contrário do presente Tratado, são incompatíveis com o mercado comum, na medida em que afectem as trocas comerciais entre os Estados-Membros, os auxílios concedidos pelos Estados ou provenientes de recursos estatais, independentemente da forma que assumam, que falseiem ou ameacem falsear a concorrência, favorecendo certas empresas ou certas produções.

[...]

3. Podem ser considerados compatíveis com o mercado comum:

Além dessas exceções gerais previstas, por exemplo, nas legislações britânica e europeia, em outros países observa-se ainda uma exceção à regra concorrencial aplicada especificamente ao setor bancário. Tais legislações reconhecem que bancos estatais têm um papel que vai além de medidas de eficiência do mercado. Esse é o caso, por exemplo, dos Estados Unidos. Além das normas que garantem a concorrência na maioria dos setores do mercado nos Estados Unidos, os atos de concentração no setor bancário estão sujeitos a critérios complementares, estabelecidos no *Bank Holding Company Act*, de 1956, e no *Bank Merger Act*, de 1960. Tais legislações possuem as mesmas premissas de defesa da concorrência contidas no *Sherman Antitrust Act* e no *Clayton Act*. Para o exame concorrencial propriamente dito, três "guias" estabelecem os princípios relevantes a transações no setor bancário: o denominado *Horizontal merger guidelines*, o *Bank merger screening guidelines* e o *FDIC statement of policy on bank merger transactions*.

Conforme as normas específicas do setor bancário, algumas diferenças devem ser observadas no tratamento de operações envolvendo instituições financeiras em relação às demais operações. Entre as diferenças de tratamento, *o Bank Merger Act introduziu a possibilidade de aprovação de uma operação entre instituições financeiras, mesmo que resulte em efeitos anticompetitivos, se esta for compensada pelo interesse público*. A análise do ato de concentração de instituições financeiras ocorre, portanto, em duas fases: a primeira deve investigar se a transação "pode" diminuir a concorrência, e a segunda deve verificar se os efeitos anticompetitivos são compensados pela probabilidade de os efeitos da transação atenderem à conveniência e necessidade da comunidade. Tal procedimento está descrito na Seção 3(c) do *Bank Holding Company Act*:[15]

---

a) Os auxílios destinados a promover o desenvolvimento económico de regiões em que o nível de vida seja anormalmente baixo ou em que exista grave situação de subemprego; [...]".

15. "12 U.S.C. § 1841 *Bank Holding Company Act*

Section 3 - ACQUISITION OF BANK SHARES OR ASSETS

(c) FACTORS FOR CONSIDERATION BY BOARD.

(1) COMPETITIVE FACTORS. The Board shall not approve

(A) any acquisition or merger or consolidation under this section which would result in a monopoly, or which would be in furtherance of any combination or conspiracy to monopolize or to attempt to monopolize the business of banking in any part of the United States, or

(B) any other proposed acquisition or merger or consolidation under this section whose effect in any section of the country may be substantially to lessen competition, or to tend to create a monopoly, or which in any other manner would be

> "12 U.S.C. § 1841 *Bank Holding Company Act*
>
> Seção 3 – AQUISIÇÃO DE ações ou ativos BANCÁRIOS
>
> (c) Fatores que devem ser considerados pelo Conselho.
>
> (1) FATORES CONCORRENCIAIS. O Conselho não aprovará
>
> (A) qualquer aquisição ou fusão ou consolidação sob esta seção que resultaria em um monopólio, ou que promoveria qualquer combinação, ou conspiração, para monopolizar ou tentar monopolizar o negócio bancário em qualquer parte dos Estados Unidos, ou
>
> (B) qualquer outra proposta de aquisição ou fusão ou consolidação no âmbito desta seção, cujo efeito em qualquer parte do país possa ser de substancialmente diminuir a concorrência, ou de tender a criar um monopólio, ou que de qualquer outra forma gerar restrições ao comércio, *a menos que considere que os efeitos anticoncorrenciais da operação proposta sejam claramente compensados no interesse público pelo provável efeito da operação em atender às conveniências e necessidades da comunidade a ser servida*".

Com redação idêntica, a exceção está prevista também nas seguintes normas: *FDIC statement of policy on bank merger transactions*, *Change in Bank Control Act* e *Regulations governing insured depository institutions.*

No caso *United States v. Third National Bank of Nashville*, a Corte indicou que, para atender ao requisito de considerar as conveniências e necessidades da comunidade, a instituição resultante da operação deve possuir características que não seriam satisfeitas separadamente por uma das instituições da fusão. Aponta-se para a possibilidade de que o novo banco possua maior capacidade de oferecer empréstimos, melhor servindo às necessidades financeiras da comunidade. Além disso, observa-se uma preocupação com bancos em má condição financeira, cuja falência poderia representar grande prejuízo à comunidade. Outro argumento considerado pela Suprema Corte foi o incremento no número de agências e modernização dos serviços. Nesse julgamento, porém, a Corte considerou que não foram apresentadas evidências suficientes nesse sentido.

Em geral, a aprovação de uma transação bancária que traga nítidos efeitos anticompetitivos não é baseada somente na alegação de que tais efeitos seriam compensados por fatores de interesse público. Tais fatores foram considerados somente como uma razão adicional para autorizar uma fusão, após a avaliação de que a aquisição não tinha efeitos anticompetitivos (Jacobson, 2007, p. 361).

---

in restraint or trade, *unless it finds that the anticompetitive effects of the proposed transaction are clearly outweighed in the public interest by the probable effect of the transaction in meeting the convenience and needs of the community to be served*."

No julgamento do caso *United States v. Third National Bank of Nashville*, porém, a Suprema Corte dos Estados Unidos sugeriu que, conforme define o *Bank Merger Act*, o interesse público poderia ser o *teste definitivo*, visto que o propósito dessa norma é permitir algumas fusões bancárias mesmo quando presente a tendência a diminuir a concorrência no mercado relevante.

Conforme a opinião da Corte:

> "[...] O Congresso entendeu que o papel dos bancos na vida econômica de uma comunidade era tal que o interesse público poderia ser, por vezes, servido por uma fusão bancária, ainda que tal concentração diminua a concorrência. O interesse público foi o teste definitivo. [...]
>
> É certo que o Congresso considerou tanto a concorrência entre bancos comerciais quanto a satisfação da 'conveniência e necessidades da comunidade', como sendo de interesse público. Concluiu que a fusão deve ser julgada em termos do seu efeito global sobre o interesse público. Se uma fusão representava uma escolha entre a manutenção da concorrência e a satisfação dos requisitos de conveniência e necessidade, o prejuízo e os benefícios seriam pesados e a decisão deveria recair sobre qual alternativa melhor serviria ao interesse público (*United States v. Third National Bank of Nashville*, 390 U.S. 171, 1968).[16]

Exceções específicas para o setor bancário também existem no Canadá. Conforme alteração incluída em 2001 pela Bill C-8, o *Competition Act* (*Competition Act*, R.S. 1985, c. C-34.) foi emendado, passando a prever a análise de interesse público como possibilidade de exceção à regra do art. 92, que trata da proibição de fusões que representam prejuízos à concorrência:

> "Competition Act – Fusões
>
> Exceção
>
> 94. *O Tribunal não decidirá nos termos da seção 92 em relação a*

---

16. "[...] Congress felt that the role of banks in a community's economic life was such that the public interest would sometimes be served by a bank merger even though the merger lessened competition. The public interest was the ultimate test imposed. [...]

    It is plain that Congress considered both competition in commercial banking and satisfaction of 'the convenience and needs of the community' to be in the public interest. It concluded that a merger should be judged in terms of its overall effect upon the public interest. If a merger posed a choice between preserving competition and satisfying the requirements of convenience and need, the injury and benefit were to be weighed and decision was to rest on which alternative better served the public interest" (*United States v. Third National Bank of Nashville*, 390 U.S. 171, 1968).

(a) uma concentração substancialmente concluída antes da entrada em vigor da presente seção;

(b) *uma fusão ou proposta de fusão, nos termos do Bank Act*, do Cooperative Credit Associations Act, do Insurance Companies Act ou do Trust and Loan Companies Act, em relação aos quais o Ministro da Fazenda certificou ao Conselheiro os nomes das partes *e que a concentração é de interesse público* – ou que seria de interesse público, levando-se em conta os termos e condições que podem ser impostas conforme esses atos, ou

(c) o respeito de uma fusão ou proposta de fusão aprovados segundo a subseção 53.2 (7) do Canada Transportation Act em relação ao qual o Ministro dos Transportes certificou ao comissário os nomes das partes". [17]

Segundo o *Finance department's merger review guidelines*, o acesso aos serviços bancários é um dos critérios que podem ser considerados. Além deste, vários fatores podem ser incluídos no critério de "interesse público", conforme determina o *Public Interest Impact Assessment* (PIIA): custos e benefícios a consumidores e pequenas e médias empresas, disponibilidade, preço e qualidade dos serviços bancários, impacto do fechamento de agências, efeitos da fusão sobre empregos.

5. A Lei brasileira de Defesa da Concorrência e o interesse público

No Brasil, a possibilidade de autorização de um ato de concentração em razão de outros valores que não simplesmente os impactos concorrenciais da operação está apontada no art. 54, §§ 1.º e 2.º, da *Lei 8.884/1994*:

"Art. 54. Os atos, sob qualquer forma manifestados, que possam limitar ou de qualquer forma prejudicar a livre concorrência, ou resultar na domi-

17. "Competition Act – Mergers

Exception

94. The Tribunal shall not make an order under section 92 in respect of

(a) a merger substantially completed before the coming into force of this section;

(b) a merger or proposed merger under the Bank Act, the Cooperative Credit Associations Act, the Insurance Companies Act or the Trust and Loan Companies Act in respect of which the Minister of Finance has certified to the Commissioner the names of the parties and that the merger is in the public interest – or that it would be in the public interest, taking into account any terms and conditions that may be imposed under those Acts; or

(c) a merger or proposed merger approved under subsection 53.2(7) of the Canada Transportation Act and in respect of which the Minister of Transport has certified to the Commissioner the names of the parties."

nação de mercados relevantes de bens ou serviços, deverão ser submetidos à apreciação do Cade.

§ 1.º O Cade poderá autorizar os atos a que se refere o caput, *desde que atendam as seguintes condições:*

I - tenham por objetivo, cumulada ou alternativamente:

a) aumentar a produtividade;

b) melhorar a qualidade de bens ou serviço; ou

c) propiciar a eficiência e o desenvolvimento tecnológico ou econômico;

II - os benefícios decorrentes sejam distribuídos equitativamente entre os seus participantes, de um lado, e os consumidores ou usuários finais, de outro;

III - não impliquem eliminação da concorrência de parte substancial de mercado relevante de bens e serviços;

IV - sejam observados os limites estritamente necessários para atingir os objetivos visados.

§ 2.º Também poderão ser considerados legítimos os atos previstos neste artigo, desde que atendidas pelo menos três das condições previstas nos incisos do parágrafo anterior, *quando necessários por motivo preponderantes da economia nacional e do bem comum, e desde que não impliquem prejuízo ao consumidor ou usuário final*".

Como indicado na seção 2 deste artigo, um dos benefícios da atuação dos bancos estatais na economia é aumentar a competitividade e eficiência dos bancos privados. Ou seja, ao oferecer empréstimos a taxas de juros mais baixas, bancos estatais forçam instituições privadas a reduzir suas taxas de juros e a se tornarem mais eficientes para permanecerem competitivas. Portanto, operações envolvendo bancos estatais atendem a um dos quesitos do *art. 54, § 1.º, inciso I, alínea "c"*, em que há a previsão de autorização dos atos de concentração que tenham por objetivo propiciar a eficiência.

Além disso, a alínea "c" contém também previsão de autorização dos atos de concentração que propiciem o desenvolvimento tecnológico ou econômico. Tal previsão encontrada na lei de concorrência brasileira reflete o reconhecimento de funções desempenhadas pelos bancos estatais que não são necessariamente atendidas pelos bancos privados, como analisado na seção 2 deste artigo. Bancos estatais possuem normalmente função de desenvolvimento de um setor específico da indústria ou de uma região, reduzindo falhas de mercado ao atuarem em nichos normalmente não atendidos pelos bancos privados, implementando políticas públicas e protegendo o interesse público.

Dentre as razões que podem ser consideradas em termos de eficiências econômicas de uma operação bancária, seguindo a discussão internacional, estão a elevação da capacidade de crédito, a manutenção e o desenvolvimento de serviços bancários nas localidades remotas ou de menor interesse para o investimento privado, a manutenção e o incremento das políticas financeira, creditícia e de fomento, bem como a viabilização da implementação de políticas e programas sociais que poderiam ser inviabilizados sem a operação. Vale ressaltar, todavia, que, apesar de uma operação se enquadrar especificamente nos objetivos apontados na alínea "c" do inciso I, para ser aprovada precisa atender também aos requisitos dos demais incisos do § 1.º.

Essa eficiência econômica resultante especificamente de políticas públicas implementadas por bancos estatais já foi, inclusive, reconhecida expressamente pelo CADE. Na operação de incorporação do Banco do Estado do Piauí S/A pelo Banco do Brasil S/A,[18] o voto do Conselheiro Paulo Furquim de Azevedo, relator do caso, argumenta que o predomínio de bancos públicos na região possibilita a realização de políticas públicas, como a universalização do acesso aos serviços bancários. Esse predomínio de bancos públicos, no entanto, não é resultado de barreiras à entrada de banco privados, mas sim da "ausência de lucratividade que motivasse o investimento privado".[19] Trata-se, portanto, de objetivos de interesse público concretizados pelos bancos públicos por meio de sua atuação em setores ou regiões que não seriam normalmente de interesse dos bancos privados. O caso ilustra que, devido a essas funções de interesse público, não existe competição entre bancos públicos e privados e, mais ainda, a fusão geraria ganhos de eficiência.

O § 2.º do art. 54 contém um dispositivo que permite que concentrações sejam aprovadas atendendo a apenas a três dos quatro atributos enumerados no § 1.º, quando se considera que a transação é necessária "por motivos preponderantes da economia nacional e do bem comum, e desde que não implique prejuízo ao consumidor ou usuário final". Como apresentado neste estudo, legislações antitruste de outros países possuem dispositivos análogos, permitindo a aprovação de operações de outra forma consideradas anticoncorrenciais com base em razões de preponderante interesse público.

Em relação a essa previsão, pode-se relacionar o contexto recente de crise financeira mundial que levou à edição, no Brasil, da Medida Provisória 443/2008, convertida na Lei 11.908/2009. Essa Medida suprime entraves burocráticos para que bancos estatais como o Banco do Brasil e a Caixa Econômica Federal possam adquirir e incorporar bancos públicos e privados, o que sinaliza uma política voltada para garantir segurança ao sistema financeiro por meio de operações de fusão.

18. Ato de Concentração 08012.011505/2008-38.

19. Ato de Concentração 08012.011505/2008-38, p. 384 dos autos.

Na Exposição de Motivos da Medida Provisória 443/2008 (convertida na Lei 11.908/2009), esta é apresentada como medida relevante e urgente, que:

> "7. [...] resulta da própria dinâmica da crise internacional, que abre uma oportunidade relevante para que os bancos públicos se fortaleçam ao mesmo tempo em que contribuem para minimizar o impacto das turbulências sobre o sistema financeiro doméstico".

Assim, por meio da Medida Provisória 443/2008 (convertida na Lei 11.908/2009), o Banco do Brasil e a Caixa Econômica Federal foram autorizados a adquirir ações de bancos, seguradoras, entidades abertas de previdência e demais instituições financeiras de modo a atender a uma situação de urgência e, precisamente, "por motivos preponderantes da economia nacional e do bem comum".

Vale, ainda, destacar o já mencionado caso do Ato de Concentração *Lloyds TSB/HBOS* na Inglaterra, em que, também em função do recente contexto de crise financeira, o governo interveio de forma radical na legislação antitruste, tendo sido criada uma nova provisão relativa à *public interest consideration*, relacionada especificamente à estabilidade do sistema financeiro.

A legislação editada no Brasil pode ser comparada com a medida adotada na Inglaterra, dado o objetivo comum de garantir a solidez do sistema financeiro diante de um contexto mundial de instabilidade. No entanto, no Brasil, um ato de concentração realizado segundo as circunstâncias abrigadas pela Medida Provisória 443/2008 (convertida na Lei 11.908/2009) deve, ainda, ser submetido à análise dos órgãos de defesa da concorrência. Isso significa que um ato de concentração poderia chegar ao fim do processo de análise do sistema brasileiro de defesa da concorrência somente quando a circunstância que motivou a operação – a crise internacional – já tenha desaparecido. Os órgãos do sistema brasileiro de defesa da concorrência se encontrariam, então, diante de uma complicada questão: se a circunstância que motivou a realização de operações em caráter de urgência não existir mais, como deve agir uma avaliação que ocorre somente em momento posterior?

Mais especificamente, considerando que a operação já teria cumprido sua função estabilizadora, deveriam as autoridades brasileiras de defesa da concorrência considerar a possibilidade de desconstituí-la? Uma resposta a essa questão é complexa e não será explorada neste artigo, mas parece importante enfatizar que qualquer decisão deverá considerar que a função de estabilização do sistema financeiro em tempos de crise é apenas um dos potenciais benefícios de uma transação envolvendo bancos públicos. Outros benefícios devem, portanto, ser levados em consideração. Num ambiente institucional favorável, bancos públicos também podem gerar efeitos positivos para a eficiência e competitividade de bancos privados, assim como corrigir falhas de mercado por meio de investimento em áreas não atrativas para a iniciativa privada.

6. Conclusão

O presente artigo discutiu o papel que o interesse público pode desempenhar na atuação de bancos estatais e como essa preocupação é incorporada na legislação antitruste aplicável ao setor bancário. Na primeira seção, mostrou-se que há a possibilidade de avaliar a atuação dos bancos estatais na economia além de medidas exclusivamente de eficiência. Há três diferentes visões da função dos bancos estatais na economia: a política, a social e a desenvolvimentista. Algumas delas consideram que os objetivos dos bancos estatais não estão restritos à maximização dos lucros. Mais especificamente, as visões social e desenvolvimentista mostram que tais instituições podem ser guiadas por considerações sociais e de interesse público, como reduzir níveis de pobreza.

A segunda seção apresentou três benefícios da atuação dos bancos estatais na economia. Em razão de sua atuação diferenciada, tais bancos (i) contribuem para aumentar a eficiência e competitividade no setor bancário, (ii) desempenham funções que não seriam normalmente cumpridas pelos bancos privados, como financiamento de projetos sociais, e (iii) cumprem, ainda, um papel estabilizador na economia em tempos de crise.

A terceira seção analisou como a questão do interesse público é tratada pelas legislações antitruste de alguns países. Essa seção confirmou que há, geralmente, lugar para a consideração de uma série de fatores relevantes para o interesse público na aplicação de normas concorrenciais. A terceira seção também aponta como tais considerações têm sido aplicadas no setor bancário em diversos países do mundo e mostra como as diferentes funções dos bancos estatais na economia têm sido avaliadas por órgãos concorrenciais ao redor do mundo.

Bibliografia

ALTUNBAS, Y., EVANS, L. e MOLYNEUX, P. Bank ownership and efficiency. *Journal of Money, Credit and Banking*, vol. 33, n. 4, p. 926-954, 2001.

AMERICAN BAR ASSOCIATION. Section of Antitrust Law. *Bank mergers and acquisitions handbook*. American Bar Association, 2006.

ATKINSON, A. B. e STIGLITZ, J. *Lectures on public economics*. London: McGraw-Hill, 1980.

BECK, T. Impediments to the development and efficiency of financial intermediation in Brazil. *World Bank Policy Research Working Paper*, n.

2382, June 2000. Disponível em: <http://www1.worldbank.org/finance/assets/images/wp002382.pdf>.

BECKER, G. A theory of competition among pressure groups for political influence. *The Quarterly Journal of Economics*, vol. 98, n. 3, p. 371-400, 1983.

BERGER, Allen N., DEMIRGüç-KUNT, Asli, LEVINE, Ross e HAUBRICH, Joseph. Bank concentration and competition: an evolution in the making. *Journal of Money, Credit, and Banking*, vol. 36, n. 3, jun 2004, parte 2. Disponível em: <http://muse.jhu.edu/journals/journal_of_money_credit_and_banking/v036/36.3bberger.pdf>.

BURGESS, Robin e PANDE, Rohini. Do rural banks matter? Evidence from the Indian social banking experiment. STICERD – Development Economics Papers 40, Suntory and Toyota International Centres for Economics and Related Disciplines, LSE, 2003.

CANADA. *Competition Act*. Disponível em: <http://laws.justice.gc.ca/en/ShowTdm/cs/C-34//20090921/en>.

DINC, Serdar. Politicians and banks: political influences on government--owned banks in emerging markets. *Journal of Financial Economics*, vol. 77, p. 453-479, 2005.

ECONOMIST, The. Survey on banking in less developed countries: "Fragile, Handle with Care", "The Four to Fear", "Capital Punishment", April 10, 1997.

ECONOMIST, The. They might be giants: a special report on banking in emerging markets, May 13th 2010.

EVANS, P. *Embedded autonomy: states and industrial transformations*. Princeton: Princeton University Press, 1995.

GERSCHENKRON, Alexander. *Economic backwardness in historical perspective*. Cambridge: Belknap Press of Harvard University Press, 1962.

HAINZ, Christa e HAKENES, Hendrik. *The politician and his banker*. Working Paper, CESifo, 2007.

HAKENES, Hendrik e SCHNABEL, Isabel. *The threat of capital drain: a rationale for public banks?* Bonn: Max Planck Institute for Research on Collective Goods, 2006.

HOVEMKAMP, H. Rationality in law & economics. *George Washington Law Review*, vol. 293, 1992.

JACOBSON, Jonathan M. *Antitrust law developments*. 6. ed. ABA Section of Antitrust Law, 2007.

JONES, Leroy P. Performance evaluation for state-owned enterprises. In: RAMAMURTI, Ravi e VERNON, Raymond (ed.). *Privatization and control of state-owned enterprises*. Washington, DC: The World Bank, 1991.

KHEMANI, R. Shyam. *Application of competition law: exemptions and exceptions*. UNCTAD/DITC/CLP/Misc.25, 2002. Disponível em: <http://www.unctad.org/EN/docs/ditcclpmisc25_en.pdf>.

KÖRNER, Tobias e SCHNABEL, Isabel. *When do state-owned banks hamper economic growth?, 2009*. Disponível em: <http://www.socialpolitik.ovgu.de/sozialpolitik_media/paper_update/Koerner_Tobias_uid903_pid813-p-529.pdf>.

_____ e _____. Public ownership of banks and economic growth. *Economics of Transition*, vol. 19, p. 407-441, 2011.

LA PORTA, Rafael, LOPEZ-DE-SILANES, Florencio e SHLEIFER, Andrei. Government ownership of banks. *Journal of Finance*, vol. 57, n. 1, 2002.

MICCO, A. e PANIZZA, U. Bank ownership and lending behavior. *Economics Letters*, vol. 93, p. 248-254, 2006.

MICCO, A., PANIZZA, U. e YANEZ, M. Bank ownership and performance: does politics matter? *Journal of Banking and Finance*, vol. 31, p. 219-241, 2007.

PAGE, W. Interest groups, antitrust, and state regulation: *Parker v. Brown* in the economic theory of legislation. *Duke Law Journal*, vol. 618, 1987.

RAJABIUN, Reza. Competition law as development policy: evidence from Poland. *The Law and Development Review*, vol. 2, n. 1, Article 6.

RODRIGUES, Azelma. Mantega elogia desempenho do Banco do Brasil em 2009. *Valor On-line*, de 25.02.2010.

RUDOLPH, Heinz P. State financial institutions: can they be relied on to kick-start lending. *Crisis Policy Brief*, n. 12. Washington, DC: World Bank, jan. 2010. Disponível em: <http://rru.worldbank.org/documents/CrisisResponse/Note12.pdf>. Acesso em: 12 out. 2011.

_____. State financial institutions: mandates, governance, and beyond. *Policy Research Working Paper* 5141. Washington DC: The World Bank, 2009. Disponível em: <http://go.worldbank.org/03MQIJ0QE0>. Acesso em: 12 out. 2011.

SHIRLEY, M. *Institutions and development*. Cheltenham, UK: Edward Elgar, 2008.

SMITH, D. e TREBILCOCK, M. State-owned enterprises in less developed countries: privatization and alternative reform strategies. *European Journal of Law and Economics*, vol. 12, n. 3, p. 217-252, nov. 2001.

STIGLITZ, J. The role of the State in financial markets. *Proceedings of the World Bank Annual Conference on Economic Development 1993*. Washington, DC: World Bank, 1994.

SUSTEIN, C. Interest groups in American public law. *38 Stanford Law Review* 29, 1985.

TRATADO que institui a Comunidade Europeia, versão compilada. Disponível em: <http://eur-lex.europa.eu/pt/treaties/dat/12002E/htm/C_2002325PT.003301.html>.

UNITED KINGDOM. *Enterprise Act 2002*. Disponível em: <http://www.statutelaw.gov.uk/legResults.aspx?LegType=All%20Primary&PageNumber=5&BrowseLetter=E&NavFrom=1&activeTextDocId=544584>.

UNITED STATES V. THIRD NAT'L BANK OF NASHVILLE, 390 U. S. 171 (1968) Disponível em: <http://supreme.justia.com/us/390/171/case.html>.

VERÍSSIMO, Renata e FROUFE, Célia. Mantega: BB foi um dos baluartes da política anticrise. *O Estado de S.Paulo*, de 25.02.2010.

WILLIAMSON, John. *Latin American adjustment: how much has happened?* Washington, DC: Institute for International Economics, 1990.

YEYATI, Eduardo Levy, MICCO, Alejandro e PANIZZA, Ugo. A reappraisal of State-owned banks. *Economía*, vol. 7, n. 2, 2007.

Princípio da Livre Concorrência e Sistema Financeiro: Análise de Condutas Ilícitas

FERNANDO DE MAGALHÃES FURLAN[1]

1. Introdução

A livre concorrência foi eleita pelo constituinte de 1988 princípio geral da ordem econômica e está prevista no inciso IV do art. 170 da Carta da República. Mais especificamente, a promoção da concorrência, por seu turno, pode ser explicada, sinteticamente, como a busca pelos órgãos antitruste da maximização do bem-estar social, acrescida, no caso específico da legislação brasileira, da preocupação com o bem-estar do consumidor por meio do incentivo à competição e da punição às práticas anticoncorrenciais.

A aplicação da defesa da concorrência ao sistema financeiro não ocorre de modo simples e pacífico em razão de suas especificidades, que o tornam, em certa medida, diferente de qualquer outro mercado, e da ausência de uma delimitação clara de competências que defina como e por quem deve ser aplicada a defesa da concorrência no Sistema Financeiro Nacional: se pelo Banco Central, se pelos órgãos do Sistema Brasileiro de Defesa da Concorrência – SBDC ou por todos conjuntamente.

É imprescindível que a necessidade de incentivar a concorrência seja avaliada atentamente em conjunto com a regulação prudencial, para não promover situações que fragilizem o sistema financeiro, não cabendo a mera aplicação dos preceitos do guia de análise concorrencial, sendo necessária a utilização de um guia específico para o setor que oriente a análise de fusões e aquisições e

1. Com a contribuição de Helenilka Pereira Barboza da Luz, especialista em políticas públicas e gestão governamental em exercício no CADE, além de Bacharel em economia pela UFPE e Mestre em engenharia de produção pela UFPE.

a ação na ocorrência de condutas anticoncorrenciais, ou seja, quando uma ou mais empresas se valem de atos ilícitos com vistas à dominação do mercado.

O presente trabalho se concentra nas condutas anticoncorrenciais no sistema financeiro e está estruturado nos seguintes tópicos: (i) Sistema Financeiro Nacional – que apresenta o sistema financeiro nacional e esclarece quais setores da economia ele integram além de distingui-lo do sistema bancário; (ii) o sistema financeiro e o antitruste – em que é apresentada a relação e a importância da defesa da concorrência para o sistema financeiro e como a sua aplicação no Brasil vem evoluindo, passando brevemente pela ausência de clareza na delimitação de competências entre o SBDC e o Banco Central e no impasse resultante dessa indefinição; (iii) condutas anticoncorrenciais – são citadas as principais condutas anticoncorrencias observadas no mundo, com especial atenção ao comportamento diferenciado do sistema financeiro, que requer, por consequência, análise também diferenciada quando da investigação de práticas anticompetitivas. São ainda apresentados alguns casos ilustrativos do dano que condutas anticompetitivas podem causar ao sistema financeiro, partindo-se, então, para a conclusão do trabalho.

2. O Sistema Financeiro Nacional

Ainda que o termo "financeiro" evoque instituições bancárias de varejo ou de investimento, o sistema financeiro abrange vários outros agentes que intermedeiam transações financeiras, além de outras atividades.

No Brasil, os princípios que regem o Sistema Financeiro Nacional estão estabelecidos no art. 192 da Constituição Federal, que, com a redação que lhe foi dada pela Emenda Constitucional 40/2003, remete as questões regulatórias a leis complementares. Enquanto tais leis não forem editadas, subsiste a Lei 4.595/1964, recebida pela Constituição de 1988 como lei complementar.

A Lei 4.595/1964 dispõe sobre a política e as instituições monetárias, bancárias e creditícias e define em seu art. 1.º que "o Sistema Financeiro Nacional, estruturado e regulado pela seguinte lei, será constituído: I – do Conselho Monetário Nacional; II – do Banco Central do Brasil; III – do Banco do Brasil S.A.; IV – do Banco Nacional de Desenvolvimento Econômico e Social; V – das demais instituições financeiras públicas e privadas". Mais adiante, o art. 17 estabelece que: "consideram-se instituições financeiras, para os efeitos da legislação em vigor, as pessoas jurídicas públicas ou privadas, que tenham como atividade principal ou acessória a coleta, intermediação ou aplicação de recursos financeiros próprios ou de terceiros, em moeda nacional ou estrangeira, e a custódia de valor de propriedade de terceiros". O parágrafo único desse artigo assim o complementa: "para os efeitos desta lei e da legislação em vigor, equiparam-se às instituições financeiras as pessoas físicas que exerçam qualquer das atividades referidas neste artigo, de forma permanente ou eventual".

É importante ressaltar que,muito embora algumas entidades não sejam consideradas instituições financeiras, a citada lei as inclui em sua esfera de atuação por meio do art. 18, onde consta que:

> "[...] também se subordinam às disposições e disciplina desta lei, no que for aplicável, as bolsas de valores, companhias de seguros e de capitalização, as sociedades que efetuem distribuição de prêmios em imóveis, mercadorias ou dinheiro, mediante sorteio de títulos de sua emissão ou por qualquer forma, e as pessoas físicas ou jurídicas que exerçam, por conta própria ou de terceiros, atividade relacionada com a compra e venda de ações e quaisquer outros títulos, realizando nos mercados financeiros e de capitais, operações ou serviços de natureza dos executados pelas instituições financeiras".

Tal inserção provavelmente possui justificativa de caráter regulatório, ao facilitar a fiscalização e o controle de entidades com atividades assemelhadas.[2]

A evolução do sistema financeiro, com consequente expansão das atividades bancárias, levou as instituições a atuarem em mercados antes inexistentes e ampliou a interligação entre negócios aparentemente distintos, sendo comum que seguradoras e administradoras de cartões de crédito atuem conjuntamente com bancos, por exemplo, tornando quase impossível a separação rigorosa das atividades das instituições. Assim, o sistema financeiro para fins deste trabalho, engloba não só os bancos[3] mas também o setor de seguros, consórcios, previdência privada e cartões de crédito. Obviamente tal restrição não esgota ou abrange todo o sistema financeiro, mas é inicialmente suficiente para que se alcance o objetivo de analisar as condutas anticoncorrenciais mais frequentes no setor.

3. O sistema financeiro e o antitruste

As políticas de concorrência no âmbito do setor financeiro enfrentam desafios que ultrapassam aqueles tradicionalmente verificados em outros segmentos da economia. As características específicas do setor, ligadas à promoção da estabilidade monetária e ao fomento do crescimento econômico, o tornam de primordial relevância para qualquer país e impossibilitam que a política de concorrência caminhe apartada da regulação prudencial.

A regulação prudencial se faz necessária devido à existência de uma peculiaridade do sistema financeiro: o risco sistêmico. O risco sistêmico é a possibi-

2. Pagotto, 2006.
3. Ao se falar especificamente de bancos será utilizada a expressão sistema bancário.

lidade de que um choque oriundo de um segmento qualquer se propague por todo o sistema financeiro, levando a um colapso da economia, já que por ele passa a maior parte do Produto Nacional Bruto. No Brasil, por exemplo, estima-se que 98% do Produto Interno Bruto (PIB) passem pelo sistema financeiro.

A principal diferença entre o sistema financeiro e outros setores é o efeito de contaminação que a falência de uma instituição pode causar nas finanças do país. Quando uma empresa vai à falência, a perda afeta, direta e imediatamente, os seus proprietários ou acionistas e, somente de forma reflexa e mediata, seus clientes.

Já na hipótese de falência de uma instituição financeira, a perda, além de afetar os seus acionistas, reverbera por outros segmentos da sociedade, ao afetar seus clientes. Ou seja, pessoas físicas podem perder todos os seus recursos, pessoas jurídicas podem perder ativos depositados, e a sociedade em geral pode ser tomada pelo temor de que o sistema bancário como um todo esteja ameaçado, gerando um movimento de "corrida"[4] aos bancos. As consequências diretas são, entre outras, a falência de outras instituições bancárias, de empresas que possuem grandes depósitos bancários e indivíduos perdendo todos os seus recursos. Por outro lado, o sistema financeiro não bancário, por não receber depósitos, não estaria sujeito ao risco sistêmico. Contudo, a interligação existente entre as instituições torna todo o sistema sujeito a riscos, razão pela qual a regulação prudencial abrange todo o sistema financeiro.

A experiência internacional tem demonstrado, por outro lado, que a existência de programas compulsórios de seguros de depósito pode gerar efeitos indesejados tanto do ponto de vista regulatório quanto da perspectiva concorrencial. Isto é, quando as instituições financeiras deixam de se preocupar com a garantia dos depósitos, tendem a dirigir seu foco para operações de maior risco, que trazem maiores resultados, aumentando a possibilidade de instabilidade.

A regulação prudencial, assim, se justifica pela necessidade de salvaguardar o sistema financeiro dos efeitos multiplicadores advindos de choques econômicos, podendo ser definida, portanto, como a criação de mecanismos capazes de reduzir a propagação de choques pela economia e a regulação do sistema financeiro com o fim de torná-lo menos vulnerável a eventuais choques.

Tal especificidade do sistema bancário faz que a defesa da concorrência seja aplicada em conjunto com a regulação prudencial na maior parte dos países pertencentes à Organização para a Cooperação e Desenvolvimento

4. Chama-se "corrida bancária" a perda de confiança do público na capacidade de o banco honrar seus depósitos, causando uma movimentação ("corrida") dos clientes para retirar os valores depositados na instituição.

Econômico (OCDE),[5] com o objetivo de dar clareza e previsibilidade às análises dos atos de concentração. A título de exemplo, nos Estados Unidos, o Departamento de Justiça e o Federal Reserve analisam os atos de concentração do setor, sendo que o primeiro se atém às questões antitruste, enquanto o segundo analisa as questões prudenciais. No Canadá, o órgão responsável pela análise concorrencial é o Competition Bureau em conjunto com o Ministério da Fazenda, embora seja possível ao Ministro da Fazenda determinar que uma operação seja aprovada se considerar conveniente para o sistema financeiro como um todo. Na Itália, o Banco da Itália aplica a lei de concorrência, embora possa não seguir alguma recomendação do órgão de defesa da concorrência.[6] Na França, porém, os bancos não são obrigados a seguir a lei de concorrência. Na Coreia do Sul,[7] a Lei de Defesa da Concorrência se aplica integralmente aos bancos. As fusões de instituições financeiras devem ser comunicadas à FSC (*Financial Supervisory Commission*), a autoridade de supervisão bancária que avalia a operação nos termos da Lei de Melhoramento Estrutural da Indústria Financeira (*Structural Improvement of Financial Industries*), devendo consultar previamente o KFTC (*Korea Fair Trade Commission*) com referência a aspectos anticompetitivos associados à operação. Se, depois da aprovação da operação pela FSC, a KFTC não se sentir satisfeita, pode iniciar uma revisão independente da operação. No México, a Lei Federal de Competição Econômica se aplica a fusões bancárias, e operações que se enquadrem nas condições legais de subsunção devem ser notificadas à Comissão Federal de Concorrência. Tanto a autoridade de defesa da concorrência mexicana quanto o Ministério da Fazenda e Crédito Público podem bloquear, a partir de seus próprios critérios, uma fusão bancária.

Em geral, mesmo com o compartilhamento de atribuições, quando uma operação pró-competitiva é considerada prejudicial ao sistema bancário e financeiro, ou, ainda, quando há um impasse entre o órgão antitruste e o órgão regulador, cabe a este a palavra final.

No Brasil o regulador do sistema financeiro é o Banco Central, que atua como "banco dos bancos",[8] segundo a sua própria definição, supervisionan-

5. Os países-membros da OCDE são: Alemanha, Austrália, Áustria, Bélgica, Canadá, Coreia, Dinamarca, Espanha, Estados Unidos, Finlândia, França, Grécia, Hungria, Irlanda, Islândia, Itália, Japão, Luxemburgo, México, Noruega, Nova Zelândia, Países Baixos, Polônia, Portugal, Reino Unido, República Eslovaca, República Tcheca, Suécia, Suíça e Turquia.
6. Autorità Garante della Concorrenza e del Mercato.
7. Prado e Cueva, 2007.
8. Cf. http://www.bcb.gov.br/?HISTORIABC.

do as relações entre as instituições financeiras públicas e privadas, emitindo papel-moeda, efetuando política monetária, controlando o crédito e o capital estrangeiro, entre várias outras atribuições.

O Banco Central, amparado pela Lei do Sistema Financeiro, se encarregava ainda das questões de ordem concorrencial, até que uma decisão do CADE no Ato de Concentração 08012.006762/2000-09,[9] que ficou conhecido como o "Caso Finasa", de relatoria da Conselheira Hebe Romano, inovou ao interpretar de maneira distinta daquela do Banco Central e da Advocacia-Geral da União – AGU[10] o papel do SBDC no julgamento de atos de concentração e condutas no setor bancário.

Embora o CADE já houvesse anteriormente apresentado o seu entendimento quanto à sua competência para julgar atos de concentração e condutas no sistema financeiro, este caso foi o primeiro depois do advento de parecer normativo da AGU, aprovado pelo Presidente da República, que considerava como competência exclusiva do Banco Central a análise concorrencial no âmbito do sistema financeiro.

O CADE entendeu que a competência para tratar de matéria concorrencial não poderia ser exclusiva do Banco Central, pois não há imunidade para instituições financeiras na Lei 8.884/1994, que trata da defesa da concorrência. Adicionalmente, a autarquia considerou que as duas leis, a de defesa da concorrência e a do sistema financeiro, podem coexistir, não cabendo falar em superioridade de uma em relação à outra, e que as duas autarquias (CADE e BACEN) devem atuar de forma complementar, a fim de manter a higidez do sistema financeiro e a concorrência, capaz de estimular um ambiente economicamente sadio e equilibrado.

Ressalte-se que o impasse entre o CADE e o Banco Central, embora próximo de uma solução, ainda não chegou ao fim. Atualmente se aguarda a definição do Superior Tribunal de Justiça (STJ) indicando quem deve analisar e decidir casos que envolvam instituições financeiras. A Ministra Eliana Calmon, relatora do processo no STJ,[11] apresentou voto em que afirma que a competência para julgar atos de concentração e regular as condições de concorrência do sistema financeiro é privativa do Banco Central, ficando o CADE impedido de atuar como autoridade antitruste nesse setor. O julgamento do

9. Disponível em: <http://www.cade.gov.br/Default.aspx?32f2041412071be93aeb39 1123>.

10. Parecer AGU GM-20, de 28 de março de 2001. Disponível em: <http://www.agu.gov.br/sistemas/site/PaginasInternas/NormasInternas/ListarAtos.aspx?TIPO_FILTRO=Pareceres&AnoAto=2001>.

11. REsp 1094218/DF.

caso aguarda pedido de vista do Ministro Castro Meira, sem que haja, ainda, previsão de conclusão do julgamento.

Não obstante, do caso Finasa resultou, num esforço conjunto do Banco Central e do CADE, o Projeto de Lei Complementar 344/2002, em tramitação na Câmara dos Deputados, por meio do qual se pretende alterar o art. 10 da Lei 4.595/1964, a fim de restringir a competência do Banco Central à decisão dos atos de concentração entre instituições financeiras que "afetem a higidez do sistema financeiro", bem como estabelecer claramente a competência do CADE para punir condutas lesivas à concorrência praticadas por instituições financeiras.

4. Análise de condutas anticoncorrenciais no sistema financeiro

O marco legal da defesa da concorrência é a Lei 8.884/1994, que dispõe sobre a prevenção e a repressão às infrações da ordem econômica e elenca em seu art. 20 os atos que constituem ilícito. São eles: I – limitar, falsear ou de qualquer forma prejudicar a livre concorrência ou a livre-iniciativa; II – dominar mercado relevante de bens ou serviços; III – aumentar arbitrariamente os lucros; IV – exercer de forma abusiva posição dominante.

As condutas exemplificativas (*numerus apertus*) previstas no art. 21,[12] ao configurarem hipótese do art. 20, constituem infração à ordem econômica. No mercado financeiro apenas recentemente condutas anticoncorrenciais potenciais, como conluio tácito, venda casada, contratos de exclusividade, entre outras, começaram a ser analisadas, com especial atenção às peculiaridades que diferenciam esse setor de outros mercados.

Segundo Pinho de Mello (2006), em estudo sobre concentrações e condutas anticompetitivas no setor bancário, problemas informacionais reduzem o incentivo que os bancos possuem para competir por preço. Já pelo lado da demanda, economias de escopo (*clustering*) criam *switching costs*. Essas duas características alteram todo o comportamento do mercado financeiro, tornando possível que uma análise tradicional identifique indícios de conluio tácito quando na verdade tem-se um caso de competição imperfeita.

4.1 Switching costs[13]

A explicação da teoria de *switching costs* é de fácil compreensão e foi desenvolvida por Klemperer (1987a e 1987b). Supondo duas empresas estabele-

12. Para consulta às condutas, ver art. 21 da Lei 8.884/1994. Disponível em: <http://www.cade.gov.br/Default.aspx?ce62b078899e75be4bf84e>.

13. Em tradução livre: "custos de transferência" ou "custos de mudança". São os custos suportados quando um consumidor muda de um fornecedor ou mercado para outro. Quanto mais altos forem esses custos, mais difícil a mudança.

cidas no mercado, cada uma com sua base de clientes, os quais têm um custo razoável para trocar de firma, há um incentivo para que as duas empresas atuem como monopolistas, já que para induzir os clientes da concorrente a mudarem de firma o preço oferecido deve ser muito baixo. Entretanto, como as empresas não podem discriminar preços entre clientes antigos e novos, a opção racional é cobrar o preço de monopólio e não tentar se apropriar de clientes da firma concorrente. Consequentemente, não há incentivo para competir por preço depois do estabelecimento do relacionamento com os clientes. Contudo, as firmas possuem incentivo para competir por preço ou outros meios: publicidade, por exemplo, quando os clientes são novos e ainda não estabeleceram relacionamento com alguma empresa bancária.

Ao aplicar essa teoria ao mercado bancário percebe-se que há economias de escopo no consumo de serviços bancários, ou seja, os clientes concentram a sua demanda por serviços em uma única instituição, pois incorreriam em custos ao dispersá-la por vários bancos. Tal efeito é conhecido por *lock-in*. Contudo, isso depende do tipo de cliente, pois grandes contas, de pessoas físicas ou jurídicas, estão menos sujeitas a tais limitações, devido ao poder de barganha detido por grandes clientes.[14-15]

Obviamente as autoridades antitruste têm interesse em saber como diferenciar um conluio tácito de uma competição com *switching costs*, já que os dois se assemelham em termos de resultados se for realizada apenas uma análise temporal estática. Pinho de Mello cita três métodos que, aplicados de forma complementar, facilitam a identificação do regime de competição adotado. O primeiro seria verificar as diferenças dinâmicas entre as empresas; o segundo seria uma análise econométrica para estimar a probabilidade de um cliente mudar de banco; e o terceiro seria a avaliação de dados contábeis de resultado e lucratividade dos bancos.

O segundo método se vale de técnicas demasiadamente avançadas que fogem ao objetivo deste trabalho, não cabendo, portanto, nesta oportunidade, uma análise mais detida.

14. Ver estudo da autoridade antitruste do Reino Unido (Office of Fair Trading – OFT) a respeito, segundo o qual somente 6% dos consumidores pesquisados tinham mudado de provedor de serviços bancários nos 12 meses anteriores ao estudo: *Personal current accounts in the UK: an OFT market study*, July 2008.
15. Ver também relatório da Comissão Europeia (DG Comp), que concluiu que entre 5,4% e 6,6% de clientes bancários com conta-corrente na União Europeia trocam de provedor de serviços bancários por ano: *Communication from the Commission – Sector Inquiry under Art 17 of Regulation 1/2003 on retail banking (Final Report)*, January 2007.

O terceiro método é bastante controverso, pois considera que os bancos obtêm lucros extraordinários ao praticar conluio tácito. Já se estiverem efetivamente competindo por clientes, esses ganhos não se verificam. Restaria então examinar a lucratividade das instituições e comparar o seu retorno com o restante da economia. Porém, alguns aspectos comprometem esse raciocínio: (i) outros fatores que não o conluio tácito poderiam levar à presença de lucros extraordinários, como, por exemplo, a cobrança de tarifas mais elevadas que outros bancos; (ii) não se pode afastar a possibilidade de o setor bancário apresentar retornos superiores à economia devido a características conjunturais ou particulares à instituição e não apenas por meio da prática de condutas anticompetitivas; e (iii) o método incentiva a subnotificação da lucratividade dos bancos, já que quanto maior a lucratividade, maiores as suspeitas de comportamento lesivo à concorrência. Resta então a realização de um detalhamento maior do método que avalia as diferenças dinâmicas entre as instituições.

O primeiro método está baseado na premissa de que se os bancos estão concorrendo há competição pelos clientes não bancarizados, pois no futuro as empresas apropriar-se-iam das rendas geradas pelos novos clientes graças à presença de *switching cost*, que inibiriam a sua mudança para outra instituição bancária depois de estabelecida uma relação com o banco. Por outro lado, na presença de conluio tácito os bancos não competiriam por novos clientes, já que estariam cartelizados.

Assim, para realizar a distinção se leva em conta a existência de promoções de recrutamento, em que o banco oferece tarifas e taxas promocionais para novos clientes, caracterizando uma competição por preço. Um exemplo são as taxas de juros reduzidas por um determinado período (seja para empréstimo em bancos seja para cartões de crédito), findo o qual elas retornam a seu valor normal. Outro exemplo são as contas para universitários, com tarifas reduzidas e sem exigência de comprovação de renda, que estabelecem um relacionamento com o cliente (o universitário) esperando que ele permaneça na instituição bancária depois de se inserir no mercado de trabalho e iniciar uma atividade rentável, evento altamente provável em razão dos *switching costs* existentes pelo lado da demanda.

Outro aspecto a ser considerado é o tamanho da parcela da população ainda não bancarizada. Em mercados maduros a entrada de indivíduos no mercado bancário é apenas vegetativa, pois toda a população ativa já está "bancarizada". Por outro lado, em mercados em desenvolvimento há uma parcela da população com potencial para se tornar cliente bancário. A consequência dessa diferença entre os mercados é uma probabilidade maior de que as instituições cobrem preços mais baixos em mercados em expansão para atrair novos clientes, enquanto mercados maduros não fornecem incentivos para que as empresas cobrem taxas e tarifas mais baixas, visto que não há novos clientes a serem conquistados. Já a prática de apropriação de clientes de outras instituições, por sua vez, pode atrair clientes indesejados, como se verá a seguir. Assim, é esperado que em mercados em desenvolvimento o padrão de competição seja diferenciado daquele em mercados desenvolvidos. Caso isso não ocorra, é possível que exista conluio tácito entre as instituições.

4.2 Seleção adversa

Como já visto, embora comuns no setor bancário, *switching costs* não são exclusivos desse setor. Os problemas informacionais, porém, são mais característicos do setor bancário e reduzem o incentivo para que a competição ocorra na dimensão preço.

A seleção adversa[16] reduz os incentivos dos bancos para competir na dimensão taxa de juros no mercado de crédito, especialmente em empréstimos sem garantia, tais como cheque especial, cartão de crédito, capital de giro etc. Segundo Ausubel (1991 e 1999) e Pinho de Mello (2004), os bancos não competem por clientes já bancarizados graças à seleção adversa, pois ao competir de forma agressiva atraem maus pagadores, que também tomam mais empréstimos que os bons pagadores.

Para a ocorrência de seleção adversa é necessária a presença de dois fatores: (i) *switching costs* que induzam os tomadores de crédito a se manterem ligados a uma instituição em razão dos custos envolvidos na troca de firma; e (ii) maus pagadores com maior elasticidade-preço na demanda por crédito que os bons pagadores. Para entender essa questão é preciso imaginar que maus pagadores utilizam os empréstimos para consumo e estão dispostos a pagar um preço mais alto pelo crédito, enquanto os bons pagadores podem atrasar o pagamento de uma fatura de cartão de crédito por esquecimento, por exemplo, não estando dispostos a pagar um preço mais elevado por isso.

Os maus pagadores possuem mais incentivos para aumentar o seu endividamento diante de uma redução na taxa de juros e a trocar de instituição quando outra lhe oferece tarifas e taxas de juros mais baixas. Assim, como o banco não sabe antes do início do relacionamento qual é o perfil do cliente, seu incentivo para competir por preço é baixo, devido ao risco elevado de atrair clientes com perfil diferente daquele desejado pela instituição.

Para um observador, o resultado é similar ao conluio tácito, ainda que as instituições estejam competindo. Taxas de juros do cheque especial, quando

---

16. Seleção adversa é um fenômeno de informação assimétrica que ocorre quando os compradores "selecionam" de maneira incorreta determinados bens e serviços no mercado.

elevadas e similares entre as instituições, são comumente citadas como exemplo de falta de competição, quando podem apenas ser uma resposta a um problema informacional presente no mercado.

A evidência empírica dessa teoria foi apresentada por Ausubel (1991), que verificou que nos Estados Unidos, embora as taxas básicas de juros estivessem em queda, não eram acompanhadas, nesse movimento, pelas taxas de juros de empréstimos. Entretanto, era altamente improvável a presença de conluio no setor, devido à presença de mais de 40 mil competidores. A conclusão de Ausubel foi de que havia uma seleção adversa de clientes desestimulando as empresas a competirem por meio da redução de juros. Em outro estudo, Ausubel (1999) confirmou a teoria ao reforçar que maus pagadores são mais sensíveis a taxas de juros mais baixas.

Pinho de Mello (2004) realizou um estudo econométrico para o caso brasileiro cujo objetivo era identificar a existência de relação entre a taxa de juros no cheque especial e a queda na qualidade do portfólio dos bancos. O resultado obtido corroborou a ideia de que uma redução na taxa de juros reduz a qualidade do portfólio do banco.

É possível mitigar os efeitos da seleção adversa reduzindo a assimetria informacional do segmento. A Resolução 2.808/2001 do Banco Central obriga as instituições financeiras a fornecerem, a pedido do cliente, as informações cadastrais que cubram o seu histórico dos últimos dois anos, no mínimo, o que reduz a assimetria informacional por parte dos bancos, permitindo que clientes de menor porte provem a sua condição de bons pagadores, conseguindo menores preços e taxas nos produtos bancários. Entretanto, é preciso que os bancos não relutem em compartilhar e utilizar essas informações. Ou seja, a possibilidade de existência de coordenação entre as instituições deve ser afastada. Adicionalmente é preciso garantir que os clientes tenham amplo conhecimento da medida, ou ela se tornará inócua, não atraindo os benefícios esperados.

4.3 Conluio tácito na dimensão preço

Para que exista um conluio, é necessária a possibilidade de as firmas participantes punirem outras que desviem o seu comportamento do padrão de conluio. Pinho de Mello (2006) destaca que para tal, em uma situação de conluio, as firmas devem ser capazes de diferenciar quando uma redução de demanda se origina de flutuações eventuais ou choques na economia e quando é causada pelo comportamento de firmas desviantes.

Assim, as firmas podem adotar algumas práticas que facilitam essa identificação: a uniformização dos produtos bancários é uma delas. Se os bancos uniformizam os seus produtos e obtêm *mark ups*[17] elevados, é possível que exista um conluio, pois variações na demanda se refletem de forma diferenciada em produtos distintos, tornando difícil a detecção do comportamento desviante. Já com produtos padronizados as alterações da demanda vão ocorrer de forma homogênea entre os participantes do mercado. Como para a existência de conluio é necessária a possibilidade de punição a um participante desviante, a uniformização dos produtos permite identificar o comportamento diferenciado de uma instituição e puni-la se necessário. Outra evidência é a utilização de critérios de identificação de risco similares por parte das empresas, o que levaria a uma seleção de clientes de perfil semelhante. O raciocínio é o mesmo, pois com critérios distintos seria mais difícil detectar se uma alteração na demanda por produtos ocorre em função de comportamento desviante ou devido a choques na demanda. Mas com critérios semelhantes, se uma empresa aumenta a sua base de clientes pode-se desconfiar de um comportamento desviante das outras que atuam no mesmo mercado.

Um dos indícios da presença de conluio são as reduções significativas das taxas de juros seguidas de elevações, que funcionariam como punição à firma que estivesse agindo em desacordo com o conluio. Já uma redução na taxa de juros resultante da competição entre as firmas tenderia a ser permanente.

5. Análise de casos

A seguir serão apresentados alguns casos em que foram identificadas condutas anticoncorrenciais no setor financeiro.

5.1 Visa e Mastercard

O caso *Estados Unidos contra Visa e Mastercard*[18] é um exemplo de como contratos de exclusividade podem funcionar como uma prática anticompetitiva com potencial de impedir concorrentes de atuarem no mercado.

Visa e Mastercard controlam duas das maiores operadoras de cartões de crédito e débito nos Estados Unidos e juntas possuem cerca de 75% desse mercado. As outras duas são a American Express e a Discover Financial

17. Indica quanto do preço do produto está acima do custo de produção e distribuição. Pode ser expresso como uma quantia fixa ou como percentual. O valor representa a quantia efetivamente cobrada sobre o produto a fim de obter o preço de venda.

18. 07-2824-cv. VISA U.S.A. INC. Defendant-Appellant, VISA INTERNATIONAL CORP., Defendant, v. MASTERCARD INTERNATIONAL INCORPORATED, Defendant-Appellee, UNITED STATES OF AMERICA, Plaintiff-Appellee.

Services. Em 1998 a Visa e a Mastercard foram acusadas de impedir que bancos a elas associados emitissem cartões de crédito e de débito da concorrência, por meio de contratos de exclusividade, violando a Seção 1 do *Sherman Act*. A Corte americana[19] considerou que as regras exclusionárias enfraqueciam a concorrência e prejudicavam os consumidores, pois os bancos não apenas se mantinham fiéis à Visa e à Mastercard, como também não contratavam com a American Express e a Discover. Adicionalmente, a prática carecia de qualquer justificativa pró-competitiva.

Para encerrar o processo judicial, a Visa e a Mastercard realizaram um acordo com a American Express e a Discover pelo qual se comprometiam a transferir cerca de US$ 4 bilhões como forma de indenização pelos danos causados às duas empresas. O valor a ser pago foi dividido entre a Visa e a Mastercard, considerando o volume de negócios gerados por seus cartões de crédito e de débito.

5.2 Sistema Financeiro de Habitação (SFH) e mutuários: venda casada de imóvel e seguro habitacional

Apesar de o seguro habitacional ser obrigatório por lei no Sistema Financeiro de Habitação (SFH), o mutuário não é obrigado a adquirir esse seguro da mesma entidade que financia o imóvel ou da seguradora por ela indicada. A decisão, unânime, é da Terceira Turma do Superior Tribunal de Justiça (STJ), que acompanhou o voto da relatora, a Ministra Nancy Andrighi.[20]

A relatora manteve o entendimento do Tribunal Regional Federal da 1.ª Região (TRF1), segundo o qual obrigar a aquisição do seguro no mesmo agente que financia o imóvel caracterizaria "venda casada", ou seja, o condicionamento ilegal de venda de bem ou serviço à compra de outros itens.

Dois mutuários de Minas Gerais ajuizaram recurso contra a Caixa Econômica Federal (CEF) para a revisão de contrato de mútuo pedindo a substituição do reajuste pela TR (Taxa Referencial) pelo INPC, a aplicação correta dos valores do seguro habitacional e o direito de escolher o seguro habitacional que melhor lhes conviesse. O TRF1 concedeu apenas o direito de buscar o contrato de seguro no mercado.

A CEF alegou que a vinculação do seguro habitacional seria uma maneira de manter o sistema habitacional estável. Já os mutuários afirmaram que haveria violação dos arts. 2.º, 3.º, 47 e 51 do Código de Defesa do Consumidor

19. United States Court of Appeals for the Second Circuit.
20. REsp 804202/MG.

(CDC), que definem o mutuário como consumidor, determinam a interpretação das cláusulas e possibilitam a qualificação de cláusulas abusivas.

Em seu voto, a Ministra Nancy Andrighi considerou que o seguro habitacional é vital para a manutenção do SFH, especialmente em casos de morte ou invalidez do mutuário ou danos aos imóveis. O art. 14 da Lei 4.380/1964 e o art. 20 do Decreto-lei 73/1966, inclusive, tornaram-no obrigatório. "Entretanto, a lei não determina que o segurado deva adquirir o seguro do fornecedor do imóvel", destacou a Ministra-relatora, destacando, ainda, que esse fato seria uma "venda casada", prática vedada pelo art. 39, inciso I, do CDC. A relatora considerou, também, que deixar à escolha do mutuário a empresa seguradora não causa riscos ao SFH, desde que ele cumpra a legislação existente.

5.3 Bancos da região do Vêneto, Itália

Bancos do Vêneto, região situada ao norte da Itália, alinhavam as suas taxas de juros em patamares similares e mantinham um acordo que delimitava geograficamente as suas áreas de atuação, restringindo a abertura de novas dependências nas províncias onde não estavam instalados membros do conluio.

O Banco da Itália (*Banca d'Italia*) considerou que a prática afrontava o disposto na legislação de tutela da concorrência italiana, determinando a cessação do comportamento anticompetitivo. As instituições bancárias concordaram e posteriormente houve a abertura de agências em cidades que até então eram território exclusivo de outro membro do conluio. O Banco da Itália decidiu arquivar o caso afirmando que os bancos cumpriram a sua determinação.

6. Conclusão

O aumento da concorrência no setor bancário torna os bancos mais vulneráveis e, consequentemente, diminui a confiança no sistema financeiro e sua estabilidade, já que com o aumento da competição a probabilidade de que as instituições se tornem mais agressivas e participem de operações de maior risco são elevadas.

Entretanto, como em qualquer outro setor da economia, o setor financeiro só tem a ganhar em eficiência, inovação, competitividade, preço e qualidade de produtos e serviços com a concorrência, desde que aliada a uma adequada regulação prudencial que estimule uma mudança nos incentivos e garanta a confiança e a estabilidade do sistema.

Por exemplo, a redução das barreiras à entrada, especificamente em relação às barreiras regulatórias, evitando a regulação exagerada (*over regulation*), pode-se traduzir em incentivos importantes à entrada de novos agentes. De outra parte, parâmetros regulatórios excessivos que visem à total proteção do setor contra riscos futuros podem acabar por ameaçar os benefícios da concorrência, engessando o sistema e causando efeitos contrários aos pretendidos.

No tocante às condutas anticoncorrenciais, problemas informacionais reduzem a disposição das instituições competirem por preço e, ao se associarem a características da demanda, como a presença de *clusterings*, podem causar a falsa impressão de que há um conluio tácito quando na realidade o comportamento é competitivo.

A adoção de um cadastro positivo que permita a separação de bons e maus pagadores e a redução do custo de transferência dos clientes entre as instituições financeiras permitiria que o ambiente competitivo se tornasse mais transparente, além de estimular a concorrência entre as instituições, beneficiando toda a sociedade.

Assim, é intuitiva a conclusão sobre a necessidade de atuação conjunta da regulação prudencial, dando confiança e estabilidade ao sistema financeiro e ao antitruste, elevando a concorrência e o bem-estar social no setor, vez que complementares e não antagônicos.

Bibliografia

AUSUBEL, L. *Adverse selection in the credit card market*. Working Paper, University of Maryland, 1999.

_____. The failure of competition in the credit card market. *The American Economic Review*, vol. 81, p. 50-81, 1991.

KLEMPERER, P. Markets with consumer switching costs. *The Rand Journal of Economics*, vol. 102, n. 2, p. 375-394, 1987a.

_____. The competitiveness of markets with switching costs. *The Rand Journal of Economics*, vol. 18, n. 1, p. 138-150, 1987b.

PAGOTTO, L. U. C. *Defesa da concorrência no sistema financeiro*. 1. ed. São Paulo: Singular, 2006. vol. 1.

PINHO DE MELLO, J. M. Atos de concentração e conduta no setor bancário. In: FIÚZA, Eduardo P. S.; MOTTA, Ronaldo Seroa da (coord.). *Métodos quantitativos em defesa da concorrência e regulação econômica*. Rio de Janeiro: Ipea, 2006. vol. 2.

_____. *Market power and availability of credit: the case of the small firms*. PhD Dissertation. Stanford University, Department of Economics, 2004. Cap. 2.

PRADO, L. C. D. e CUEVA, R. V. B. Concorrência e sistema financeiro: a construção de um modelo de política de defesa da concorrência no setor bancário brasileiro. In: GOLDBERG, D. K. *Sistema financeiro: o desafio da concorrência*. São Paulo: Singular, 2008.

Anexos

Parecer AGU/LA-01/2001, de 7 de fevereiro de 2001

Processo 00001.006908/2000-25

Origem: Ministério da Justiça

Assunto: Conflito positivo de competência entre o Banco Central do Brasil e o Conselho Administrativo de Defesa Econômica.

Parecer GM – 020*

Adoto, para os fins do art. 41 da Lei Complementar 73, de 10 de fevereiro de 1993, o anexo Parecer AGU/LA-01/2001, de 7 de fevereiro de 2001, da lavra do Consultor da União, Dr. Luiz Alberto da Silva, e submeto-o ao Excelentíssimo Senhor Presidente da República, para os efeitos do art. 40 da referida Lei Complementar.

Brasília, 5 de abril de 2001 – GILMAR FERREIRA MENDES, Advogado-Geral da União

Parecer AGU/LA-01/2001 (Anexo ao Parecer GM-020)

Processo 00001.006908/2000-25

Assunto: Conflito positivo de competência entre o Banco Central do Brasil e o Conselho Administrativo de Defesa Econômica.

Ementa: 1. Consulta sobre conflito de competência entre o Banco Central do Brasil e o Conselho Administrativo de Defesa Econômica – CADE.

2. As posições conflitantes: Parecer da Procuradoria-Geral do Banco Central, de um lado, e Pareceres da Consultoria Jurídica do Ministério da Justiça e da Procuradoria do CADE e estudo do Dr. Gesner Oliveira, de outro.

3. O cerne da controvérsia.

4 . Conclusão pela competência privativa do Banco Central do Brasil para analisar e aprovar os atos de concentração de instituições integrantes do sistema

* A respeito deste Parecer o Excelentíssimo Senhor Presidente da República exarou o seguinte despacho:

"Aprovo. 05.04.2001".

financeiro nacional, bem como para regular as condições de concorrência entre instituições financeiras e aplicar-lhes as penalidades cabíveis.

PARECER

I – RELATÓRIO

O Senhor Ministro de Estado Chefe da Casa Civil da Presidência da República, pelo Aviso 1.836, de 25 de outubro de 2000, encaminhou ao Senhor Advogado-Geral da União o Aviso 613, de 20 de outubro do mesmo ano, do Senhor Ministro de Estado da Fazenda, em que se solicita a audiência do Senhor Advogado-Geral da União sobre o Parecer 00762/DEJUR/PRIRE, da Procuradoria-Geral do Banco Central do Brasil, a propósito de conflito de competência entre esse Banco e o Conselho Administrativo de Defesa Econômica - CADE.

2. Existiam no processo, de início, além dos Avisos já mencionados, as seguintes peças:

a) NOTA 2.535/00, em que a Subchefia para Assuntos Jurídicos da Casa Civil da Presidência da República declara que o pleito do Senhor Ministro de Estado da Fazenda, já referido, pode ser encaminhado à Advocacia-Geral da União.

b) Carta PRESI-2000, de 18 de outubro de 2000, do Senhor Presidente do Banco Central do Brasil ao Senhor Ministro de Estado da Fazenda, solicitando que o assunto seja levado à apreciação do Senhor Advogado-Geral da União, nos termos dos arts. 4.º, X e XI, e 39 da Lei Complementar 73, de 10 de fevereiro de 1993.

c) Parecer/2000/00762/DEJUR/PRIRE, de 18 de outubro de 2000, da Procuradoria-Geral do Banco Central do Brasil.

d) Aviso 582/AGU/SG-CS/2000, de 30 de outubro de 2000, do Senhor Advogado-Geral da União ao Senhor Ministro de Estado da Justiça, solicitando a manifestação, sobre o assunto, da Procuradoria-Geral do CADE e da Consultoria Jurídica do Ministério da Justiça.

e) Aviso 583/AGU/SG-CS/2000, também de 30 de outubro de 2000, do Senhor Advogado-Geral da União ao Senhor Ministro de Estado da Fazenda, solicitando parecer da Procuradoria-Geral da Fazenda Nacional sobre a questão, bem como o encaminhamento do Pt.9600680937.

f) Ofício 438/GMF, de 10 de novembro de 2000, do Senhor Chefe de Gabinete do Ministro de Estado da Fazenda ao Senhor Chefe de Gabinete do Advogado-Geral da União, encaminhando o citado Processo 9600680937.

g) Expediente SECRE/SUCON-2000/3313, de 8 de novembro de 2000, do Senhor Secretário da SUCON ao Senhor Coordenador-Geral do Gabinete do Ministro de Estado da Fazenda, referindo-se a expediente do Ministério da Fazenda e informando estar enviando os originais do já mencionado Processo 9600680937, em dois volumes, bem como o original do Pt.0001049912, que também trata de conflito de atribuições entre o Banco Central do Brasil e o CADE.

h) Ofício 2287 CH/GAB/AGU, de 28 de novembro de 2000, do Senhor Chefe de Gabinete do Advogado-Geral da União ao Senhor Chefe de Gabinete do Ministro de Estado da Fazenda, reportando-se ao já citado Ofício 438/GMF e informando que o parecer da Procuradoria-Geral da Fazenda Nacional, solicitado pelo Aviso 583/AGU-SG-CS/2000, ainda não fora recebido pela Instituição, pedindo, em conseqüência, atenção para o assunto, uma vez que tal parecer é elemento fundamental a subsidiar o exame a ser efetuado pela Advocacia-Geral da União.

i) Despacho de 8 de dezembro de 2000, da Senhora Secretária-Geral de Consultoria, de ordem do Senhor Advogado-Geral da União, encaminhando o assunto ao Consultor que este subscreve, informando que ainda estão sendo aguardados os pareceres solicitados.

3. Em 28 de dezembro de 2000, a Senhora Secretária-Geral de Consultoria encaminhou o Processo 08001.007.983/2000-15, para ser anexado ao processo referido no item anterior.

4. Nesse novo processo, além de peças constantes do processo anterior e de algumas outras de tramitação interna, encontram-se os seguintes documentos:

a) Parecer 876/2000, de 13 de dezembro de 2000, da Procuradoria do Conselho Administrativo de Defesa Econômica - CADE.

b) Estudo do ex-Presidente do CADE, Dr. Gesner Oliveira, com a colaboração do Dr. Carlos Jacques Vieira Gomes, denominado "Defesa da Concorrência e Regulação: O Caso do Setor Bancário".

c) Parecer CJ 213/2000, de 18 de dezembro de 2000, da Consultoria Jurídica do Ministério da Justiça.

5. Com a juntada desses novos documentos, faltaria, para completar as manifestações solicitadas pelo Senhor Advogado-Geral da União, apenas o parecer da Procuradoria-Geral da Fazenda Nacional. Embora esse parecer seja importante para caracterizar, formalmente, a controvérsia sob exame, as peças ora constantes do processo são suficientes para permitir seu entendimento, razão por que se passa à sua análise.

II - AS POSIÇÕES CONFLITANTES

6. O conflito de opiniões ora sob exame é manifestado pelas posições defendidas pelo parecer da Procuradoria-Geral do Banco Central, de um lado, e pelos pareceres da Procuradoria-Geral do CADE e da Consultoria Jurídica do Ministério da Justiça, bem como do estudo do Dr. Gesner Oliveira, de outro lado.

7. O que se procura definir, no caso, é a que entidade compete a análise e a aprovação de atos de concentração de instituições integrantes do Sistema Financeiro Nacional: ao Banco Central ou ao CADE, ou, ainda, a ambos, de maneira complementar. Esse é o cerne da controvérsia.

8. O Parecer da Procuradoria-Geral do Banco Central, após breve relato sobre os mencionados atos de concentração, especialmente no setor financeiro, faz uma análise da regulação das instituições financeiras, a cargo do Banco Central, enfatizando a possível existência de impasse entre a defesa da concorrência e a defesa da segurança e da solidez do sistema financeiro.

9. Após essas considerações, passa o Parecer a tratar especificamente da competência para análise e aprovação de atos de concentração de instituições financeiras. Reporta-se, então, ao art. 192 da Constituição Federal e à Lei 4.595, de 31 de dezembro de 1964.

10. Quanto ao art. 192 da Constituição, assevera-se que esse artigo determina que o Sistema Financeiro Nacional seja regulado por lei complementar. Quanto à Lei 4.595/64, afirma-se haver sido ela recepcionada como lei complementar, só podendo ser modificada ou revogada por lei de igual hierarquia.

11. Empolga-se, então, o art. 18, § 2.º, da Lei 4.595/64, que dispõe que "o Banco Central do Brasil, no exercício da fiscalização que lhe compete, regulará as condições de concorrência entre instituições financeiras, coibindo-lhes os abusos com a aplicação de pena".

12. Faz-se alusão, também, ao art. 10, X, c, da mesma lei, que arrola como competência privativa do Banco Central "conceder autorização às instituições financeiras, a fim de que possam [...] ser transformadas, fundidas, incorporadas ou encampadas".

13. Em prosseguimento, refere-se o Parecer da Procuradoria-Geral do Banco Central à Lei 8.884, de 11 de junho de 1994, que disciplina a defesa da concorrência. Anota-se, então, que os defensores da competência do CADE para apreciar os atos da concentração de instituições financeiras baseiam-se em dois argumentos: primeiro, no fato de a Lei 8.884/94 não prever nenhuma exceção à competência do CADE para analisar atos potencialmente lesivos à concorrência, conforme dispõe seu art. 54; segundo, no fato de a Lei 8.884/94

ser posterior à Lei 4.595/64 e, assim, aquela derrogaria em parte as disposições desta sobre competência para defesa da concorrência.

14. Após isso, passa-se a refutar os referidos argumentos, por duas considerações: uma sobre hierarquia de normas e outra sobre interpretação.

15. Quanto à primeira, volta-se a afirmar que a Lei 4.595/64 foi recepcionada pela Constituição de 88, como lei complementar e não poderia ser derrogada por lei hierarquicamente inferior, como é o caso da Lei ordinária 8.884/94. Quanto à segunda, rebate-se que não se pode olvidar que a norma específica prevalece sobre a norma geral e, portanto, a Lei 4.595/64, dispondo especificamente sobre a regulação das instituições financeiras, inclusive em seu aspecto concorrencial, aplica-se preferencialmente à regra geral, contida na Lei 8.884/94.

16. Volta, a seguir, o Parecer da Procuradoria-Geral do Banco Central a referir-se a novo argumento dos defensores da competência do CADE, ou seja, de que somente a matéria para a qual a Constituição previra lei complementar é que como tal foi recepcionada, e que, portanto, somente os dispositivos da Lei 4.595/64 relativos à enumeração presente nos incisos do art. 192 da Constituição de 88 têm *status* de lei complementar, excluindo-se, assim, a disciplina da defesa da concorrência, prevista no art. 173, § 4.º, da Constituição.

17. Afirma-se, então, que, para ilustrar esse raciocínio, o Dr. Gesner Oliveira, no estudo analisado, menciona acórdão do Supremo Tribunal Federal, em ação direta de inconstitucionalidade, que estendeu aos servidores do Banco Central o regime jurídico único, afastando a aplicação do art. 52 da Lei 4.595/64, por ter sido recepcionado como lei ordinária, vez que sua matéria não se inclui no art. 192, IV, da Constituição de 88.

18. Para refutar esse entendimento, argumenta-se que, em primeiro lugar, não é somente a matéria exaustivamente prevista nos incisos do art. 192 da Constituição que compõe a disciplina do sistema financeiro nacional, uma vez que a lista constante do referido artigo é exemplificativa e não taxativa. E, em segundo lugar, que é equivocada a conclusão de que as atribuições do Banco Central não se encontram nesse rol.

19. Quanto à primeira refutação, aduz-se que não conflita ela com o mencionado acórdão do STF, uma vez que não parece adequado admitir que o regime jurídico aplicável aos servidores do Banco Central constitua matéria ínsita ao sistema financeiro nacional. Quanto à segunda refutação, afirma-se que as atribuições do Banco Central são, sim, matéria de lei complementar, não só por ser essencial à regulação daquele sistema, mas por expressa disposição do art. 192, IV, da Constituição.

20. Prosseguindo, assevera-se que o art. 18, § 2.º, da Lei 4.595/64 trata, indubitavelmente, de uma atribuição do Banco Central, qual seja a de regular "as condições da concorrência entre instituições financeiras, coibindo-lhes os abusos", concluindo-se: "Tal fato corrobora a proposição inicial, que pugna pela competência do Banco Central para a análise de atos de concentração de instituições financeiras, por força do *status* de lei complementar da norma que a estabelece, sendo certo que não poderia – como não foi – revogada pela Lei ordinária 8.884/94".

21. Finalizando essas considerações, o Parecer da Procuradoria-Geral do Banco Central aduz que a edição da Lei 9.447, de 14 de março de 1997, robustece os argumentos ali lançados, ao deferir ao Banco Central não apenas a análise de atos de concentração de instituições financeiras, mas, muito mais que isso, o poder de determinar transferência de controle acionário, capitalização com aporte de novos recursos e reorganizações societárias, inclusive mediante incorporação, fusão ou cisão, transcrevendo o art. 5.º da referida lei.

22. Após essa transcrição, afirma-se:

> "Tal artigo sobreleva a intenção do legislador de deferir ao Banco Central a responsabilidade de coordenar os atos de concentração de instituições a ele submetidas. Se, por disposição expressa de lei, o Banco Central pode, *ex officio*, determinar atos de concentração, que se dirá de aprová-los mediante provocação dos interessados?
>
> Ressalte-se que, com essa conclusão, não se exclui o setor financeiro da defesa da concorrência, mas tão-somente se atribui à autoridade reguladora – Banco Central – o papel de analisar o aspecto concorrencial dos atos de concentração, sopesando o potencial dano à concorrência e a eficácia do sistema financeiro, para a qual a existência de um mercado competitivo e, sem dúvida, essencial".

23. Ao final, à guisa de conclusões, volta-se a falar na superioridade hierárquica da Lei 4.595/64 em relação à Lei 8.888/94, bem como da qualidade de específica, da primeira, e de geral, da segunda.

24. Além disso, ressalta-se que "a atual controvérsia relativa à competência das duas Autarquias tem gerado uma injustificável insegurança jurídica, que prejudica os esforços para o aperfeiçoamento do controle dos atos de concentração no Sistema Financeiro Nacional e protela a efetiva aplicação dos mecanismos existentes". Referindo-se a manifestações do CADE, proferidas em processos que apreciaram atos de concentração praticados no âmbito do sistema financeiro, em desacordo com entendimentos travados entre as duas autarquias, que se somariam à insegurança jurídica antes apontada, afirma-se

ser urgente a necessidade de se dirimir o aparente conflito de competências entre o CADE e o Banco Central.

25. Encerra-se o Parecer com a sugestão de que seja formulada consulta ao Advogado-Geral da União para, nos termos da Lei Complementar 73/93, solucionar a controvérsia, para determinar a qual delas – CADE ou Banco Central – cabe a competência para a análise de atos de concentração de instituições integrantes do Sistema Financeiro Nacional.

26. Ressalte-se que foi dado relevo ao Parecer da Procuradoria-Geral do Banco Central, inclusive quanto às refutações ao estudo do Dr. Gesner Oliveira, tendo em vista que os pareceres da Procuradoria-Geral do CADE e da Consultoria Jurídica do Ministério da Justiça fundamentam-se, no essencial, no mesmo estudo.

27. De fato, o Parecer CJ 213/2000, da Consultoria Jurídica do Ministério da Justiça e o Parecer 876/2000, da Procuradoria do CADE, dividem a questão, fazendo distinção entre o controle preventivo de concentração de instituições financeiras e o controle repressivo de condutas infrativas à ordem econômica praticadas por instituições financeiras, concluindo que, quanto à análise dos atos e contratos (caráter preventivo), são complementares as competências do CADE e do Banco Central e que, quanto aos aspectos de condutas (caráter repressivo), a competência é exclusiva do CADE.

28. No que tange à fundamentação dessa conclusão, ambos os pareceres lançam mão do estudo do Dr. Gesner Oliveira, já referido na alínea b do item 4 deste. Nesse longo e percuciente estudo, que trata da Defesa da Concorrência e Regulação: o Caso do Setor Bancário, faz-se, inicialmente, uma resenha dos modelos possíveis de interação entre a Autoridade de Defesa da Concorrência e o Órgão Regulador, passando, em seguida, a examinar os critérios para a escolha de desenho institucional ótimo no setor bancário.

29. Após isso, examina-se a aplicabilidade da Lei 8.884/94 ao Setor Bancário. Com esse objetivo, discorre-se sobre o fenômeno da recepção constitucional da Lei 4.595/64, concluindo que a norma de conteúdo concorrencial prevista na Lei 4.595/64 tem natureza ordinária.

30. Em prosseguimento, e finalizando esse tópico, trata o mencionado estudo da harmonização sistêmica entre as normas concorrenciais da Lei 4.595/64 e da Lei 8.884/94.

31. Após isso, tecem-se considerações sobre os aspectos econômicos da defesa da concorrência no setor bancário e sobre as condutas e os atos e contratos do art. 54 da Lei 8.884/94.

32. Finalmente, trata-se das adaptações na regulamentação da Lei 8.884/94, visando sua aplicação ao setor bancário.

33. Cabe observar que o Parecer 876/2000, da Procuradoria do CADE, antes das conclusões e após referir-se aos arts. 20 e 21 da Lei 8.884/94, relativos a condutas que representam infração à ordem econômica, imagina caso em que haveria infração à ordem econômica, de acordo com essa lei, mas que a lei que regulamenta a atuação do Banco Central não sanciona tal conduta, bem como também não delega competência a essa autarquia para aplicar a Lei 8.884/94. E após indagar se tal agente poderia ficar imune à aplicação de sanção, e responder negativamente, e voltar a dizer que na legislação que regulamenta a atuação do Banco Central não existem dispositivos que possam coibir tais práticas, conclui que, "portanto, mais uma vez, fica claro que a competência do CADE é inequívoca, devendo atuar para restabelecer a livre concorrência, punindo o transgressor".

34. O mérito da questão, porém, encontra-se no já citado estudo do Dr. Gesner Oliveira, no Capítulo 2, integralmente transcrito no Parecer da Procuradoria do CADE. Aí, após referência à Lei 4.595/64, em especial ao seu art. 18, § 2.º, examina-se, como já se disse, o fenômeno da recepção constitucional, transcrevendo-se o art. 192 da Constituição de 88 e dizendo da natureza de lei complementar da lei reguladora desse artigo, completando que não cabe à lei complementar regular matérias não expressamente inseridas no âmbito de competência da referida espécie normativa.

35. Trata, a seguir, o estudo da natureza ordinária da norma de conteúdo concorrencial prevista na lei 4.595/64. Começa dizendo:

> "Cumpre, portanto, analisar a Lei 4.595/64 do ponto de vista de seus conteúdos normativos, a fim de se identificar quais normas teriam sido recepcionadas com o *status* de lei complementar, e quais com o *status* de lei ordinária".

36. Passa-se, então, a aludir-se ao art. 52 da citada lei, referente ao quadro de servidores do Banco Central, bem como à Lei 8.112/90, que regulamentou o art. 39 da Constituição Federal, instituindo o regime jurídico único dos servidores públicos. Após tecer algumas considerações sobre esse assunto, invoca-se a Ação Direta de Inconstitucionalidade 449/DF, relatada pelo eminente Ministro Carlos Velloso, na qual ficou assentado que "as normas da Lei 4.595, de 1964, que dizem respeito ao pessoal do Banco Central do Brasil, foram recebidas, pela CF/88, como normas ordinárias e não como lei complementar. Inteligência do disposto no art. 192, IV, da Constituição". E, ainda, que "o art. 251 da Lei 8.112, de 1990, é incompatível com o art. 39 da Constituição Federal, pelo que é inconstitucional".

37. A partir dessa referência, em que se teria validado o entendimento de que a Lei 4.595/64, embora recepcionada como lei complementar, conteria dispositivos que foram recebidos como de lei ordinária, reporta-se ao art. 173, § 4.º, da Constituição, que prevê que a lei reprimirá o abuso do poder econômico

que vise à dominação dos mercados, à eliminação da concorrência e ao aumento arbitrário dos lucros.

38. E conclui-se: "Assim sendo, o dispositivo da Lei 4.595/64 que trata da regulação pelo Banco Central do Brasil das condições de concorrência entre instituições financeiras passou a deter *status* de lei ordinária, conforme determinação da lei maior".

39. Disserta-se, em seguida, sobre a natureza especial da norma do art. 18, § 2.º, da Lei 4.595/64 e da natureza geral da norma do art. 15 da Lei 8.884/94, examinando-se a possibilidade de a lei geral posterior revogar a lei especial anterior, citando-se doutrina relativa a essa questão, para concluir que "os conteúdos normativos da Lei 8.884/94 e do art. 18, § 2.º da Lei 4.595/64 não são incompatíveis".

40. Afirma-se, então, que esses dispositivos "admitem convivência pacífica no ordenamento jurídico por tratarem da defesa da concorrência, de forma geral e específica, respectivamente".

41. A partir daí, assevera-se:

> "As tarefas do Banco Central assemelham-se às de um órgão regulador, responsável pela regulação técnica e pela observância das regras de defesa da concorrência no setor, devendo proceder à investigação de práticas que possam ser consideradas infrativas à ordem econômica.
>
> Do mesmo modo, deverá o Banco Central, proceder à autorização de qualquer transferência societária. E para cumprimento dessa tarefa, deverá o Banco Central atentar para os efeitos de tais transferências, aquisições e fusões sobre a concorrência, elaborando parecer técnico sobre o assunto.
>
> As funções do Conselho Administrativo de Defesa Econômica assemelham-se à de um Tribunal Administrativo que, de modo independente, procede ao julgamento administrativo dos processos que visem apurar dano à concorrência, bem como aqueles que visem a aprovação de ato de concentração econômica".

42. E conclui-se:

> "Respeitando a natureza jurídica e o âmbito de competência legal de cada entidade, ao Banco Central caberá instruir os processos administrativos visando a apuração de conduta infrativa à ordem econômica, bem como emitir parecer legal acerca dos efeitos – de determinada fusão ou aquisição – sobre a defesa da concorrência. Ao CADE, por sua vez, caberá apreciar, como instância decisória administrativa, os processos instaurados pelo Banco Central, bem como os requerimentos de aprovação de ato ou contrato previsto no art. 54 da Lei 8.884/94".

43. Como se pode facilmente verificar, o estudo do Dr. Gesner Oliveira acaba por reduzir a competência do Banco Central – no que tange aos atos de concentração e à apuração de conduta infrativa à ordem econômica – à instrução de processos e emissão de parecer legal. Isso se torna ainda mais evidente quando, no Capítulo 5 do estudo, se procura formular uma arquitetura compatível com a noção de sistema de competências complementares, trazendo-se à colocação a atual interação entre o CADE e ANATEL.

III – O CERNE DA CONTROVÉRSIA

44. Como se disse no item 7 deste, o cerne da controvérsia levantada pelo Banco Central do Brasil diz respeito, unicamente, à definição de competência para a análise e a aprovação de atos de concentração de instituições integrantes do Sistema Financeiro Nacional, ou seja, se essa competência é exclusivamente do Banco Central ou do CADE, ou, ainda, se é de ambos, de maneira complementar.

45. É apenas sobre esse específico assunto que se refere a correspondência PRESI-2000, de 18/10/2000, do Senhor Presidente do Banco Central, reportada pelo Aviso 613/MF, do Senhor Ministro de Estado da Fazenda, bem como o Parecer/2000/00762/DEJUR/PRIRE, da Procuradoria-Geral do Banco Central.

46. Os pareceres da Consultoria Jurídica do Ministério da Justiça e da Procuradoria do CADE ultrapassam esse tema, em busca de um amplo exame da legislação da concorrência, fugindo, portanto, do âmbito da consulta de Ministério da Fazenda.

47. Por outro lado, o estudo do Dr. Gesner de Oliveira, em que se basearam os pareceres referidos no item anterior, é de grande amplitude, preocupando-se com a pesquisa do modelo ótimo de convivência entre o órgão regulador de determinado setor da econômica e a autoridade encarregada do controle da concorrência. Essa investigação, embora importante, pertence à fase pré-legislativa. Além disso, como se pode verificar do mencionado estudo, resta clara a necessidade de se adaptar a legislação para chegar-se ao modelo ótimo pretendido.

48. Não cabe, aqui, examinar qual o melhor modelo de convivência aludido no item anterior, uma vez que se trata, como se disse, de matéria que pertence à fase pré-legislativa. O que incumbe analisar é qual o modelo que foi adotado pela legislação vigente. Além disso, o exame deve restringir-se ao objeto da consulta, ou seja, à competência para analisar e aprovar os atos de concentração das instituições integrantes do Sistema Financeiro Nacional. Isso é o que será feito no tópico seguinte.

IV – A SOLUÇÃO DA CONTROVÉRSIA

49. Ressalte-se, de início, que o conflito entre as posições do Banco Central e do CADE não é aparente, mas sim real. De fato, a Procuradoria-Geral do Banco Central, em seu parecer, conclui pela competência privativa do Banco para análise e aprovação dos atos de concentração no âmbito das instituições integrantes do Sistema Financeiro Nacional. Os que defendem a competência do CADE é que falam em competência complementar, quando se trata de controle preventivo, e de competência exclusiva do CADE, quando se cuida do controle repressivo.

50. Reduzida a controvérsia a suas devidas proporções, como definido no anterior item 48, parece evidente que correto é o entendimento da Procuradoria-Geral do Banco Central.

51. O *caput* do art. 192 da Constituição Federal de 1988, após dispor que o Sistema Financeiro Nacional será regulado por lei complementar, relaciona, em lista exemplificativa, como se depreende da expressão inclusive, algumas matérias que deverão constar dessa lei.

52. No inciso IV, inclui, entre essas matérias, "*a organização, o funcionamento e as atribuições do Banco Central e demais instituições financeiras públicas e privadas*" (grifou-se). Desse modo, é inequívoco que as disposições da Lei 4.595/64, que se referem a atribuições do Banco Central e das demais instituições financeiras, foram recepcionadas com a eficácia de lei complementar, somente podendo ser alteradas por lei de igual hierarquia.

53. Não pode haver dúvida de que as matérias elencadas no art. 10 da Lei 4.595/64, como de competência privativa do Banco Central, têm essa natureza. Entre elas, para o que aqui interessa, anotem-se:

a) exercer a fiscalização das instituições financeiras e aplicar as penalidades previstas (inciso IX);

b) conceder autorização às instituições financeiras, a fim de que possam ser transformadas, fundidas, incorporadas ou encampadas (inciso X, *c*);

c) alienar ou, por qualquer outra forma, transferir o seu controle acionário (inciso X, *g*).

54. Por seu turno, o art. 18 da Lei 4.595/64, após voltar a afirmar que as instituições financeiras somente poderão funcionar mediante prévia autorização do Banco Central ou decreto do Poder Executivo, quando forem estrangeiras, elenca, no § 1.º, as pessoas físicas ou jurídicas subordinadas à referida lei, algumas plenamente, outras, no que for aplicável.

55. Já o § 2.º do mesmo art. 18 estabelece: "*O Banco Central do Brasil, no exercício da fiscalização que lhe compete, regulará as condições de concorrência*

entre instituições financeiras, coibindo-lhes os abusos com a aplicação da pena nos termos desta Lei" (grifou-se).

56. Também não pode haver dúvida de que o transcrito § 2.º do art. 18 da Lei 4.595/64 trata da atribuição do Banco Central e, como tal, foi recepcionado pela Constituição de 88 com eficácia de lei complementar.

57. A invocação da Ação Direta de Inconstitucionalidade 449/DF, a que já se referiu, não tem o condão de legitimar entendimento em contrário. De fato, o regime jurídico do servidor do Banco Central nada tem a ver com o disposto no inciso IV do art. 192 da Constituição nem com o Sistema Financeiro Nacional. Por outro lado, o que realmente se decidiu naquela Ação foi que a regra do art. 251 da Lei 8.112, de 11 de dezembro de 1990, que estabelecia que "enquanto não for editada a Lei Complementar de que trata o art. 192 da Constituição Federal, os servidores do Banco Central do Brasil continuarão regidos pela legislação em vigor à data da promulgação desta lei" era inconstitucional por ser incompatível com o art. 39 da Constituição Federal.

58. Desse modo, a referência, na respectiva ementa, a que as normas da Lei 4.595/64, relativas ao pessoal do Banco Central, teriam sido recebidos como normas ordinárias e não como Lei Complementar, era desnecessária ao desate da questão. Isso porque, independentemente de serem recebidas como normas ordinárias ou como complementares, não seriam recebidas pela Constituição, cujo art. 39 dispôs de maneira diversa. No caso, seriam tidas por revogadas.

59. Também o fato de dispor o § 4.º do art. 173 da Constituição que "a lei reprimirá o abuso do poder econômico que vise à dominação dos mercados, à eliminação da concorrência e ao aumento arbitrário dos lucros" não tem a força e o sentido a ele emprestados pelos que defendem a competência do CADE.

60. De fato, tendo em vista que a mencionada disposição constitucional não determina que a matéria nela indicada seja regulada por lei complementar, tem-se como assentado que será veiculada por lei ordinária. Isso não significa, porém, que, com fundamento em outra norma constitucional, possa ou deva ela ser objeto de lei complementar. É precisamente isso o que ocorre com as matérias a que se referem os arts. 273, § 4.º, e 192 da Constituição.

61. No primeiro dispositivo, reservou-se à lei ordinária a competência para dispor, genericamente, sobre as matérias aí mencionadas. No segundo, tratando de um setor específico da economia, permitiu-se sua regulação por lei complementar.

62. Cabe, aqui, considerar a referência, feita no estudo do Dr. Gesner Oliveira, ao caso do relacionamento entre o CADE e a ANATEL. Esse é substancialmente diferente do existente entre o Banco Central e o CADE.

63. Em primeiro lugar, a regulação dos serviços de telecomunicações, em que se insere a Agência Nacional de Telecomunicações - ANATEL, como órgão regulador, é matéria de lei ordinária, por força do art. 21, inciso XI, da Constituição Federal. Assim, não se põe, no caso, o confronto entre lei complementar e lei ordinária.

64. Em segundo lugar, no que se refere à ANATEL, a Lei 9.472, de 16 de julho de 1997, deu tratamento específico ao seu relacionamento com o CADE. Assim, o *caput* art. 7.º da mencionada lei dispõe: "As normas gerais de proteção à ordem econômica são aplicáveis ao setor de telecomunicações, quando não conflitarem com o disposto nesta Lei".

65. Em prosseguimento, o § 1.º do mesmo artigo subordina aos controles, procedimentos e condicionamentos previstos nas normas gerais de proteção à ordem econômica os atos de concentração econômica no setor de telecomunicações e o § 2.º estabelece que tais atos serão submetidos à apreciação do CADE, por meio do órgão regulador (ANATEL). Completa-se a regra com a identificação, no § 3.º, de práticas que se consideram infração à ordem econômica.

66. Finalizando o esquema legal, o art. 19, inciso XIX, da mesma lei, inclui entre as competências da ANATEL a de "*exercer, relativamente às telecomunicações, as competências legais de controle, prevenção e repressão das infrações da ordem econômica, ressalvadas as pertencentes ao Conselho Administrativo de Defesa Econômica - CADE*" (grifou-se).

67. Como se pode facilmente verificar, o tratamento dado à matéria relativa aos atos de concentração e à infração à ordem econômica na Lei 9.472/97 e na Lei 4.595/64 é bem diferente. Na primeira, são claras as regras de convívio entre a ANATEL e do CADE quanto às infrações à ordem econômica.

68. Ressalte-se, por oportuno, que esse tratamento constitui uma opção do legislador, uma vez que a Lei 9.472/97 poderia, sem qualquer eiva de inconstitucionalidade, ter deferido tal competência exclusivamente à ANATEL, uma vez que o § 4.º do art. 173 da Constituição não proíbe que a competência para o exame das matérias a que ele se refere seja outorgada a mais de um órgão.

69. Já a Lei 4.595/64, como já se viu, deu essa competência integralmente ao Banco Central. Essa conclusão, como acertadamente afirma o Parecer da Procuradoria-Geral do Banco Central, fica robustecida pela Lei 9.447, de 14 de março de 1997, lei ordinária e posterior à Lei 8.884/94, na qual se confere ao Banco Central competência para, *ex officio*, determinar atos de concentração no setor. (vide itens 21 e 22 deste Parecer). Ainda sobre esse aspecto, assinale-se que o § 1.º do art. 10 da Lei 4.595/64 prevê que o Banco Central do Brasil,

com base nas normas estabelecidas pelo Conselho Monetário Nacional, estudará os pedidos que lhe sejam formulados, e resolverá conceder ou recusar a autorização pleiteada, podendo incluir as cláusulas que reputar convenientes ao interesse público. Observe-se que a referência, no citado parágrafo, ao inciso IX do artigo deve ser entendida como ao inciso X, que trata das autorizações, tendo em vista a renumeração de incisos feita pela Lei 7.730, de 31 de janeiro de 1989. Vê-se, portanto, que o Banco Central, no que toca às instituições financeiras, tem poderes de certo modo análogos aos conferidos, pela Lei 8.884/94, ao CADE, nos casos de sua competência.

70. Cabe, finalmente, examinar o argumento do Parecer da Procuradoria do CADE, referido no item 33 deste Parecer, em que se alega que condutas que representam infração à ordem econômica ficariam imunes a sanção, uma vez que a lei que regulamenta a atuação do Banco Central não sancionaria tais condutas e que não há delegação de competência ao Banco Central para aplicar as penalidades previstas na Lei 8.884/94.

71. O argumento é procedente apenas em parte. De fato, não há, no caso do Banco Central, delegação de competência para aplicar as penalidades previstas na Lei 8.884/94, ao contrário do que ocorre com a ANATEL, como se viu. No entanto, esse fato não impede que o Banco Central aplique penalidades às instituições integrantes do sistema financeiro nacional por infração às regras da concorrência.

72. Como se pode observar, da leitura do § 2.º do art. 18 da Lei 4.595/64, foi atribuída competência ao Banco Central, no exercício da fiscalização que lhe compete por força do IX do art. 10, para regular as condições de concorrência entre instituições financeiras, coibindo-lhes os abusos com aplicação da pena nos termos da mesma lei.

73. Observe-se, em primeiro lugar, que essa atribuição foi atrelada a outra privativa do Banco Central, a de fiscalizar. Em segundo lugar, não se atribui ao Banco uma faculdade, mas sim uma obrigação. A regra é, claramente, mandatória.

74. Cabe, portanto, verificar se a Lei 4.595/64 fornece os elementos necessários para que tal atribuição possa ser exercida. Parece claro que sim. De fato, embora, repita-se, o Banco Central não tenha competência para aplicar as penalidades previstas na Lei 8.884/94, a Lei 4.595/64 prevê penalidades, inclusive para o caso de abusos de concorrência.

75. O art. 44 da Lei 4.595/64 prevê as penalidades aplicáveis a instituições financeiras e a pessoas físicas a elas ligadas, penalidades essas que vão desde a advertência, passando por multa pecuniária variável, pela suspensão do exercício de cargos, pela inabilitação temporária ou permanente para o exercício

de cargos de direção das instituições financeiras, pela cassação da autorização de funcionamento das instituições financeiras públicas, exceto as federais, ou privadas, chegando a penas de detenção e reclusão.

76. No § 1.º desse art. 44, trata-se da pena de advertência. No § 2.º cuida-se da pena de multa, sendo que em sua alínea b inclui-se, expressamente, os casos de abusos de concorrência. O § 3.º trata de recolhimento e cobrança dessas multas.

77. Já o § 4.º cuida da aplicação das penalidades de suspensão do exercício de cargos e de inabilitação temporária ou permanente para o exercício de cargos, dizendo que essas penalidades serão aplicadas quando forem verificadas infrações graves na condução dos interesses da instituição financeira ou quando da reincidência específica, devidamente caracterizada em transgressões anteriormente punidas com multa.

78. Finalmente, no que aqui interessa, o § 9.º estabelece que a pena de cassação, referida no inciso V do artigo, será aplicada nos casos de reincidência específica de infrações anteriormente punidas com as penas previstas nos incisos III e IV do art. 44.

79. Como se pode observar, a infração às regras da concorrência pode ensejar desde a aplicação de multa, em um primeiro caso, passando, se houver reincidência, pela suspensão do exercício de cargo, pela inabilitação temporária ou permanente para esse exercício, chegando até à cassação de autorização da instituição financeira.

80. Desse modo, não parece razoável afirmar-se que, pelo fato de não dispor o Banco Central de competência para aplicar as penalidades previstas na Lei 8.884/94, infrações à concorrência ficariam imunes a penalidades. Como se viu, a Lei 4.595/64 prevê, para esses casos, penalidades bastante graves.

81. Observe-se, ainda quanto a esse aspecto, que o Banco Central, tendo em vista a competência genérica que lhe é atribuída pelo § 2.º do art. 18 da Lei 4.595/64 de regular as condições de concorrência entre instituições financeiras, tem ampla margem de discricionariedade para identificar os casos de infração às regras de concorrência do setor, podendo editar regras próprias ou valer-se de critérios constantes de outras leis, inclusive da Lei 8.884/94.

82. Ressalte-se, finalmente, que, conforme assinalado no item 5, o presente Parecer foi inicialmente elaborado sem a manifestação da Procuradoria-Geral da Fazenda Nacional, por se entender que ela seria importante para caracterizar, formalmente, a controvérsia, mas que as peças constantes do processo eram suficientes para o exame da questão submetida a esta Instituição. Desse modo, o Parecer fora concluído em 7 de fevereiro do corrente ano e encaminhado ao Senhor Advogado-Geral da União.

83. Em 27 de março corrente, voltou o processo a minha apreciação, por despacho da Senhora Secretária-Geral de Consultoria, de ordem do Senhor Advogado-Geral da União, tendo em vista o Ofício 140/GMF, de 22 último, que encaminhou o Parecer PGFN/CAJ 491/2001, da Procuradoria-Geral da Fazenda Nacional.

84. Começa o mencionado Parecer esclarecendo sobre o encaminhamento da matéria à PGFN, enfatizando que esse órgão, até o recebimento de Ofício da Chefia de Gabinete do Advogado-Geral da União, não tinha conhecimento dos fatos antes relatados (I). Em prosseguimento (inciso II), cuida dos fatos relacionados com as divergências entre o CADE e o Banco Central. Após, resumem-se os fundamentos jurídicos dessas divergências (inciso III).

85. Neste inciso III, afirma-se que o Banco Central agiu indevida e apressadamente no encaminhamento da matéria à AGU, por três razões, que especifica: a falta de manifestação obrigatória da PGFN; o tratamento conflitivo dado à matéria sem razão; e ausência, em processos administrativos do Banco Central, de elemento que objetiva e efetivamente caracterizasse, concretamente, conflito jurídico interpretativo ente o Banco Central e o CADE (item 10).

86. Em seguida, porém, anota-se a existência de efetivo conflito, entre as mencionadas entidades, em sessão deliberativa do CADE de janeiro de 2001, o que levaria, agora sim, ao exame da matéria (itens 11 e 12).

87. Passa-se, então, à análise da matéria (inciso IV). Transcrevem-se, inicialmente, disposições constitucionais (arts. 170, *caput* e inciso IV; 173, *caput* e § 4.º e 192, *caput*, incisos I a IV e § 1.º), bem como o art. 18, *caput* e § 2.º da Lei 4.595/64, e vários dispositivos da Lei 8.884/94, referentes aos seus arts. 14 e 54.

88. Após isso, afirma-se que a matéria pode ser juridicamente considerada sob dois enfoques diversos: o legal (infraconstitucional) e o constitucional, examinando cada um deles. Do exame do primeiro (infraconstitucional) acaba por concluir que "no campo estritamente legal assistiria razão ao posicionamento interpretativo defendido pelo CADE, no sentido de que suas competências previstas na Lei 8.884/94 abrangeriam as situações envolvendo instituições financeiras e dar-se-iam sem prejuízo ao pleno exercício pelo Bacen da competência que lhe foi outorgada pela Lei 4.595/64" (final da p. 12 e início de p. 13).

89. Já sob o ponto de vista constitucional (p. 13/16), são citados os arts. 170, IV; 173, § 4.º; 174, *caput* e 192, I a IV e § 1.º da Constituição, para concluir: "Deste conjunto normativo resulta, a nosso sentir, que a regulação e a fiscalização de matéria concorrencial no âmbito do sistema financeiro nacional está diretamente relacionada aos temas expressamente consignados pelo art. 192

da Constituição como atinentes à disciplina pela legislação complementar ali referida", dando as razões desse entendimento (p. 15-16).

90. Afirma-se, então, que "não sendo a Lei 8.884/94 de hierarquia complementar, como exigido pelo art. 192 da Constituição, e até a eventual edição da referida lei complementar, a matéria submete-se à disciplina do diploma legal que no particular foi recepcionada pela Constituição de 1988, à vista de sua compatibilidade material com as exigências da Lei Maior" (p. 16).

91. Alega-se, em seguida, que não cabe falar em inconstitucionalidade, total ou parcial, da Lei 8.884/94, mas que se trata, apenas, de uma "interpretação conforme", para o fim de se excluir a matéria concorrencial diretamente relacionada aos temas do sistema financeiro nacional, naquilo em que contemplados no art. 192 da Constituição de 88, terminando por afirmar, ainda sob esse aspecto, não existir qualquer incompatibilidade entre o que determina o art. 54, § 10, da Lei 8.884/94 e as normas do art. 192 da Constituição ou dos arts. 10, IX, *c*, e 18, § 2.º, da Lei 4.595/64, "pois a simples comunicação das operações não importa regulação no sistema financeiro nacional e nem atinge a esfera de competência do Bacen" (p. 16).

92. Chega-se, finalmente, às conclusões (p. 16/18), em que, no item 16, se faz uma síntese do que restou demonstrado ao longo do inciso IV, reafirmando-se, na alínea *c* (p. 17) que sob a perspectiva constitucional assiste razão ao Bacen, o que é repisado na alínea *d*.

93. Como se pode verificar, ao dar razão ao entendimento do Banco Central, no que tange ao aspecto constitucional, o Parecer da PGFN encontra--se na mesma linha do presente Parecer, especialmente quanto aos itens 51 a 58 deste. Observe-se, ainda, que não entra ele em choque com os demais itens deste Parecer, por não haver examinado as questões que este analisou.

94. Cabe ressaltar, por último, ainda quanto ao Parecer da PGFN, que no item 17, que o encerra, sugere-se "que a matéria seja solucionada não através de interpretação conclusiva e vinculante da AGU, como proposto pelo Bacen, mas sim através de dispositivo legal – por exemplo, novo parágrafo ao art. 54 da Lei 8.884/94 – que, referindo-se ao art. 18, § 2.º, da Lei 4.595/64 (de forma a ressaltar a natureza interpretativa da disposição), esclareça que a competência na matéria é do Bacen, sem prejuízo (a) à manutenção da obrigação de informação ao CADE, exclusivamente para fins de registro e acompanhamento dos efeitos externos ao sistema financeiro nacional, dos atos a que se refere o art. 54 da Lei 8.884/94, e (b) do entendimento administrativo entre as entidades na forma do Convênio de Cooperação Técnica de 8.5.97, da Portaria Conjunta 1, de 09.02.1999, ou de outros atos que venham a ser entre elas negociados".

95. Finalizando, no mesmo item 17, enumeram-se três razões pelas quais essa solução seria a mais adequada.

V - CONCLUSÃO

96. À vista de todo o exposto, parece-me lícito concluir, em síntese, que, à luz da legislação vigente, a competência para analisar e aprovar os atos de concentração das instituições integrantes do sistema financeiro nacional, bem como de regular as condições de concorrência entre instituições financeiras, aplicando-lhes as penalidades cabíveis, é privativa, ou seja, exclusiva do Banco Central do Brasil, com exclusão de qualquer outra autoridade, inclusive o CADE.

97. Esse é o modelo que foi adotado pela legislação vigente. Caso se entenda que esse não é o melhor modelo, a adoção de outro dependerá de modificação dos dispositivos da Lei 4.595/64 aqui analisados, o que somente poderá ser feito mediante lei complementar.

98. Quanto à sugestão apresentada no final do Parecer da PGFN, a que se referiu no item 94 deste, parece-me, em princípio, viável como medida para evitar futuros conflitos ou a continuação dos atuais. No entanto, sua adoção constitui matéria de conveniência a ser examinada pelas autoridades superiores, às quais compete igualmente analisar as razões referidas no item 95 deste.

É o parecer, que submeto ao elevado crivo do Senhor Advogado-Geral da União.

Brasília, 28 de março de 2001 - LUIZ ALBERTO DA SILVA, Consultor da União.

Conselho Administrativo de Defesa Econômica – CADE

Ato de Concentração 08012.011303/2008-96

– Voto do Conselheiro Fernando de Magalhães Furlan

Requerentes: Banco Itaú S.A. e Unibanco

Advogados: Tercio Sampaio Ferraz Júnior, Barbara Rosenberg e outros

Relator: Conselheiro Fernando de Magalhães Furlan

Ementa: Ato de Concentração – Operação realizada no Brasil – Unificação das operações relativas ao setor bancário dos grupos Itaúsa e Unibanco – Parte envolvida pertencente a grupo com faturamento bruto no Brasil superior a R$ 400 milhões – Pelo conhecimento – Apresentação tempestiva – Mercados de: i) Grupo de seguros patrimoniais em âmbito nacional; ii) Grupo de seguros de automóveis em âmbito nacional; iii) Grupo de seguros de pessoas em âmbito nacional; iv) Grupo de seguros de transporte em âmbito nacional; v) Grupo de seguros de responsabilidade em âmbito nacional; vi) Grupo de seguros de cascos em âmbito nacional; vii) Grupo de seguros outros em âmbito nacional; viii) Grupo de seguros de saúde em âmbito municipal; ix) Previdência Privada em âmbito nacional; xi) Serviços de Capitalização em âmbito nacional; xii) Corretagem de Seguros em âmbito nacional e xiii) Administração de Consórcio de automóveis em âmbito nacional; xiv) Crédito de Livre Utilização – Pessoa Física, em âmbito nacional; xv) Empréstimo Consignado – Pessoa Física, em âmbito nacional; xvi) Cartão de Crédito em âmbito nacional; xvii) Financiamento Habitacional em âmbito nacional; xviii) Depósitos à vista em âmbito nacional; xix) Poupança e Depósitos a Prazo em âmbito nacional; xx) Financiamento para Aquisição de Veículos – Pessoa Física, em âmbito nacional; xxi) Crédito de Livre Utilização – Pessoa Jurídica, em âmbito nacional; xxii) Empréstimo em Moeda Estrangeira – Pessoa Jurídica, em âmbito nacional e xxiii) Empréstimos Direcionados para pessoas jurídicas – financiamento rural e repasses BNDES em âmbito nacional. – Ausência de efeitos negativos ao ambiente concorrencial – Pela aprovação incondicional da operação.

VOTO

(Versão Pública)

1. Das Empresas Envolvidas

1. Banco Itaú S.A. ("Itaú") é banco privado brasileiro, pertencente ao Conglomerado Itaúsa, que atua em todos os segmentos do setor bancário, incluindo atividades financeiras e não financeiras.

2. Unibanco também é banco privado brasileiro, que faz parte do Grupo Unibanco, e atua em todos os segmentos do setor bancário, incluindo atividades financeiras e não financeiras.

2. Da Operação

A operação consiste na unificação das operações relativas ao setor bancário dos grupos das Requerentes.

3. Do Conhecimento

3. O ato notificado deve ser *conhecido* pelo Plenário nos termos do art. 54, *caput* e § 3.º, da Lei 8.884/94, pois pelo menos um dos grupos envolvidos registrou, em 2008, faturamento superior a R$ 400 milhões no território nacional.

4. Da Tempestividade

4. Uma vez que o contrato foi celebrado em 03 de novembro de 2008 e foi submetido para análise do SBDC no dia 24 de novembro de 2008, a apresentação do ato ocorreu *tempestivamente*, dentro do prazo definido no § 4.º do art. 54 da Lei 8.884/94, tendo sido a taxa processual devidamente recolhida pelas requerentes.

5. Das Cláusulas Contratuais

5. Dentre os documentos apresentados, não se verificou a existência de cláusula de não concorrência ou de exclusividade.

6. Da Análise

6. A complexidade na definição de mercados relevantes em fusões envolvendo instituições financeiras já foi ressaltada diversas vezes por este Conselho. Geralmente, no entanto, as atividades são segmentadas, no mínimo, em atividades financeiras e não financeiras.

7. Tanto o Itaú quanto o Unibanco oferecem a seus clientes serviços financeiros e não financeiros. Entre os serviços financeiros oferecidos por essas instituições estão, principalmente, depósitos à vista, empréstimos e financiamentos para pessoas físicas e pessoas jurídicas, além da emissão de cartões de crédito. Nos serviços não financeiros oferecidos incluem-se consórcios, seguros, serviços de capitalização e previdência privada.

6.1 Produtos Financeiros

8. No Brasil e em outras jurisdições, não há um consenso quanto à definição de mercado relevante para produtos financeiros. Uma abordagem comum é a de *clusters* em que os produtos bancários são agrupados de modo a formarem cestas de produtos. Geralmente, para a utilização de *clusters* ser considerada nesse mercado, são necessárias três condições: (i) a existência de custos de transação significativos em lidar com mais de um banco; (ii) os custos de desagregar os produtos devem ser grandes em relação ao custo da cesta de produtos; e (iii) a demanda de um produto da cesta deve depender do custo de toda a cesta e não apenas do seu próprio preço.[1]

9. Essa abordagem já foi utilizada em algumas decisões deste Conselho. No Ato de Concentração 08012.010081/2007-11, o ex-conselheiro Abraham Sicsú segmentou as atividades das Requerentes apenas como atividades financeiras e não financeiras. Já no Ato de Concentração 08012.0011736/2008-41, o conselheiro César Mattos segregou as atividades financeiras em operações de crédito e depósitos bancários.

10. Em outras decisões,[2] em que o impacto concorrencial da operação era claramente baixo, o Conselho decidiu não definir um mercado relevante, mas ressaltou a alta diferenciação existente entre os produtos bancários de acordo com cada tipo de produto, seu valor e o público alvo e a possibilidade de segregar ainda mais os serviços financeiros.

11. A Suprema Corte dos Estados Unidos da América utilizou também, em casos passados,[3] a abordagem de *clusters*, com o argumento de que o cliente típico concentra as suas operações financeiras em uma única instituição.

12. No entanto, tendo em vista a evolução dos serviços bancários nos últimos anos e a disponibilidade de informações a respeito dos produtos oferecidos, a abordagem de *clusters* parece inadequada para os dias atuais. O próprio Departamento de Justiça dos Estados Unidos (DoJ) discorda de tal abordagem por considerar que, apesar de ser provável que o cliente contrate vários serviços em um só banco, atualmente os consumidores desagregam os serviços financeiros consumidos e provavelmente passariam a adquirir produtos em outras instituições se o preço de um produto de sua cesta aumentasse.

13. Os custos de transação de lidar com mais de um banco foram reduzidos significativamente com a disponibilização de diversos serviços na Internet

1. OCDE. Mergers in Financial Services. 2000.
2. Atos de Concentração 08012.00810/2009-85 e 08012.010345/2009-91.
3. A metodologia de *clusters* foi primeiramente usada nos Estados Unidos na decisão da Suprema Corte em *United States v. Philadelphia National Bank.*

e em terminais de auto-atendimento. Se no passado era necessário ir até uma agência bancária para realizar a maior parte das transações bancárias, hoje muitas operações podem ser feitas por meio da Internet, telefone ou terminais de auto-atendimento. De acordo com a Federação Brasileira de Bancos (FEBRABAN), em 2009, 26% dos correntistas possuíam *Internet banking*. Além disso, o meio que registrou o maior volume de transações nesse mesmo ano foi o terminal de auto-atendimento, com 33% do valor de todas as transações do setor, seguido do *Internet banking*, com 20%.

14. Soma-se a isso a padronização da nomenclatura dos serviços bancários estabelecida pelo Banco Central por meio da Resolução 3.518 de 30 de abril de 2008. Com essa medida, a comparação entre os serviços oferecidos pelos bancos se tornou mais fácil, contribuindo também para a redução dos custos de transação de migrar para outro banco ou mesmo adquirir produtos e serviços em diversos bancos diferentes.

15. Um argumento a favor da abordagem de *cluster*, já mencionado por este Conselho, é o de que o cliente bancário, ao se relacionar com apenas uma instituição, constrói uma reputação que não pode ser transferida para outra instituição. De fato, a instituição da qual o consumidor é cliente possui informações mais completas dele do que outras nas quais o consumidor nunca adquiriu qualquer produto. No entanto, atualmente, as instituições financeiras têm acesso a informações suficientes de um potencial cliente caso esse deseje adquirir um produto ou serviço.

16. Existem diversas ferramentas que auxiliam as instituições financeiras a avaliar o risco de crédito de cada cliente. O Sistema de Informação de Crédito, por exemplo, é uma ferramenta gerenciada pelo Banco Central, alimentada mensalmente pelas instituições financeiras e à qual todas tem acesso. Nesse sistema, são armazenados dados de "operações dos clientes com responsabilidade total igual ou superior a R$ 5 mil, a vencer e vencidas, e os valores referentes às fianças e aos avais prestados pelas instituições financeiras a seus clientes".[4] Assim, por meio desses sistemas de informação, os clientes podem "transferir" sua reputação para a instituição que desejar.

17. Outros exemplos da facilidade de adquirir serviços em bancos onde não se possui conta corrente, é a contratação de financiamento de veículos e imóveis, que muitas vezes não são feitas em agências bancárias. É bastante comum que a contratação de financiamento de veículo seja feita na própria concessionária e o cliente geralmente apenas leve em consideração a taxa de juros ou o valor da prestação mensal do financiamento, independentemente

4. Disponível em: <http://www.bcb.gov.br/fis/crc/ftp/cartilhascr.pdf> Acesso em: 10 ago. 2010.

de algum tipo de relacionamento prévio com a instituição que lhe oferece o crédito.

18. Uma abordagem alternativa à de *cluster* é considerar cada produto oferecido pelas partes como um mercado relevante distinto. Essa é a metodologia comumente usada pelo DoJ e também foi a utilizada pelo Banco Central na análise da presente operação. Porém, apesar da facilidade atual de os consumidores adquirirem serviços financeiros separadamente, há certos serviços que, tanto pelo lado da demanda quanto pelo lado da oferta, possuem alto nível de substituibilidade.

19. Tomando mais uma vez como exemplo a aquisição de veículos, é possível supor que o produto Crédito Direto ao Consumidor (CDC) para a aquisição de veículos seja um substituto do arrendamento mercantil para veículos. Caso haja um aumento significativo do preço de financiamento de veículos, por exemplo, é provável que a demanda por arrendamento mercantil para veículos aumente. Isso ocorre com diversos serviços financeiros que, mesmo tendo bases legais, nomes e preços distintos, têm aplicações similares e, por isso, podem ser considerados substitutos do ponto de vista do consumidor.

20. Por essa razão, para a definição de mercado relevante, decido desagregar os serviços financeiros, porém agrupá-los em grupos de forma que haja suficiente semelhança entre eles para considerá-los substitutos. Assim, defino os seguintes mercados relevantes, na dimensão produto: (i) Crédito de Livre Utilização – Pessoa Física; (ii) Empréstimo Consignado – Pessoa Física; (iii) Cartão de Crédito; (iv) Financiamento Habitacional; (v) Depósitos à vista; (vi) Poupança e Depósitos a Prazo; (vii) Financiamento para Aquisição de Veículos – Pessoa Física; (viii) Crédito de Livre Utilização – Pessoa Jurídica; (ix) Empréstimo em Moeda Estrangeira – Pessoa Jurídica e (x) Empréstimos Direcionados para Pessoas Jurídicas – financiamento rural e repasses BNDES.

21. Em relação à dimensão geográfica, também não há consenso quanto à definição adequada. Em decisões anteriores, já foi ressaltado que a delimitação geográfica de um mercado nesse setor pode variar de acordo com o cliente, o tipo de serviço e o seu valor. Para operações de crédito de grandes empresas, dado o poder de barganha desses agentes, a dimensão geográfica tem sido aceita como o território nacional.

22. Em relação a pessoa física e pequenas empresas, conforme apontado pela OCDE,[5] o tamanho da dimensão geográfica tende a ser diretamente proporcional ao valor do empréstimo. Para adquirir empréstimos de maior valor, como um financiamento de imóvel, por exemplo, é razoável supor que

5. OCDE. Mergers in Financial Services.

o cliente está mais disposto a buscar alternativas que não necessariamente se encontrem dentro de seu município.

23. Para empréstimos de menor valor de pessoas físicas e pequenas empresas, há jurisdições que consideram uma área menor, como um estado ou província, ou o município. Nos Estados Unidos, por exemplo, país em que existe um grande número de bancos locais, operações de crédito e depósitos para pequenas empresas e pessoas físicas são consideradas no nível local. No caso Banco do Brasil e Nossa Caixa,[6] foi definido, para oferta de crédito a pequenos clientes, os limites do município. Ferreira e Farina (2005) concluem que instituições locais exercem pressão competitiva em bancos com atuação nacional e ressaltam a importância da proximidade do banco ao cliente na concessão de crédito. O custo do banco em monitorar o cliente seria proporcional à distância entre eles.

24. Contudo, a necessidade de monitoramento de clientes por parte dos bancos depende também da quantidade de informações a respeito desses clientes que se encontra disponível. Conforme já exposto, atualmente há sistemas de informação em que são disponibilizados dados de empréstimos e financiamentos dos clientes e que podem ser consultados por todas as instituições financeiras.

25. Além disso, a liberdade de gerentes locais para estabelecer preços, taxas de juros e condições de pagamento é bastante limitada, pois geralmente a política de tarifação e de concessão de crédito é definida nacionalmente. A avaliação de crédito de clientes menores normalmente é feita por parâmetros estabelecidos nacionalmente por uma área especializada de cada banco, com base em informações prestadas pelo próprio cliente e dados disponíveis em sistemas de informação de crédito. Dessa forma, a relação entre o cliente e o banco tem se tornado cada vez menos pessoal e, por esse motivo, a proximidade do cliente com o banco tem perdido a importância. Os dados de utilização de *Internet Banking* e de terminais de auto-atendimento citados anteriormente corroboram essa constatação.

26. Deve ser destacada também a atuação dos correspondentes bancários, que são estabelecimentos contratados pelos bancos para servirem de intermediários entre esses e seus clientes. Os correspondentes bancários podem ser lojas, farmácias, supermercados, agências dos Correios e outros tipos de comércio. Esses estabelecimentos ajudam a difundir os serviços bancários e possibilitam, principalmente em cidades menores, que clientes utilizem serviços bancários de uma instituição que não possui agência no seu município.

6. AC 08012.011736/2008-41.

27. Dessa maneira, tendo em vista a difusão de meios eletrônicos para a realização de operações bancárias e o papel dos correspondentes bancários, defino como dimensão geográfica do mercado relevante o território nacional.

6.1.1 Crédito de Livre Utilização - Pessoa Física

28. O mercado relevante de crédito de livre utilização para pessoa física inclui créditos que podem ser utilizados para qualquer destinação pelo cliente. Foram incluídos nesse mercado cheque especial, crédito especial sem consignação e Crédito Direto ao Consumidor (CDC), excluído CDC para aquisição de veículos. A participação de mercado das Requerentes é apresentada na Tabela 1:

Tabela 1 - Participação no Mercado de Crédito de Livre Utilização para Pessoa Física - 2007

[CONFIDENCIAL]

Fonte: Requerentes.

29. Como pode ser visto na Tabela 1, a participação conjunta das Requerentes no mercado de crédito de livre utilização para pessoa física é menor que 20%. Portanto, é possível supor que a presente operação não trará prejuízo à concorrência nesse mercado.

6.1.2 Empréstimo Consignado - Pessoa Física

30. O empréstimo consignado para pessoa física foi segregado em um mercado relevante próprio, pois apesar de em certos momentos poder ser considerado um substituto de outros empréstimos, a forma de oferta e de contratação difere substancialmente de outras operações de crédito.

31. Sob o ponto de vista do ofertante, esse tipo de empréstimo deve atender critérios próprios, estabelecidos na Lei 10.820/2003. Para que esse tipo de crédito seja ofertado ao cliente final, é preciso, primeiramente, estabelecer parceria com a entidade remuneradora, que deve possuir certas características.

32. Pelo lado da demanda, essa operação de crédito também não pode ser considerada substituta próxima de outras operações. O cliente, para adquirir esse tipo de empréstimo, deve receber salário e o seu empregador deve possuir contrato com a instituição financeira da qual ele deseja adquirir o empréstimo. Assim, profissionais liberais, por exemplo, não têm acesso a esse tipo de empréstimo, bem como empregados assalariados cujas empresas não estejam aptas a realizar esse tipo de parceira com instituições financeiras.

33. Portanto, empréstimo consignado para pessoa física pode ser considerado como um mercado relevante distinto. A participação conjunta das Requerentes está na Tabela 2:

Tabela 2 – Participação no Mercado de Empréstimo Consignado para Pessoa Física – 2007

[CONFIDENCIAL]

Fonte: Requerentes.

34. A participação conjunta das Requerentes nesse mercado é bastante reduzida e, portanto, é possível supor que a presente operação não afetará negativamente esse mercado.

6.1.3 Cartão de Crédito

35. A indústria de cartões de crédito é composta por uma cadeia de agentes que atuam entre a compra realizada pelo cliente e o pagamento feito ao estabelecimento onde a compra ocorreu. Os seguintes agentes participam desse setor: (i) o portador do cartão, que é o consumidor final que o utiliza para realizar compras; (ii) o emissor, que é a entidade, geralmente um banco, responsável pelo relacionamento com o portador e, entre outras funções, por estabelecer o limite de crédito e cobrar a fatura; (iii) o estabelecimento, que é qualquer ponto de venda que aceite o cartão de crédito como forma de pagamento; (iv) o credenciador, que pode ser um banco ou uma empresa controlada por um banco, que credencia os estabelecimentos e administra o contrato com eles; e (v) o proprietário, empresa que detém a marca e estabelece as regras de funcionamento.

36. Apurou-se que o Itaú processa cartões para terceiros, porém o Unibanco apenas presta serviços de processamento de cartões para os cartões por ele emitidos. Em relação ao credenciamento de estabelecimentos, as informações dão conta que o Itaú possui participação em empresa que presta esse serviço e o Unibanco detém participação em empresa que só está autorizada a realizar o credenciamento do Wal Mart. Portanto, a operação apenas tem a possibilidade de afetar o mercado de utilização de cartão de crédito pelo usuário final, ou seja, aquele mercado em que o emissor é o ofertante e o portador é o usuário, já que ambas as Requerentes atuavam como emissoras antes da operação.

37. Em relação à definição de mercado relevante para cartões de crédito, segundo estudo realizado pelo Banco Central, SEAE e SDE,[7] outros meios

7. Relatório sobre a Indústria de Cartões de Pagamento, 1.ª edição, maio/2010. Disponível em: <http://www.bcb.gov.br/htms/spb/Relatorio_Cartoes.pdf> Acesso em: 9 ago. 2010.

de pagamento não podem ser considerados substitutos do cartão de crédito. Fatores como segurança, praticidade, disponibilidade de crédito, custos e riscos relacionados a outras formas de pagamento colocam o cartão de crédito em um mercado relevante distinto. São excluídos desse mercado, inclusive, cartões *private label*, que têm a sua aceitação restrita a um estabelecimento comercial, e os cartões de débito, que não possuem todas as facilidades do cartão de crédito.

38. Ademais, o cartão de crédito não foi agregado a outros serviços financeiros por não ser necessária a aquisição de outros serviços para possuir um cartão de crédito. Como informado pelo Bradesco em resposta ao Ofício 643/2010/CADE, a indústria de cartão de crédito "cria uma nova forma de relacionamento direto dos bancos com o consumidor, que não exige, necessariamente, a existência de um instrumento bancário tradicional (uma conta corrente, por exemplo) ou uma rede de agências disseminada".

39. A Tabela 3 apresenta a participação de mercado apresentada pelas Requerentes e a Tabela 4 utiliza os dados do total de faturamento fornecidos pelo Banco Central e os dados das Requerentes:

Tabela 3 - Participação no Mercado de Cartão de Crédito Apresentada pelas Requerentes - 2007

[CONFIDENCIAL]

Fonte: Requerentes.

Tabela 4 - Participação no Mercado de Cartão de Crédito com Dados do Banco Central - 2007

[CONFIDENCIAL]

Fonte: Requerentes e Banco Central.

40. Da leitura das tabelas acima verifica-se diferença de participação de mercado resultante da presente operação entre os dados do Bacen e das Requerentes. Entretanto, em ambos os casos a participação das Requerentes é considerável. A empresa resultante da operação passa a ser líder no mercado de cartão de crédito, detendo a maior participação de mercado entre as empresas. É preciso avaliar, portanto, as características desse mercado.

41. Segundo estudo da SEAE, SDE e Bacen, a estrutura verticalizada da indústria, com bancos operando tanto na emissão de cartões, quanto no credenciamento de estabelecimentos, gera barreiras para novos entrantes nessa indústria. Essas barreiras estão presentes principalmente no segmento do proprietário da bandeira e do credenciamento, devido aos elevados custos

irrecuperáveis. Essa é uma das razões para a elevada concentração nesse mercado, como amplamente discutido no referido trabalho.

42. O mercado ora analisado, o de emissão de cartão de crédito, por sua vez, não apresenta barreiras tão relevantes. Exemplos disso são as entradas no mercado de cartões que eram *private label*. Existem diversas redes varejistas que emitem cartões *private label*, que inicialmente só são aceitos em suas lojas próprias, mas que podem ser "*embandeirados*" e passar a integrar a rede da bandeira, sendo aceitos por todos os estabelecimentos credenciados. Foi o que ocorreu, por exemplo, com o cartão Carrefour, que recentemente recebeu a bandeira Visa.

43. Além disso, esse mercado parece ser caracterizado pela rivalidade entre os agentes que dele participam. Para conquistar maior parcela de mercado, os bancos adotam estratégias como isenção de pagamento de anuidade, concessão de pontos por uso do cartão (que podem ser trocados por outros produtos) e parcerias com outras empresas, como companhias aéreas, montadoras de automóveis e outros estabelecimentos comerciais. Os bancos do Brasil, Bradesco e Santader têm conquistado significativas participações de mercado nos últimos anos, como demonstrado no Gráfico 1:

Gráfico 1 – Evolução de Participações no Mercado de Cartão de Crédito

[CONFIDENCIAL]

Fonte: Elaboração própria com base nos dados do Banco Central, das Requerentes e dos Relatórios Anuais do Banco do Brasil, do Bradesco e do Santander.

44. Nota-se no Gráfico 1 que os concorrentes das Requerentes aumentaram expressivamente as suas participações de mercado nos últimos anos. O Banco do Brasil, por exemplo, teve a sua participação de mercado duplicada de 2006 para 2008. O ganho de participação dessas empresas é um indicativo de que há, de fato, rivalidade nesse mercado.

45. Portanto, dada a presença de outros importantes agentes no mercado e da competitividade presente, é improvável que a operação ora analisada afete negativamente o mercado de cartões de crédito.

6.1.4 Empréstimo Direcionado – Financiamento Habitacional

46. O financiamento habitacional não possui substitutos próximos, principalmente sob o ponto de vista da oferta. Esse tipo de crédito é regulamentado pelo Conselho Monetário Nacional (CNM) e utiliza recursos específicos. Entre as regras estabelecidas para esse serviço, está a obrigatoriedade das instituições financeiras de direcionar, no mínimo, 65% das aplicações em poupança para

financiamentos imobiliários. São estabelecidos também valores máximos de financiamento e valor máximo do imóvel.

47. Sob o ponto de vista do consumidor, esse tipo de financiamento também não possui substitutos próximos. As taxas de juros são diferenciadas para esse tipo de financiamento e o imóvel é dado como garantia ao banco.

Tabela 5 - Participação no Mercado de Financiamento Habitacional - 2007

[CONFIDENCIAL]

Fonte: Requerentes.

48. Conforme a Tabela 5, a participação das Requerentes nesse mercado é reduzida. Nesse mercado, destaca-se a forte atuação da Caixa Econômica Federal, com cerca de 67% de participação de mercado, segundo a Associação Brasileira das Entidades de Crédito Imobiliário e Poupança (ABECIP). Dessa forma, a presente operação não tem o condão de afetar negativamente o mercado de financiamento imobiliário.

6.1.5 Depósitos à Vista

49. Uma das principais funções das instituições financeiras é a captação de recursos junto ao público. Os depósitos à vista são utilizados pelos clientes como forma de guarda e custódia de seus valores. Esses depósitos são as contas correntes que os consumidores possuem em um banco e cujos valores depositados não possuem rendimentos, podem permanecer no banco por tempo indeterminado e são de livre utilização pelo consumidor. A Tabela 6 mostra a participação das Requerentes nesse mercado:

Tabela 6 - Participação no Mercado de Depósitos à Vista - 2008

[CONFIDENCIAL]

Fonte: Requerentes.

50. Segundo a Tabela 6, a participação conjunta das Requerentes não é superior a 20% e, portanto, é pouco provável o exercício de poder nesse mercado em decorrência da presente operação.

6.1.6 Poupança e Depósitos a Prazo

51. Poupança e depósitos a prazo são formas de investimentos realizados pelos clientes. Estão incluídos nesse mercado produtos que são intercambiáveis entre si e o consumidor pode escolher entre eles de acordo com o valor e rendimento. Esses depósitos foram segregados dos depósitos à vista pelas suas características e pelo fato de não ser necessário ser correntista de um banco para realizar depósitos a prazo nele. A participação das Requerentes nesse mercado está na Tabela a seguir:

Tabela 7 – Participação no Mercado de Depósitos a Prazo – 2008

[CONFIDENCIAL]

Fontes: Requerentes.

52. Conforme a Tabela 7, a participação conjunta das Requerentes no mercado de depósitos a prazo não atinge 20%, sendo portanto, improvável o exercício de poder nesse mercado em conseqüência da operação.

6.1.7 Financiamento para a Aquisição de Veículos – Pessoa Física

53. No mercado relevante de financiamento para a aquisição de veículos por pessoa física foram incluídos dois produtos: CDC para aquisição de veículos e o Arrendamento Mercantil para aquisição de veículos. Apesar desses produtos terem bases legais e características distintas,[8] do ponto de vista do consumidor, podem ser considerados substitutos.

54. Ambos os produtos estão disponíveis para o consumidor nas concessionárias de veículos e nas agências bancárias. Nas páginas da Internet de diversos bancos, os dois produtos são apresentados e oferecidos como alternativas para um mesmo fim, a aquisição do veículo.[9] Além disso, Bradesco e Banco do Brasil, em resposta a ofícios, informaram que consideram esses produtos substitutos. A Tabela 8 apresenta a participação de mercado das Requerentes nesse mercado:

Tabela 8 – Participação no Mercado de Financiamento de Veículos para Pessoa Física

[CONFIDENCIAL]

Fonte: Requerentes.

55. Conforme mostra a Tabela 8, a participação de mercado das Requerentes é significativa, sendo superior a 20%. É importante ressaltar, no entanto, que o

8. Por exemplo, no arrendamento mercantil, o bem arrendado é de propriedade do arrendador, no caso o banco e o arrendatário, o cliente, possui o usufruto do bem. No caso de financiamento, o consumidor adquiri o bem e tem a posse dele. Outra diferença é que no arrendamento mercantil não incide IOF.

9. De acordo com as páginas do HSBC, disponível em: <http://www.hsbc.com.br/1/2/portal/pt/para-voce/emprestimos-financiamentos/operacoes-de-credito-e-arrendamento-mercantil>. Acesso em: 14 ago. 2010; na página do Banco do Brasil, disponível em: <http://www.bb.com.br/portalbb/page3,116,2110,1,1,1,1.bb?codigoMenu=172&codigoNoticia=372&codigoRet=181&bread=4>. Acesso em: 14 ago. 2010; na página do Bradesco, disponível em: <http://www.shopcredit.com.br/> Acesso em: 14 ago. 2010.

Itaú já detinha participação consideravelmente superior a 20% antes da operação e a parcela de mercado adquirida, apesar de relevante, é bem menor que 10%. De qualquer maneira, é essencial analisar as características desse mercado.

56. Como já mencionado, as opções de financiamento a veículos (CDC ou *leasing*) são oferecidas aos clientes não só nas agências bancárias, como também nas próprias lojas de venda de veículos. Conforme informado pelas Requerentes e por concorrentes,[10] as revendas de veículos não possuem acordos de exclusividade com os bancos para fornecimento de crédito. Assim, um mesmo estabelecimento de venda/revenda de veículo pode oferecer opções de crédito de diversas instituições financeiras. Dessa forma, a oferta múltipla de financiamento nas lojas de venda de veículos reduz os custos de transação do consumidor de comparar os produtos de diversos bancos, incentivando a concorrência.

57. Ademais, deve ser ressaltada a presença nesse mercado dos bancos das próprias montadoras de automóveis, como Fiat, Toyota, Mercedes-Benz, Ford, Volkswagen, entre outros. No ano de 2009, com a restrição de crédito dos bancos comerciais por conta da crise financeira mundial de 2008, os bancos das montadoras foram capazes de manter o nível de oferta no mercado de financiamento de veículos. Segundo a Associação Nacional das Empresas Financeiras de Montadoras (ANEF), o financiamento de veículos, tanto em CDC quanto em arrendamento mercantil, realizado por banco de montadoras respondeu por aproximadamente metade do mercado. Além disso, ainda conforme a ANEF, as taxas de juros desses bancos são mais competitivas, permanecendo, em média, 35% abaixo das taxas praticadas no mercado em dezembro de 2009.[11]

58. Portanto, apesar da elevada participação das Requerentes, há nesse mercado diversos agentes, entre bancos comerciais e bancos de montadoras, que podem contestar um eventual exercício de poder de mercado. Ademais, a oferta dos produtos nas próprias lojas de revenda de veículos contribui para a rivalidade no setor. Logo, o exercício de poder no mercado de financiamento de veículos por parte das Requerentes é pouco provável.

6.1.8 Crédito de Livre Utilização para Pessoa Jurídica

59. O mercado relevante de crédito de livre utilização para pessoa jurídica compreende produtos de oferta de crédito que o consumidor pode alocar livremente. Geralmente, essas modalidades de crédito incluem: empréstimo para capital de giro, abertura de crédito em conta corrente, compror, vendor, desconto de duplicatas e *leasing*.

---

10. Resposta do HSBC ao Ofício 645/2010/CADE.
11. Informações disponíveis em: <www.anef.com.br>. Acesso em: 14 ago. 2010.

60. De fato, esses serviços são oferecidos em conjunto nas páginas da Internet de concorrentes,[12] como soluções de crédito. Ademais, o Bradesco afirmou que produtos como Capital de Giro e Limite Rotativo podem ser considerados substitutos e outros como Crédito Imobiliário e *Leasing* também.

61. A Tabela 9 apresenta a participação das Requerentes nesse mercado:

Tabela 9 – Participação no Mercado de Crédito de Livre Utilização para Pessoa Jurídica – 2008

[CONFIDENCIAL]

Fonte: Requerentes.

62. Com uma participação conjunta menor de 20% no mercado de crédito de livre utilização para pessoa jurídica, é pouco provável que as Requerentes exerçam poder de mercado.

6.1.9 Empréstimo em Moeda Estrangeira – Pessoa Jurídica

63. O mercado relevante de empréstimo de moeda estrangeira para pessoa jurídica inclui duas categorias de produtos: repasse de empréstimos externos, regulados pela Resolução CMN n. 2770/2000, e financiamento ao comércio exterior. Essas operações são atreladas a moedas estrangeiras e, assim, estão sujeitas à variação cambial. Segundo as Requerentes, do ponto de vista do consumidor que opera com comércio exterior, essas operações são substituíveis entre si.

64. A Tabela 10 apresenta a participação das Requerentes nesse mercado:

Tabela 10 – Participação no Mercado em Empréstimo em Moeda Estrangeira – 2008

[CONFIDENCIAL]

Fonte: Requerentes.

65. A participação conjunta das Requerentes, conforme a Tabela 10, é um pouco superior a 20%. No entanto, destaca-se a presença de outros bancos comerciais, que também oferecem esses produtos. O Bradesco, apesar de não considerar esses produtos como substitutos, informou que a sua participação em empréstimos em moeda estrangeira foi de aproximadamente 11%. Já o Banco do Brasil informou que possui participação de 28,2% no mercado de Adiantamento de Contrato de Câmbio (ACC) e Adiantamento sobre Cambiais

12. Página do Banco do Brasil disponível em: <http://www.bb.com.br/portalbb/page100,107,19099,9,1,1,2.bb?codigoNoticia=24365&codigoMenu=133&codigoRet=14180&bread=1_3_1>. Acesso em: 14 ago. 2010 e página do Bradesco, disponível em: <http://www.bradescopessoajuridica.com.br/SitePJ/default.aspx>. Acesso em: 14 ago. 2010.

Entregues (ACE), operações que se enquadram em financiamento do comércio exterior.

66. Logo, em relação ao mercado de empréstimo em moeda estrangeira, pode-se concluir que, apesar da participação superior a 20% das Requerentes, outros agentes podem contestar um possível exercício de poder de mercado.

6.1.10 Empréstimos Direcionados a Pessoa Jurídica – Financiamento Rural e Repasses BNDES

67. O mercado de empréstimos direcionados a pessoa jurídica inclui operações de crédito obrigatórias, destinadas à consecução de políticas de desenvolvimento. Estão incluídos nesse mercado repasses de recursos captados junto ao Banco Nacional de Desenvolvimento Econômico e Social (BNDES) e recursos para o incentivo à atividade rural. Esses tipos de empréstimo são fortemente regulamentados pelo CMN. A participação das empresas está na Tabela 11:

Tabela 11 – Participação no Mercado de Empréstimos Direcionados a Pessoa Jurídica

[CONFIDENCIAL]

Fonte: Requerentes.

68. Tendo em vista que a participação conjunta das Requerentes é inferior a 20%, a presente operação não afeta negativamente o mercado de empréstimos direcionados a pessoa jurídica.

6.1.11 Informações Adicionais

69. A título de informação complementar, são apresentados a seguir dados agregados, tanto das Requerentes quanto dos principais bancos atuantes no segmento. A Tabela 12 apresenta a estrutura de mercado considerando depósitos em geral, enquanto a Tabela 13 considera o total de operações de crédito.

Tabela 12 – Estrutura de Mercado – Depósitos – 2008

[CONFIDENCIAL]

Fonte: Banco Central do Brasil.

Tabela 13 – Estrutura do Mercado de Operações de Crédito – 2008

[CONFIDENCIAL]

Fonte: Banco Central do Brasil.

70. Conforme as Tabelas 12 e 13, mesmo que a definição de mercado relevante se desse de maneira mais agregada, na forma de *clusters*, a participação

conjunta das Requerentes, tanto no mercado de depósitos como no de operações de crédito, não ultrapassa 20%. Portanto, pode ser concluído que o exercício de poder de mercado por parte das Requerentes em conseqüência da presente operação é pouco provável.

6.2 Produtos Não Financeiros

71. A SEAE, em seu parecer, limitou-se a analisar os aspectos concorrenciais da presente operação somente no que tange aos serviços não financeiros, de acordo com entendimento próprio dos limites de sua competência instrutória conferida pela Lei 8.884/94. Em sua análise, a Secretaria identificou sobreposição horizontal nas seguintes atividades: i) seguros; ii) previdência; iii) capitalização; iv) corretagem de seguro; e v) administração de consórcio; e integração vertical entre as atividades de seguro e corretagem de seguro. Com relação à integração vertical, a SEAE considerou desnecessário o aprofundamento da análise diante do fato de que ela era anterior à presente operação, tanto no que tange ao Unibanco quanto ao Itaú, e que o mercado de corretagem de seguros é pulverizado. A análise das sobreposições horizontais, entretanto, exigiu um aprofundamento da Secretaria.

72. No parecer, foram delimitados os seguintes mercados relevantes: i) Grupo de seguros patrimoniais em âmbito nacional; ii) Grupo de seguros de automóveis em âmbito nacional; iii) Grupo de seguros de pessoas em âmbito nacional; iv) Grupo de seguros de transporte em âmbito nacional; v) Grupo de seguros de responsabilidade em âmbito nacional; vi) Grupo de seguros de cascos em âmbito nacional; vii) Grupo de seguros outros em âmbito nacional; viii) Grupo de seguros de saúde em âmbito municipal; ix) Previdência Privada em âmbito nacional; xi) Serviços de Capitalização em âmbito nacional; xii) Corretagem de Seguros em âmbito nacional e xiii) Administração de Consórcio em âmbito nacional.

73. Após análise das informações obtidas por substancial instrução, a Secretaria concluiu pela aprovação incondicional da presente operação, pois, ainda que verificado acréscimo significativo na participação de mercado das requerentes em decorrência da presente operação em alguns dos mercados relevantes analisados,[13] teria verificado um nível de rivalidade suficiente para contestar eventual exercício de poder de mercado por parte das requerentes.

13. Especificamente: i) 39,71% no mercado de grupo de seguros patrimoniais em âmbito nacional; ii) 37,08% no mercado de grupo de seguros de responsabilidade em âmbito nacional; iii) 40,41% no mercado de grupo de seguros de casos em âmbito nacional; iv) 24,52% no mercado de grupo Previdência Privada em âmbito nacional.

74. A análise realizada a seguir utiliza grande parte do material produzido pela SEAE ao longo de sua instrução, ainda que tenha havido a necessidade de colheita de informações pontuais adicionais, além de compartilhar da mesma conclusão do parecer da Secretaria, porém, alcançada por caminhos sutilmente distintos.

75. Inicialmente, acolho as considerações da SEAE no que tange à existência de sobreposição horizontal em algumas das atividades exercidas pelas requerentes. De forma a permitir uma melhor compreensão do presente voto, tratarei a seguir da análise de cada atividade individualmente, desde a definição dos mercados relevantes afetados até, se for o caso, eficiências relacionadas a cada uma delas.

6.2.1 Seguros

76. Conforme mencionado anteriormente, verificou-se sobreposição horizontal nas atividades exercidas pelas requerentes relacionadas ao mercado de seguros em geral. Entretanto, a definição dos mercados relevantes afetados pela atividade em questão exige um aprofundamento inicial sobre a regulação do setor.

77. Uma variedade de diplomas legais disciplinam o setor de seguros, principalmente pela miríade de bens jurídicos que podem ser objeto de contratos de seguros. O Código Civil[14] dispõe das características gerais dos contratos de seguro e trata especificamente, apenas, dos seguros de dados e de pessoas, enquanto que questões operacionais concretas e de políticas públicas relacionadas ao setor estão reguladas pelo Decreto-Lei 73/1966. Normas gerais relacionadas à atividade operacional de corretores de seguro e de seguradoras são de competência do Conselho Nacional de Seguros Privados ("CNSP"), enquanto as normas específicas, bem como a fiscalização do cumprimento das diretrizes traçadas pelo CNSP, são de responsabilidade da Superintendência de Seguros Privados ("SUSEP"). Esses dois entes da Administração Pública, bem como os limites de suas competências, estão previstos no Decreto-Lei supramencionado e são parte do Sistema Nacional de Seguros Privados ("SNSP"), que ainda se compõem dos resseguradores, das sociedades de seguro privado e dos corretores habilitados.

78. Os diferentes tipos de seguro são codificados pela SUSEP de acordo com as suas características, conforme se percebe do art. 3.º da Circular SUSEP n. 395, de 3 de dezembro de 2009:

> "Art. 3.º Para efeitos desta Circular, consideram-se as seguintes definições:
>
> I – Grupo: conjunto de ramos que possuem alguma característica comum;

14. Lei 10.406/2002.

II – Ramo: conjunto de coberturas diretamente relacionadas ao objeto ou objetivo do plano de seguro;

III – Ramo Principal: é o ramo do plano de seguro que melhor o caracteriza, sendo definido a partir das coberturas que o compõem".

79. No Anexo II da referida circular, estão listados os seguintes grupos, cada um composto por diferentes ramos: i) Patrimonial; ii) Riscos Especiais; iii) Responsabilidades; iv) Automóvel; v) Transportes; vi) Riscos Financeiros; viii) Pessoas Coletivo; ix) Habitacional; x) Rural; xi) Pessoas Individual; xii) Marítimos; xiii) Aeronáuticos; e xiv) Outros.

80. Interessante notar que a classificação utilizada pela SUSEP guarda significativa relação com a dimensão produto dos mercados relevantes adotada pela SEAE em seu parecer.[15] Apenas duas divergências merecem comentários: i) a consideração de um único mercado para os grupos Pessoas Individual e Pessoas Coletivo; e ii) a consideração como um mercado único o ramo Cascos pertencente ao grupo Marítimo ou Aeronáutico.

81. A partir das determinações regulatórias, verifica-se que a atividade regular de uma seguradora contempla a oferta de planos de seguro relacionados a um único grupo,[16] seja de um único ramo[17] ou de forma agrupada.[18] Ainda que se permita, por própria determinação da SUSEP, agrupar bens relacionados a diferentes grupos em um único plano de seguro, a regra no mercado é a vinculação de planos de seguro a bens de um único grupo. A única aparente exceção se dá no grupo de Pessoas Individual e Pessoas Coletivo, cuja classificação se refere à forma de contratação – se individual ou coletiva – e não ao bem jurídico relacionado, como é o caso dos demais.

82. No que tange ao ramo Cascos, também se verifica uma exceção à regra classificatória da SUSEP. De acordo com as suas características apresentadas pelas Requerentes,[19] é possível concluir que os ramos Cascos guardam mais relações entre si do que com os demais ramos presentes nos seus respectivos grupos. Ou seja, as características da demanda relativa aos ramos Cascos, seja do grupo Aeronáutico ou Marítimo, guardam semelhanças suficientes que permitem a sua consideração como uma única atividade.

15. A partir de dados apresentados pelas Requerentes em resposta ao Ofício 10132/2008/RJ COGCE/SEAE/MF.

16. Conforme determinação expressa do Artigo 7.º da Circular SUSEP n. 395, de 3 de dezembro de 2009: "Art. 7.º Ressalvados os casos expressamente previstos nesta Circular, os planos compostos não poderão conter coberturas agregadas pertencentes a Grupos distintos".

17. Plano de Seguro Simples – Artigo 5.º, inciso I, do referido dispositivo normativo.

18. Plano de Seguro Composto – Artigo 5.º, inciso II, da aludida Circular SUSEP.

19. Em resposta ao Ofício supramencionado.

83. Dessa forma, uma vez que a classificação da SUSEP se baseia nos objetos segurados por cada Grupo, é possível afirmar que a sua utilização para definição produto do mercado relevante é coerente do ponto de vista da demanda,[20] desde que mantidas as alterações realizadas pela SEAE, como, por exemplo, no que tange aos ramos Cascos, considerados como um único mercado relevante.

84. Ao longo da instrução do presente ato de concentração, as requerentes, reiteradas vezes,[21] alegaram que o mercado de seguros deveria ser considerado como um mercado único, diante das características do setor. De forma a corroborar o argumento apresentado, as requerentes citam trecho do voto do ex-Conselheiro Schuartz, relator do Ato de Concentração 08012.006267/2005-04.

85. Em que pesem as alegações das requerentes, a consideração da totalidade do setor de seguro como uma única dimensão produto do mercado relevante, *data venia,* não merece acolhida. Mesmo no precedente citado pelas requerentes, o ex-Conselheiro Schuartz apenas menciona a *possibilidade* de justificar uma definição de seguros em geral do ponto de vista da oferta, porém, em sua análise, definiu os mercados relevantes por grupos de seguro.

86. De fato, a definição de mercado relevante é um instrumental analítico[22] criado apenas para auxiliar a análise da possibilidade de exercício de poder de mercado. O desafio apresentado na realização de sua definição, portanto, é justamente o juízo do que constitui e do que não constitui um mesmo mercado relevante. Uma definição de mercado relevante ampla demais, que considere produtos ou produtores que não exercem pressão competitiva en-

---

20. As Requerentes, em sua resposta ao Ofício 1928/2010/CADE, esclarecem quais os bens jurídicos relacionados aos ramos de seguro: i) compreensivo residencial; ii) compreensivo condomínio; iii) riscos de engenharia e iv) riscos nomeados operacionais.

21. Ver Memorial de 24 de novembro de 2009 e resposta o Ofício CADE 361/2010/CADE, ambos nos volumes confidenciais.

22. Nesse sentido, temos: "A relevant market is the smallest grouping of sales for which the elasticity of demand and supply are sufficiently low that a firm with 100% of that grouping could profitably reduce output and increase price substantially above marginal cost" (HOVENKAMP, 2005, p. 82); "Since market definition is instrumental only to the assessment of market power, the relevant market should not be a set of products, which 'resemble' each other on the basis of some characteristics, but rather the set of products (and geographical areas) that exercise some competitive constraint on each other" (MOTTA, 2008, p. 102); e "A definição de um mercado relevante é o processo de identificação do conjunto de agentes econômicos, consumidores e produtores, que efetivamente limitam as decisões referentes a preços e quantidades da empresa resultante da operação" (Portaria Conjunta SEAE/SDE 50, de 1.º de agosto de 2001, p. 9).

tre si, subestima eventual probabilidade de exercício de poder de mercado, enquanto que uma definição demasiadamente restrita, superestima eventual efeito no ambiente concorrencial.

87. No presente caso, verifica-se que o espectro de possibilidade de definição da dimensão produto do mercado relevante varia entre a consideração individual de cada ramo de seguro até a definição do mercado de seguros como um todo. De fato, ao longo da instrução, procurou-se acumular informações que melhor contribuíssem para a identificação do correto posicionamento da definição da dimensão produto a ser adotada no presente caso dentro do espectro supramencionado.[23]

88. A definição da dimensão produto no espectro mais restrito, qual seja, a consideração individual de cada ramo de seguro, distorceria a análise concorrencial diante da substituibilidade pelo lado da oferta verificada em cada grupo de seguro. Conforme verificado anteriormente, a regulação permite às seguradoras oferecem planos de seguros agrupados dentro de um mesmo grupo, além de que a autorização mínima de funcionamento possível seria apenas para um grupo.[24] Adicionalmente, a individualização excessiva também poderia produzir distorções na base de dados diante das incongruências classificatórias entre os diferentes integrantes do SNSP:

> "Cumpre esclarecer que a análise por ramos de seguros, em geral, pode levar a distorções em razão das constantes alterações de classificação, exclusão e criação de novos ramos realizada pela Superintendência de Seguros Privados ('SUSEP'), que podem redundar em superestimar ou subestimar participações de mercado das empresas. A mudança na estrutura dos ramos exige que as seguradoras realizem a adequação de suas informações de prêmios, o que muitas vezes não ocorre de forma imediata e, em alguns casos, simplesmente não ocorre. Ainda, na visão dos requerentes, a análise por ramos é inadequada para a análise antitruste, pois não considera a flexibilidade da oferta (Resposta das requerentes ao Ofício 361/2010/CADE)".

89. Por outro lado, a consideração da dimensão produto na outra ponta do espectro, conforme aduzem as requerentes, também não se sustenta. Primeiro por que a substituibilidade da oferta não é tão irrestrita quanto

23. Nesse sentido, foram encaminhados os Ofícios 361/2010/CADE e 1928/2010/CADE.

24. Nesse sentido,ver Resolução CNSP 158/2006 c/c Circular SUSEP 355, de 14 de dezembro de 2007. Além disso, as seguradoras oficiadas, quando indagadas sobre as barreiras à entrada – resposta aos Ofícios SEAE 6972/2009 (Mapfre), 6971/2009 (Bradesco), 9504/2009 (Allianz), 9507/2009 (Banco Safra), dentre outros-, informam a possibilidade de migração entre grupos (considerando o conceito utilizado pela SUSEP).

afirmam as requerentes.[25] E segundo por que desconsideraria completamente qualquer tipo de análise sobre a elasticidade da demanda.

90. Sem querer adentrar na análise específica de todos os cenários possíveis de definição da dimensão produto do mercado relevante dentro do espectro traçado acima, considero haver ficado suficientemente demonstrado que a definição utilizada pela SEAE, uma vez que se encontra em consonância com a classificação utilizada pela SUSEP, é adequada e se apresenta como uma solução ótima dentre as soluções disponíveis.

91. Com relação à dimensão geográfica, a sua definição pela SEAE como de âmbito nacional também se mostra pertinente diante da regulação do setor. De fato, não se verifica nenhuma restrição regulatória à atuação das seguradoras no que tange ao seu âmbito geográfico, sendo permitida a sua atuação nacional. Eventual limitação geográfica, se existir, depende apenas das próprias seguradoras, seja na formulação de seu pedido de autorização de funcionamento à SUSEP ou na sua definição estratégica.[26] Adicionalmente, cumpre ressaltar que a aludida definição se encontra em consonância com entendimentos anteriores do Plenário do CADE.[27]

92. Especificamente com relação ao mercado de seguros saúde, a Secretaria definiu a dimensão geográfica como municipal. Entretanto, o aprofundamento da definição de mercado para a atividade de seguro saúde é desnecessária. Conforme devidamente informado pelas requerentes,[28] as atividades do Grupo Itaú referentes ao mercado em questão limitam-se ao reembolso de segurados antigos, uma vez que não oferta novos planos de seguro desde 1996. Assim sendo, concluo pela ausência de alteração concorrencial significativa nesse mercado em decorrência da presente operação.[29]

25. De fato, conforme ressaltado pela Sul América, em resposta ao Ofício SEAE 9505/2009 (dentre outras concorrentes), por força regulatória, não há substituibilidade da oferta entre os grupos de seguro vida, saúde e os demais. Ou seja, seguradoras desses grupos mencionados não podem oferecer outros planos de seguro e vice-versa. Além disso, a migração entre diferentes grupos apresentam requisitos regulatórios consideráveis. Ver resposta aos ofícios SEAE 6972/2009 (Mapfre), 6971/2009 (Bradesco), 9504/2009 (Allianz), 9507/2009 (Banco Safra), dentre outros.

26. Cumpre ressaltar que não se identificou, dentre as participantes do mercado oficiadas, empresa com atuação regional.

27. Nesse sentido, ver também: AC 08012.001392/2009-43; AC 08012.010589/2008-92; AC 08012.010345/2009-91; AC 08012.003252/2010-43; AC 08012.014118/2007-72.

28. Em resposta ao Ofício 07522/2009/RJ COGCE/SEAE/MF.

29. Adicionalmente cumpre ressaltar que a SEAE, a despeito das considerações apresentadas, aprofundou-se na análise de poder de mercado relacionado ao mercado de seguro saúde e verificou que a operação não resultou em participação superior a 10%, em 2007, em nenhum dos municípios afetados.

6.2.1.1 Da possibilidade de exercício de poder de mercado

93. As tabelas a seguir apresentam as estruturas de mercado, por faturamento, para o ano de 2007:[30]

Tabela 14 – Estrutura do Mercado de Seguros do Grupo Transportes – 2008

Empresas	Faturamento (R$)	Participação (%)
Grupo Unibanco	208.784.465	13,16
Itaúsa	98.999.710	6,24
Itaúsa + Grupo Unibanco	307.784.176	19,40
Grupo Bradesco	171.064.126	10,78
Allianz Seguros	147.014.488	9,27
Ace Seguradora	134.985.529	8,51
Royal & Sunalliance	127.008.390	8,00
Grupo Mapfre	125.753.387	7,93
Grupo Sulamerica	117.655.442	7,42
Chubb do Brasil	82.104.833	5,17
Outros	373.268.722	23,53
Total do Mercado	**1.586.639.092**	**100**

Fonte: SUSEP.

Tabela 15 – Estrutura do Mercado de Seguros do Grupo Automóvel – 2008

Empresas	Faturamento (R$)	Participação (%)
Grupo Unibanco	819.755.618	4,73
Itaúsa	1.366.149.090	7,89
Itaúsa + Grupo Unibanco	**2.185.904.708**	**12,62**
Grupo Sulamerica	1.779.226.959	10,27
Grupo Bradesco	2.304.675.330	13,30
Grupo Porto Seguro	3.028.841.497	17,48
Grupo Mapfre	1.051.942.712	6,07
Tokio Marine Seguradora	804.867.455	4,65
Outros	6.169.609.006	35,61
Total do Mercado	**17.325.067.667**	**100**

Fonte: SUSEP.

30. Resposta das requerentes ao Ofício SEAE 10132/2008.

Tabela 16 - Participação de Mercado de Outros Seguros - 2008

Empresas	Faturamento (R$)	Participação (%)
Itaúsa + Grupo Unibanco	206.959.769	9,26
Total do Mercado	**2.235.788.759**	**100**

Fonte: SUSEP.

Tabela 17 - Estrutura do Mercado de Seguros do Grupo Patrimonial - 2008

Empresas	Faturamento (R$)	Participação (%)
Grupo Unibanco	1.670.491.586	29,53
Itaúsa	576.192.907	10,18
Itaúsa + Grupo Unibanco	**2.246.684.494**	**39,71**
Grupo Bradesco	343.541.136	6,07
Allianz Seguros	336.863.572	5,95
Aliança do Brasil	285.770.068	5,05
Grupo Sulamerica	268.646.014	4,75
Outros	2.176.313.981	38,47
Total do Mercado	**5.657.819.265**	**100**

Fonte: SUSEP.

Tabela 18 - Estrutura do Mercado de Seguros do Grupo Cascos - 2008

Empresas	Faturamento (R$)	Participação (%)
Grupo Unibanco	120.363.811	26,95
Itaúsa	60.130.916	13,46
Itaúsa + Grupo Unibanco	**180.494.727**	**40,41**
Grupo Bradesco	84.988.950	19,03
Grupo Sulamerica	77.791.131	17,41
Grupo Mapfre	45.749.275	10,24
Allianz Seguros	29.176.733	6,53
Outros	28.500.374	6,38
Total do Mercado	**446.701.190**	**100**

Fonte: SUSEP.

Tabela 19 – Estrutura do Mercado de Seguros do Grupo Pessoas – 2008

Empresas	Faturamento (R$)	Participação (%)
Itaúsa	4.672.637.000	15,17
Unibanco	967.189.000	3,14
Itaúsa + Grupo Unibanco	**5.639.826.000**	**18,32**
Grupo Bradesco	10.097.409.000	32,79
Santander + Real Tokio Marine	2.759.798.000	8,96
Brasil Prev	1.630.549.000	5,30
Caixa Vida e Previdência	1.298.906.000	4,22
Aliança do Brasil	896.422.000	2,91
Mapfre	857.568.000	2,79
HSBC Vida e Previdência S/A	844.127.000	2,74
Outros	6.767.736.000	21,98
Total do Mercado	**30.792.341.000**	**100**

Fonte: SUSEP.

Tabela 20 – Estrutura do Mercado de Seguros do Grupo Responsabilidade – 2008

Empresas	Faturamento (R$)	Participação (%)
Grupo Unibanco	110.781.072	20,84
Itaúsa	86.321.218	16,24
Itaúsa + Grupo Unibanco	**197.102.290**	**37,08**
Ace Seguradora	69.535.597	13,08
Allianz Seguros	47.443.393	8,93
Grupo Sulamerica	42.110.461	7,92
Grupo Bradesco	22.445.523	4,22
Zurich Brasil Seguros	21.887.355	4,12
Tokio Marine Seguradora	19.725.346	3,71
Grupo Mapfre	18.778.587	3,53
Chubb do Brasil	17.208.010	3,24
Royal & Sunalliance Seguros	14.512.532	2,73
Outros	60.783.634	11,44
Total do Mercado	**531.532.728**	**100**

Fonte: SUSEP.

94. A leitura das tabelas acima demonstra que a presente operação resultou em participação superior a 20% apenas nos seguintes mercados: i) Grupo Patrimonial; ii) Cascos; e iii) Grupo Responsabilidade. Dessa forma, a análise se aprofundará somente no que tange a esses mercados.

95. A análise da probabilidade de entrada nos mercados relacionados acima será dividida em duas partes: i) entrada de um novo concorrente que não atuava em nenhum grupo de seguro anteriormente e ii) migração de uma seguradora de um grupo para outro.

96. No que tange à primeira parte, a SEAE realizou exaustiva instrução referente a esse aspecto e, da leitura dos documentos e informações coletados, é possível concluir que a entrada não seria provável, apesar de ser aparentemente tempestiva e suficiente.

97. No que se refere ao tempo de entrada, as informações colhidas nos autos revelam um prazo inferior a 2 (dois) anos,[31] o que permitiria concluir pela sua tempestividade. Além disso, há informações favoráveis a uma perspectiva de crescimento do mercado de seguros como um todo[32] que poderia, em tese, absorver uma nova entrada. Essa perspectiva de crescimento apresentada pelas seguradoras é corroborada por uma análise nos dados disponibilizados pela SUSEP:[33]

Tabela 21 – Evolução do Mercado de Seguros Grupo Patrimonial – 2004 a 2010

Período	Mercado (R$ mil)	Evolução
Jul/04 a Jun/05	2.189.688	
Jul/05 a Jun/06	4.833.729	121%
Jul/06 a Jun/07	5.516.292	14%
Jul/07 a Jun/08	5.794.482	5%
Jul/08 a Jun/09	6.423.098	11%
Jul/09 a Jun/10	7.031.050	9%

Fonte: SUSEP.

31. Nesse sentido, ver resposta da Allianz ao Ofício SEAE 9504/2009, do Banco Safra ao Ofício SEAE 9507/2009 e da Zurich ao Ofício SEAE 9503/2009. Apenas a Sulamérica em resposta ao Ofício SEAE 9505/2009 afirmou que não poderia estimar um prazo.

32. Ver resposta da Mapfre ao Ofício SEAE 6972/2009, resposta das requerentes ao Ofício SEAE 6552/2009, resposta do Banco Bradesco ao Ofício SEAE 6971/2009, resposta da Allianz ao Ofício SEAE 9504/2009, resposta da Zurich Brasil ao Ofício SEAE 9503/2009, dentre outros.

33. Os períodos analisados compreendem de Julho a Junho pois os dados disponíveis são até Junho de 2010. Assim, preferiu-se uma maneira de prolongar a amostragem temporal.

Tabela 22 – Evolução do Mercado Consolidado de Seguros – 2004 a 2010

Período	Mercado (R$ mil)	Evolução
Jul/04 a Jun/05	39.409.796	
Jul/05 a Jun/06	46.757.792	19%
Jul/06 a Jun/07	54.229.889	16%
Jul/07 a Jun/08	63.734.341	18%
Jul/08 a Jun/09	70.130.053	10%
Jul/09 a Jun/10	82.537.307	18%

Fonte: SUSEP.

98. A leitura das tabelas acima permite verificar um crescimento significativo, tanto no grupo de seguros patrimoniais quanto no de seguros totais. Ainda que não tenha sido possível analisar o crescimento do mercado do Grupo Responsabilidade e de Seguro de Cascos, pois a SUSEP não fornece seus dados individualmente, a análise do mercado como um todo é suficiente para verificar a existência de demanda potencial que um novo concorrente poderia absorver, uma vez que apenas o mercado de seguro saúde apresenta restrição de atuação.

99. Entretanto, apesar das características favoráveis à entrada verificadas acima, concluo pela ausência de probabilidade de entrada. Primeiro por que causa estranheza, nesse cenário de período reduzido de entrada e crescimento no mercado, a ausência de entrada nos últimos 5 (cinco) anos.[34] Segundo por que essa ausência de novos concorrentes corrobora os indícios apresentados ao longo da instrução de que o conhecimento técnico sobre a área e o canal de distribuição seriam barreiras à entrada significativas:

> "Uma possível barreira técnica é a própria confecção do "Estado de Viabilidade" para a entrada de um produto no mercado pelo seu alto grau de complexidade. Tal documento exige um alto grau de especialização dos profissionais envolvidos. A indisponibilidade de mão-de-obra com capacitação técnica é outro fator relevante.
>
> Quanto às barreiras econômicas e financeiras, *considera-se complexo o processo de comercialização e dificuldade de estabelecer novos canais de distribuição.* Há, ainda, a questão do capital mínimo elevado para o início das

34. Ver Resposta do Banco Safra ao Ofício SEAE 9507/SEAE, da Zurich ao Ofício SEAE 9503/2009, dentre outros.

operações de uma nova entidade (Resposta do HSBC Bank Brasil S/A ao Ofício SEAE 9506/2009, destaques nossos)

Já em relação à exigência técnica, é necessário que as empresas possuam base estatística de determinados ramos de atuação para que seja possível a confecção de nota técnica atuarial que demonstre a viabilidade de atuação em determinado ramo de seguro.

[...]

As barreiras financeiras/econômicas estão ligadas ao capital necessário para atuar em cada ramo/estado, *já as barreiras técnicas se relacionam a base estatística necessária para obtenção de informações mínimas necessárias para criação de nota técnica atuarial que demonstre a viabilidade de atuação em um ramo específico*" (Resposta da Allianz Seguros S/A ao Ofício SEAE 9504/2009, destaques nossos).

100. Assim, da leitura dos trechos elencados acima, é possível concluir pela existência de barreiras técnicas relevantes para a entrada de um novo concorrente no setor de seguros. Entretanto, é necessário ressaltar que essas barreiras são, aparentemente, relativizadas quando da análise da possibilidade de migração entre grupos por parte de empresas já atuantes no setor de seguros.

101. De fato, a legislação atual permite que uma mesma seguradora atue concomitantemente nos três mercados analisados. Nesse sentido, uma empresa que possua autorização para ofertar planos de seguro em mais de um mercado poderá, por alteração na composição de sua carteira de seguros, aumentar a sua atuação em determinado grupo ou ramo. Quando indagadas sobre os fatores relevantes que estimulariam uma migração entre diferentes grupos de seguros, as empresas responderam que:

"São levados em consideração, principalmente, as exigências de Capital Mínimo, *a demanda do mercado*, a concorrência, as margens do produto, a capacidade e o custo de resseguro e a análise de conveniência de diversificação do mix da carteira de cada seguradora" (Resposta do Bradesco Seguros S/A ao Ofício SEAE 6971/2009, destaques nossos).

"Como fatores econômicos/financeiros que estimulam a migração entre ramos de seguros podem ser mencionados, em termos gerais, *a variação de demanda* entre os ramos e/ou posicionamento estratégico e/ou freqüência e severidade na experiência atuarial de uma determinada carteira (grupo de segurados) ou ramo de seguros" (Resposta da Mapfre ao Ofício SEAE 6972/2009, destaques nossos).

102. Ou seja, aumento na demanda de determinado mercado resultante de hipotético aumento de preços por parte das requerentes em virtude de

eventual exercício abusivo de seu poder de mercado poderia servir de estímulo para a migração de seus concorrentes entre grupos de seguros. Entretanto, os seguintes fatores poderiam afetar significativamente a aludida conclusão: i) ausência de capacidade ociosa ou capacidade excessiva suficiente para absorver eventual desvio da demanda e ii) ausência de rivalidade.

103. Com relação ao primeiro fator, ao longo da instrução foi possível perceber que o não exerce influencia significativa nas seguradoras quando da análise de absorção de eventual desvio da demanda. Aparentemente a capacidade das seguradoras relaciona-se ao seu capital e à sua capacidade de resseguro, sendo que ambos podem ser adaptados para se adequar a uma nova situação.[35] Além disso, as requerentes apresentaram significativo estudo sobre a saúde financeira (calculada com base na margem de solvência) de seus principais concorrentes[36] que corrobora os indícios sobre a ausência de preocupação concorrencial no que tange à capacidade financeira deles.

104. Quanto à rivalidade, as tabelas e gráficos abaixo apresentam a evolução das participações de mercado nos anos de 2004 a 2009 para o Grupo Patrimonial, Grupo Responsabilidade e Cascos:[37]

Tabela 23 – Estrutura de Mercado de Seguros do Grupo Patrimonial - 2004 a 2010

Empresas	2004	2005	2006	2007	2008	2009
Itaúsa + Grupo Unibanco	27,10%	39,00%	41,00%	39,70%	36,70%	30,50%
Grupo Bradesco	12,20%	8,70%	7,10%	6,40%	6,30%	6,20%
Allianz Seguros	5,00%	6,00%	6,20%	6,00%	6,10%	7,40%
Grupo Mapfre	0,60%	4,60%	5,00%	4,70%	5,50%	7,30%
Outros	55,10%	41,70%	40,70%	43,20%	45,40%	48,60%
Total	**100%**	**100%**	**100%**	**100%**	**100%**	**100%**

Fonte: SUSEP.

35. Nesse sentido, temos a resposta da Zurich Brasil Seguros ao Ofício SEAE 9503, resposta do Bradesco Seguros S/A ao Ofício SEAE 6971/2009, resposta da Allianz Seguros S/A ao Ofício SEAE 9504/2009 e da Sul América Companhia Nacional de Seguros ao Ofício SEAE 9723/2009.

36. No Memorial de 24 de novembro de 2009

37. Essas tabelas foram apresentadas pelas Requerentes no Memorial de 24 de novembro de 2009. Cumpre ressaltar que a SUSEP apresenta dados individuais apenas para o Grupo Patrimonial. Para manter a coerência da presente análise, entendeu-se por bem utilizar apenas uma base de dados, qual seja, a apresentada pelas requerentes, pois engloba todos os mercados analisados.

Tabela 24 - Estrutura de Mercado de Seguros do Grupo Responsabilidade - 2004 a 2010

Empresas	2004	2005	2006	2007	2008	2009
Itaúsa + Grupo Unibanco	41,40%	42,30%	35,40%	37,00%	31,80%	27,30%
Allianz Seguros	3,50%	5,60%	7,20%	8,90%	11,50%	11,70%
Ace Seguradora	7,50%	9,20%	12,70%	13,10%	10,60%	9,20%
Zurich Brasil Seguros	4,00%	2,90%	3,10%	4,10%	8,00%	11,40%
Grupo Sulamerica	5,90%	4,60%	8,50%	7,90%	7,60%	6,90%
Tokio Marine Seguradora	0,50%	3,40%	5,10%	5,10%	5,20%	4,80%
Grupo Mapfre	0,10%	2,50%	3,10%	3,50%	5,00%	10,80%
Outros	37,10%	29,50%	24,90%	20,40%	20,30%	17,90%
Total	**100%**	**100%**	**100%**	**100%**	**100%**	**100%**

Fonte: SUSEP.

Tabela 25 - Estrutura de Mercado de Seguros de Ramo Cascos - 2004 a 2010

Empresas	2004	2005	2006	2007	2008	2009
Itaúsa + Grupo Unibanco	41,60%	46,20%	29,70%	40,40%	26,50%	32,90%
Grupo Sulamerica	13,40%	14,50%	18,60%	17,40%	2,64%	10,90%
Grupo Bradesco	18,50%	17,10%	26,10%	19,00%	19,40%	14,90%
Grupo Mapfre	0,00%	9,70%	10,60%	10,20%	9,90%	20,50%
Allianz Seguros	2,70%	2,90%	5,70%	6,50%	7,40%	8,40%
Tokio Marine Seguradora	0,30%	0,40%	0,80%	0,50%	3,90%	3,20%
Chubb do Brasil	3,20%	2,90%	3,50%	2,90%	3,80%	4,20%
Outros	20,40%	6,30%	5,00%	3,10%	2,70%	5,00%
Total	**100%**	**100%**	**100%**	**100%**	**100%**	**100%**

Fonte: SUSEP.

105. Da leitura das tabelas e dos gráficos acima é possível uma variação de participação de mercado significativa nos mercados de seguro de responsabilidade e de cascos. Por outro lado, no mercado de seguros patrimoniais, há uma aparente estabilidade de participação das empresas no período analisado.

106. A análise das informações do mercado de seguros patrimoniais apresentadas acima permite concluir pela ocorrência de algum evento significativo entre os anos de 2004 e 2005 que resultou em uma concentração de participação nos maiores concorrentes, impulsionada principalmente por ganhos da Mapfre e do Unibanco. Entretanto, a análise apresentada pelas requerentes

no que tange à margem de solvência de suas concorrentes em conjunto com a rivalidade apresentada a seguir nos demais mercados afetados nos impediria de concluir por uma ausência de rivalidade no seguro patrimonial, ou, pelo menos, pela existência de fatores propícios à existência de um nível de rivalidade suficiente para contestar eventual exercício abusivo de poder de mercado.

107. No mercado de seguros de responsabilidade, verifica-se um aumento de participação das empresas Allianz Seguros, ACE Seguradora, Zurich Brasil e Mapfre e um decréscimo da participação das Requerentes. Também se verifica a diminuição da participação atribuída às demais empresas, o que representa um indício de concentração do mercado nas maiores empresas. Esse movimento, para a espécie, é saudável na medida em que pode inibir eventual exercício unilateral de poder de mercado. Aliás, conforme ressaltado pelas requerentes:

> "Desde 2007, Itaú e Unibanco perderam em conjunto quase 10 pp de participação de mercado. Segundo informação das requerentes, os preços praticados pelo mercado, sobretudo pelas seguradoras estrangeiras, não permitiram que o Unibanco sustentasse os sinistros e custos administrativos deste grupo (Memorial das requerentes de 24 de novembro de 2009)".

108. No mercado de cascos, a volatilidade das participações de mercado também serve de indício da existência de rivalidade, principalmente diante do fato de que o mercado em questão é caracterizado por contratos de valor significativo. Essas alterações, portanto, podem ser justificadas pela alteração de seguradoras por determinados clientes de grande porte. A análise dessas informações é suficiente para caracterizar um nível de rivalidade mínimo desejável para contestar eventual tentativa de exercício abusivo de poder de mercado das requerentes no mercado em questão.

109. Aliás, cumpre ressaltar que as conclusões obtidas a partir das análises dos dados apresentados acima corroboram as respostas das seguradoras oficiadas de que absorveriam eventuais desvios de demanda resultantes de um hipotético aumento de preço de 10% dos produtos ofertados pelas requerentes.[38]

110. Portanto, tem-se que nos mercados de seguro patrimonial, de responsabilidade e de cascos, o cenário atual no que tange às barreiras à entrada, à possibilidade de migração da atuação de seguradoras de um grupo a outro, bem como os indícios de rivalidade apresentados, é suficiente para concluir pela baixa probabilidade de exercício abusivo de poder de mercado em decorrência da presente operação.

38. Nesse sentido, ver a resposta da Allianz Seguros S/A ao Ofício SEAE 9504/2009, do Banco Safra ao Ofício SEAE 9507/2009 e da Zurich Brasil Seguros ao Ofício SEAE 9503/2009.

6.2.2 Previdência

111. A SEAE, em seu parecer, definiu o setor de previdência privada em âmbito nacional como um mercado relevante individual. Essa definição encontra respaldo tanto nas suas características relacionadas à oferta[39] quanto nas características da demanda[40] e também está em consonância com entendimentos anteriores do Plenário do CADE.[41] Dessa forma, adoto a definição sugerida pela SEAE.

112. As tabelas e gráficos a seguir apresentam a estrutura de mercado consolidado – e individualizada para VGBL, PGBL e demais planos – de previdência privada, com base nos valores de contribuições recolhidas, no período de 2005 a 2010:[42]

Tabela 26 – Estrutura de Mercado de VGBL – Contribuição – 2005 a 2010

Empresas	2005	2006	2007	2008	2009	2010
Itaú Vida e Previdência	40,65%	43,17%	40,97%	36,94%	31,77%	33,54%
Grupo Unibanco	3,82%	5,29%	4,30%	5,70%	0,00%	0,00%
Itaúsa + Grupo Unibanco	29,66%	27,66%	28,55%	28,15%	27,65%	19,02%
Bradesco Vida e Previdência	40,65%	43,17%	40,97%	36,94%	31,77%	33,54%
Caixa Vida e Previdência	10,05%	9,17%	7,69%	9,53%	10,39%	9,94%
Brasilprev Seguros e Prev.	6,75%	6,52%	8,03%	9,44%	13,81%	19,59%
Santander Seguros	4,73%	3,74%	3,56%	3,91%	3,63%	9,05%
HSBC Vida e Previdência	3,62%	3,36%	4,05%	4,06%	4,18%	4,66%
Outros	4,53%	6,38%	11,29%	7,97%	8,57%	4,20%
Total	**100%**	**100%**	**100%**	**100%**	**100%**	**100%**

Fonte: SUSEP.

39. Apenas seguradoras que operam nos grupos de vida poderão ser autorizadas para atuar no mercado de previdência complementar, conforme art. 36, parágrafo único da Lei Complementar 109/2001. Entretanto, é possível para um mesmo grupo econômico atuar em todo o setor de seguros, inclusive previdência privada, desde que as atividades de previdência privada e seguro saúde sejam exercidas por pessoas jurídicas distintas das atividades relacionadas a seguros de danos.

40. Obviamente que planos de seguro não são substitutos de previdência complementar.

41. Nesse sentido, ver: AC 08012.005796/2004-00; AC 08012.005368/2010-17; AC 08012.002313/2009-11, dentre outros.

42. Dados da SUSEP. Os dados referem-se ao mês de junho de cada ano.

Gráfico 2 – Estrutura de Mercado de VGBL – Contribuição – 2005 a 2010-08-23

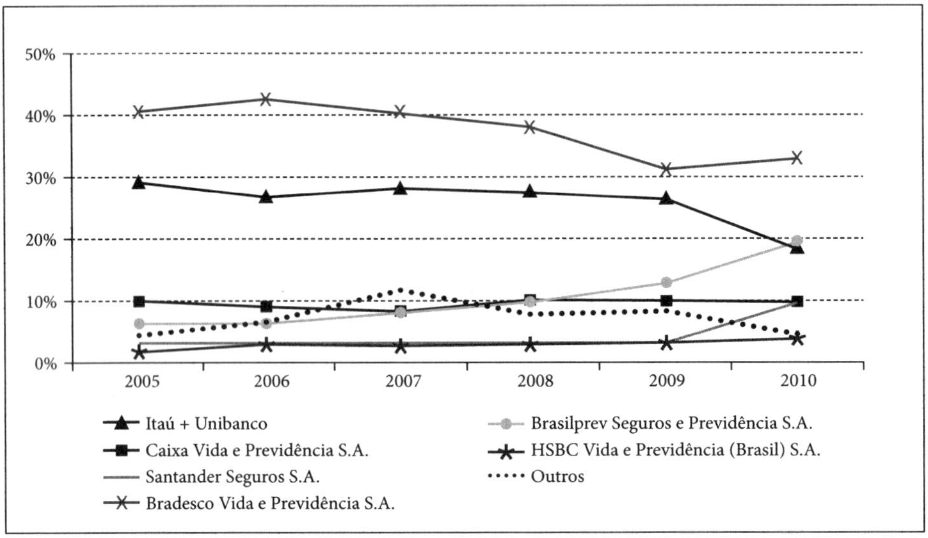

Fonte: SUSEP.

Tabela 27 – Estrutura de Mercado de PGBL – Contribuição – 2005 a 2010

Empresas	2005	2006	2007	2008	2009	2010
Itaúsa	13,70%	14,53%	12,36%	12,38%	20,76%	21,66%
Unibanco	8,89%	7,25%	8,17%	7,70%	0,00%	0,00%
Itaúsa + Grupo Unibanco	**22,59%**	**21,78%**	**20,52%**	**20,07%**	**20,76%**	**21,66%**
Bradesco Vida e Previdência	26,31%	28,72%	26,86%	27,01%	19,00%	22,09%
Brasilprev Seguros e Prev.	17,49%	18,26%	20,75%	21,97%	27,69%	27,54%
Caixa Vida e Previdência	7,59%	6,96%	6,57%	6,20%	6,41%	5,79%
HSBC Vida e Previdência	7,06%	6,25%	6,85%	6,86%	6,55%	6,06%
Icatu Hartford Seguros	4,91%	5,27%	3,53%	3,84%	3,27%	2,80%
Santander Seguros	3,96%	2,91%	2,49%	2,36%	2,35%	5,79%
Outros	10,10%	9,85%	12,43%	11,69%	11,39%	8,26%
Total	**100%**	**100%**	**100%**	**100%**	**100%**	**100%**

Fonte: SUSEP.

Gráfico 3 – Estrutura de Mercado de PGBL – Contribuição – 2005 a 2010

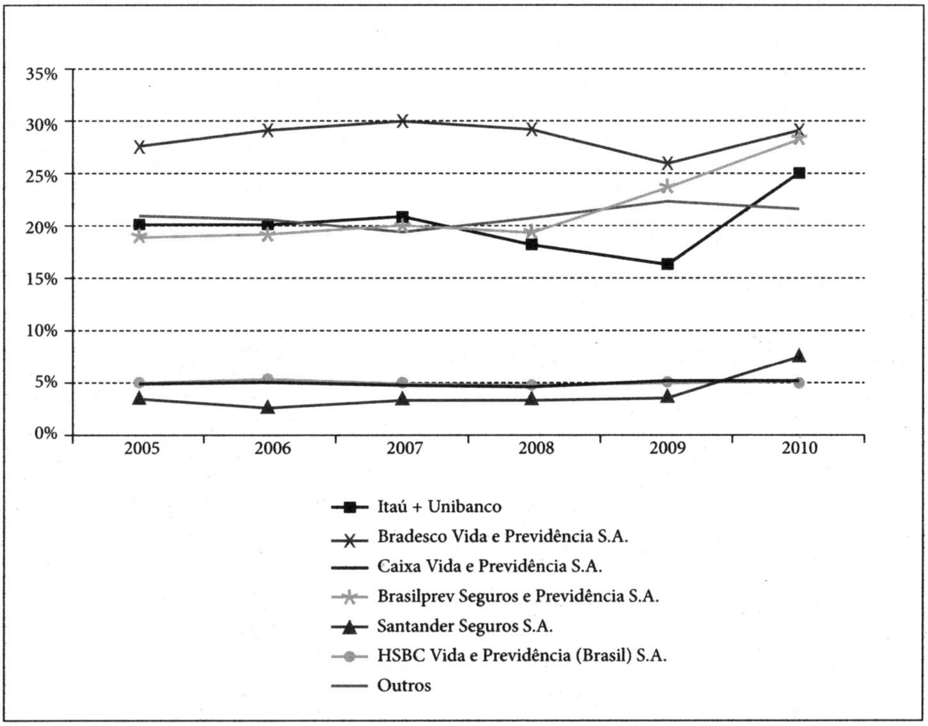

Fonte: SUSEP.

Tabela 28 – Estrutura de Mercado dos Demais Planos de Previdência – Contribuição – 2005 a 2010

Empresas	2005	2006	2007	2008	2009	2010
Itaúsa	8,30%	8,42%	9,67%	9,81%	16,98%	25,23%
Unibanco	12,09%	11,54%	11,13%	8,17%	0,00%	0,00%
Itaúsa + Grupo Unibanco	**20,39%**	**19,97%**	**20,80%**	**17,97%**	**16,98%**	**25,23%**
Bradesco Vida e Previdência	27,31%	29,00%	29,58%	29,00%	26,00%	28,92%
Brasilprev Seguros e Prev.	18,70%	19,23%	19,09%	19,88%	23,06%	28,50%
HSBC Vida e Previdência	4,70%	4,70%	5,22%	5,03%	4,69%	5,66%
Caixa Vida e Previdência	4,63%	4,72%	4,42%	4,39%	4,70%	5,72%
Santander Seguros	3,27%	2,23%	2,42%	2,96%	2,86%	8,46%
Outros	21,00%	20,16%	18,46%	20,77%	21,70%	21,17%
Total	**100%**	**100%**	**100%**	**100%**	**100%**	**100%**

Fonte: SUSEP.

Gráfico 4 – Estrutura de Mercado dos Demais Planos de Previdência Contribuição 2005 a 2010

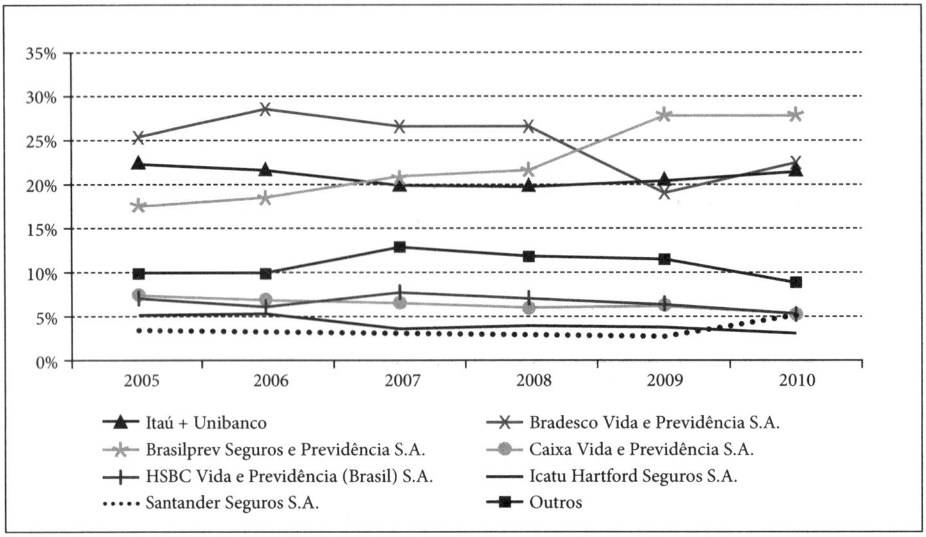

Fonte: SUSEP.

Tabela 29 – Estrutura de Mercado de Seguros Consolidado 2005 a 2010

Empresas	2005	2006	2007	2008	2009	2010
Itaúsa	17,17%	16,84%	18,75%	18,33%	24,67%	20,28%
Unibanco	7,79%	7,51%	6,64%	6,51%	0,00%	0,00%
Itaúsa + Grupo Unibanco	**24,96%**	**24,36%**	**25,39%**	**24,84%**	**24,67%**	**20,28%**
Bradesco Vida e Previdência	33,13%	36,49%	35,99%	33,89%	29,08%	31,47%
Brasilprev Seguros e Prev.	13,11%	12,31%	12,72%	13,38%	17,33%	21,90%
Caixa Vida e Previdência	7,60%	7,45%	6,67%	7,95%	8,77%	8,80%
HSBC Vida e Previdência	4,64%	4,24%	4,75%	4,63%	4,56%	4,98%
Santander Seguros	4,05%	3,14%	3,11%	3,50%	3,32%	8,57%
Outros	12,50%	12,01%	13,83%	11,81%	11,96%	7,60%
Total	**100%**	**100%**	**100%**	**100%**	**100%**	**100%**

Fonte: SUSEP.

Gráfico 5 – Estrutura de Mercado de Seguros – Consolidado – 2005 a 2010

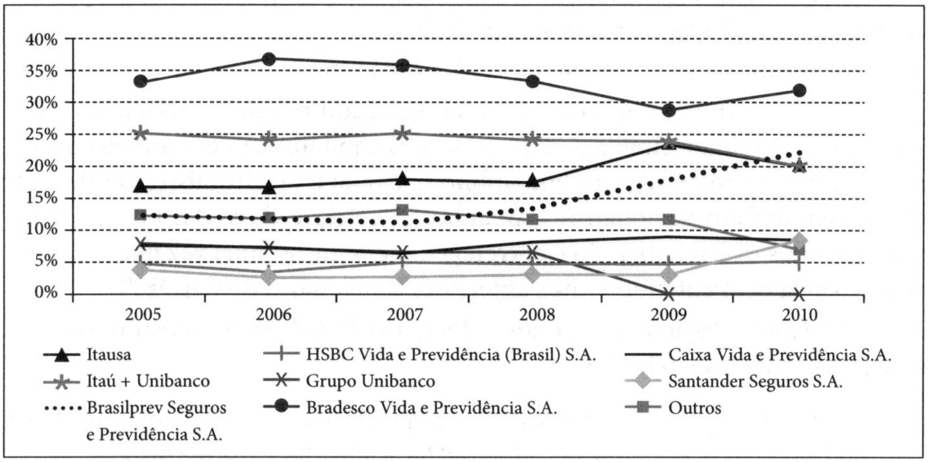

Fonte: SUSEP.

113. A leitura das tabelas e dos gráficos apresentados acima nos permite concluir que, apesar da presente operação ter resultado em uma participação superior a 20% no mercado consolidado de previdência privada logo após a operação, a participação de mercado das requerentes não resistiu nos anos seguintes, mesmo o mercado tendo registrado um crescimento de 18% entre 2005 e 2010, capitaneado principalmente pelo VGBL.[43]

114. De fato, verifica-se uma queda na participação das requerentes de 25,39%, em 2007, para 20,28%, em 2010. Além disso, cumpre registrar a presença de competidores com participação de mercado significativa, quais sejam, Bradesco Vida e Previdência e Brasilprev, sendo que este último praticamente dobrou a sua participação de mercado desde 2005.

115. Esse cenário reforça os argumentos da SEAE sobre a existência de rivalidade no mercado em questão. Tal conclusão é igualmente válida quando analisada individualmente cada atividade que compõe o mercado de previdência privada. A Brasilprev registrou um crescimento substancial tanto em VGBL quanto PGBL, e demais planos de previdência, acima do crescimento do mercado para o período. Ou seja, o aumento de sua participação não resultou do crescimento vegetativo de sua carteira, mas sim de pressão competitiva exercida sobre os consumidores de suas concorrentes.

43. De acordo com os dados da SUSEP, o mercado de VGBL cresceu 153,4% no período analisado.

116. Portanto, acompanho a conclusão da SEAE no que tange ao mercado em análise, e concluo pela baixa probabilidade de exercício unilateral de poder de mercado resultante da presente operação.

7. Demais Mercados de Produtos Não Financeiros

117. A SEAE definiu também como mercado relevante, relacionados às atividades não financeiras das requerentes: i) capitalização em âmbito nacional; ii) corretagem de seguros em âmbito nacional e v) administração de consórcios em âmbito nacional. Acompanho a definição da SEAE no que tange aos mercados de capitalização e corretagem de seguros, uma vez que estão em consonância com entendimentos anteriores do Plenário do CADE.[44]

118. Com relação a consórcios, o Plenário do CADE não costuma adotar a definição sugerida pela SEAE:

> "Segundo a SEAE, com base na jurisprudência do CADE, o mercado de consórcio deve ser definido com base na segmentação fornecida pelo Banco Central do Brasil. Tal segmentação se dá da seguinte forma: Segmento I – bens imóveis; Segmento II – tratores, equipamentos rodoviários, máquinas e equipamentos agrícolas, embarcações, veículos automotores destinados a transporte coletivo; Segmento III – veículos automotores não incluídos no segmento anterior, exceto motocicletas e motonetas; Segmento IV – motocicletas e motonetas; Segmento V – outros bens móveis duráveis; e Segmento VI – serviços turísticos" (Voto do Conselheiro-Relator Carlos Ragazzo no Ato de Concentração 08012.004779/2010-95).

119. No presente caso, entretanto, as requerentes afirmaram[45] que o Unibanco atuava apenas no mercado de consórcio para automóveis por meio das empresas CNF – Administradora de Consórcio Nacional Ltda. e Unibanco Rodobens Administradora de Consórcios Ltda. Assim, defino como mercado relevante apenas a administração de consórcios para automóveis em âmbito nacional.

120. Conforme devidamente ressaltado pela SEAE por elas em seu parecer, as requerentes informaram[46] que as atividades de corretagem de seguros desenvolvidas são integralmente cativas, ou seja, não atuavam para seguradoras alheias aos Grupos Itaúsa e UNIBANCO. Assim, não há necessidade de aprofundamento a análise desse mercado, uma vez que não foi afetado pela presente operação.

---

44. Nesse sentido, ver: AC 08012.001372/2001-15; AC 08012.005499/2006-18, dentre outros.
45. Em sua resposta ao Ofício SEAE 10132/2008.
46. Idem.

121. No que tange ao mercado de capitalização e aos mercados de administração de consórcios de automóveis, as tabelas a seguir apresentam as estruturas de mercado para cada um deles, conforme apresentado pela SEAE em seu parecer:

Tabela 30 – Estrutura do Mercado de Capitalização – Faturamento em 2007

Empresas	Faturamento (R$ Bi)	Participação (%)
Itaúsa	0,87	11,13
Grupo Unibanco	0,58	7,42
Itaúsa + Grupo Unibanco	**1,45**	**18,54**
Banco do Brasil	1,89	24,17
Grupo Bradesco	1,55	19,82
CEF	0,78	9,97
Santander	0,67	8,57
Icatu Hartford	0,62	7,93
Outros	0,86	11,00
Total do Mercado	**7,82**	**100**

Fonte: SUSEP.

Tabela 31 – Estrutura do Mercado de Administração de Consórcios de Automóvel – Cotas em 2007

Empresas	Cotas Ativas	Participação (%)
Itaú Adm. de Consórcio Ltda	23.731	2,81
Fiat Adm. de Consórcio Ltda	48.056	5,69
Unibanco Rodobens	10.515	1,24
CNF Adm. de Consórcio Ltda	19.814	2,34
Itaúsa + Grupo Unibanco	**102.116**	**12**
Total do Mercado	**845.035**	**100**

Fonte: SUSEP.

122. Da leitura das tabelas acima se percebe que tanto no mercado de capitalização quanto no de administração de consórcios de automóvel a participação de mercado resultante da presente operação é inferior a 20%. Logo, tem-se a baixa probabilidade de exercício de poder de mercado decorrente da presente operação.

8. Considerações Finais

123. Ao longo da análise pode ser verificado que a presente operação resulta em participação de mercado superior a 20% apenas nos mercados de: i) Cartão de Crédito em âmbito nacional; ii) Financiamento para aquisição de veículos - Pessoa Física, em âmbito nacional; iii) Empréstimo em moeda estrangeira - Pessoa Jurídica, em âmbito nacional; iv) Grupo de seguros patrimonial em âmbito nacional; v) Grupo de seguros responsabilidade em âmbito nacional; vi) Seguros de cascos em âmbito nacional; vii) Previdência Privada em âmbito nacional.

124. Entretanto, o aprofundamento a análise na dinâmica dos mercados listados acima permite concluir pela existência de rivalidade suficiente que torna pouco provável exercício de poder de mercado. De fato, um indício significativo que corrobora essa conclusão é que nos mercados em que foi possível realizar um estudo das alterações das participações de mercado ao longo dos últimos anos, constatou-se que a participação das Requerentes não se sustentou após a operação.

125. Além disso, estão presentes no mercado outros agentes de grande porte e importância que podem contestar eventual exercício de poder de mercado pelas requerentes. Nesse sentido, destaca-se a presença de bancos públicos, que têm, dentre os seus objetivos, incentivar a concorrência no setor. Apesar de haver sido apontado alhuras que os bancos públicos sejam ineficientes e prejudicariam o bom funcionamento do setor bancário, tenho que desempenham papel fundamental na economia.

126. Assim, mesmo nos mercados em que a participação de mercado foi superior a 20%, é possível concluir pela baixa probabilidade de efeitos negativos ao ambiente concorrencial oriundos da presente operação.

127. No Brasil, os bancos públicos estão presentes em locais e setores econômicos em que a lucratividade é demasiadamente baixa para atrair instituições privadas, conforme ressaltado pelo ex-conselheiro Paulo Furquim no ato de concentração que envolveu Banco do Brasil e Banco do Estado do Piauí:[47]

> "Há um absoluto predomínio de bancos públicos na oferta de serviços bancários no interior do Piauí, região afetada pela presente operação. Pelo

47. AC 08012.011505/2008-38.

perfil de renda dessas localidades e densidade populacional, é evidente que tal predomínio decorre da ausência de lucratividade que motivasse o investimento privado. Esta baixa lucratividade não é, frise-se, resultado de bloqueio à entrada por parte dos bancos públicos, mas conseqüência das condições econômicas locais que não conferem viabilidade econômica à expansão dos serviços bancários àquelas localidades".

128. Os bancos públicos geram, pelo menos, três importantes efeitos positivos na economia: (i) incentivam a eficiência e a competitividade de bancos privados; (ii) reduzem falhas de mercado, desempenhando funções que não seriam realizadas por bancos privados; e (iii) cumprem papel estabilizador em tempos de crise.

129. O primeiro desses efeitos, mais relevante para a presente análise, é decorrente do fato de os bancos públicos cobrarem taxas de juros mais baixas e, assim, forçarem as instituições privadas a se tornar mais eficientes para reduzir as suas tarifas e se manterem competitivas. Yeyati et al. (2007),[48] ao analisar o setor bancário de países da América Latina, aponta que os bancos públicos brasileiros cobram as taxas de juros mais baixas nessa região, chegando a ser cerca de dois pontos percentuais mais baixas que as dos bancos privados. Os dados analisados nesse estudo ainda indicaram que a presença de bancos públicos de fato contribui para a maior eficiência de bancos privados, principalmente em países de renda mais baixa.

130. O papel dos bancos públicos, então, é vital não só para a execução de políticas públicas no seu papel social, mas também para o incentivo à concorrência no setor.

131. De todo o exposto, mesmo nos mercados em que a participação de mercado das requerentes foi superior a 20%, é possível concluir pela baixa probabilidade de efeitos negativos ao ambiente concorrencial oriundos da presente operação.

9. Conclusão

132. Isto posto, *voto pela aprovação incondicional do ato,* adotando como fundamentos, no que couber, os argumentos e conclusões apresentados no parecer conjunto SEAE/SDE e na decisão do Bacen.

É o voto.

Brasília, 18 de agosto de 2010 - FERNANDO DE MAGALHÃES FURLAN, Conselheiro-Relator.

---

48. YEYATI, Eduardo; MICCO, Alejandro; PANIZZA, Ugo. *A Reappraisal of state-owned Banks. Economía*, v. 7, número 2, Spring 2007.

Ato de Concentração 08012.011736/2008-41

– Voto do Conselheiro César Costa Alves de Mattos

Requerentes: Banco do Brasil S.A. (BB) e Banco Nossa Caixa S.A. (BNC)

Advogados: Tercio Sampaio Ferraz Junior, Maria da Graça Britto Garcia, Juliano Souza de Albuquerque Maranhão e outros.

Relator: Conselheiro César Costa Alves de Mattos.

Ementa: Ato de concentração. Aquisição do Banco Nossa Caixa pelo Banco do Brasil. Elevada concentração horizontal em diversos mercados geográficos municipais. Indícios de ineficácia associada a desinvestimentos em localidades específicas, bem como sua desnecessidade nos casos em que a concentração resultar de políticas públicas de bancarização. Falha de mercado típica do setor financeiro associada à assimetria de informação entre as instituições em relação à base de clientes das demais concorrentes. Promoção da concorrência por meio da celebração de Termo de Compromisso de Desempenho, com vistas à redução da assimetria informacional e conseqüente custo de troca.

VOTO[1]

(Versão pública)

1. DA OPERAÇÃO

Trata-se de operação nacional, em que o Banco do Brasil (BB) adquire aproximadamente 71,25% do capital social e votante do Banco Nossa Caixa (BNC). O restante do capital social foi objeto de Oferta Pública de Ações (OPA), nas mesmas condições oferecidas ao controlador (*tag along*). Somente após a OPA, haverá incorporação do BNC pelo BB.

2. FORMALIDADES

Verifica-se que *a taxa processual foi integralmente recolhida* (fl. 26), atendendo ao disposto na Lei 9.781/99, regulamentada pela Resolução 38/05 do CADE.

A operação deve ser conhecida, em razão do critério de faturamento e participação de mercado, dispostos no art. 54, § 3.º, da Lei 8.884/94.

1. A análise técnica e a redação do relatório e voto contaram com o inestimável suporte do assessor Paulo Vinícius Ribeiro de Oliveira, neste caso. Os erros ou imprecisões porventura remanescentes são, naturalmente, de exclusiva responsabilidade do relator.

O primeiro documento vinculativo da operação, o Memorando de Entendimentos, foi apresentado ao SBDC dentro do prazo legal de 15 dias úteis, conforme disposto no art. 54, § 4.º, da Lei 8.884/94, sendo, portanto, *tempestiva a sua notificação.*

3. PARECERES da SEAE, da SDE, da PROCADE e do BANCO CENTRAL

Especificamente em relação aos serviços e produtos não-financeiros, a PROCADE, a SEAE e a SDE concluíram que a operação não traz prejuízos à concorrência e recomendaram a sua aprovação sem restrições.

O Banco Central, por sua vez, analisando os aspectos financeiros da operação, votou por sua aprovação, com algumas condições de natureza comportamental.

4. JUSTIFICATIVA DA OPERAÇÃO

Junto ao BACEN, o BB asseverou que a aquisição do controle acionário da Nossa Caixa se configura como importante etapa para a concretização de sua estratégia de crescimento, além do fortalecimento da sua posição no mercado financeiro nacional. Acrescentou que a operação vem atenuar uma deficiência histórica da presença do BB no Estado de São Paulo, cuja liderança caberia a *bancos privados* como Bradesco e Itaú/Unibanco.

Sustenta que a operação caminha no sentido de consolidar o relacionamento do BB com o setor público, tornando-se agente financeiro do Estado de São Paulo, além de aumentar sua competitividade nacional por meio do ganho de escala e elevação de sua capacidade de crédito, função institucional que adquiria relevo diante do então contexto de crise econômica da época de celebração da operação (2008).

5. DA ANÁLISE

5.1 Breve avaliação do papel dos bancos públicos e a concorrência

A existência de bancos públicos é usualmente justificada pela presença de falhas de mercado que implicariam uma oferta de serviços bancários e/ou de empréstimos inferior ao que seria o socialmente desejável.

Novaes (2007),[2] resgatando análise de Stiglitz, sumaria a fonte deste tipo de falha a qual embasaria a chamada "visão social" sobre o papel dos bancos públicos:

2. Novaes, A. Intermediação financeira, bancos estatais e o mercado de capitais: a experiência internacional. In: Pinheiro, A. e Filho, L. (ed.). *Mercado de Capitais e Bancos Públicos:* análise e experiências comparadas. ANBID. 2007.

> "Como o setor financeiro troca dinheiro disponível no presente por dinheiro no futuro, e a informação não é perfeita sobre todos os estados da natureza possíveis no futuro, esse setor está impregnado de informação imperfeita e, em consequência, o equilíbrio resultante não é pareto eficiente. Isso quer dizer que o Estado pode intervir para melhorar o bem-estar da sociedade".

Tal imperfeição da informação seria ainda mais grave em países com baixa dotação institucional a qual comprometeria a disposição dos bancos privados em financiar atividades de longo prazo. Os bancos públicos constituiriam, portanto, nesta visão, um arranjo de governança mais eficiente para viabilizar o financiamento de longo prazo e, portanto, incrementar o crescimento da economia.

De outro lado, Novaes (2007) e Pinheiro (2007)[3] destacam também a chamada "visão política" do papel dos bancos públicos, análoga à teoria clássica da captura de Stigler, defendendo que tais entes destinam-se, na verdade, a viabilizar aos políticos prover emprego, subsídios e benefícios a seus aliados e não a promover o desenvolvimento. Este problema seria magnificado pelo fato de haver um problema de *moral hazard* na relação do banco com a sociedade pelo qual esta última não teria condições de avaliar se o comportamento dos dirigentes estatais estariam em conformidade com os interesses do bem estar social.

Pinheiro (2007) destaca que a evidência empírica brasileira corroboraria claramente esta "visão política" em contradição à visão de "maximização do bem-estar social". Segundo o autor "a alocação do crédito público não parece consistente com os argumentos desenvolvimentistas ou distributivos: na prática, ela favorece os estados mais ricos e os setores que empregam relativamente menos, pagam salários melhores e têm empresas maiores, e não prioriza, com a notável exceção dos empréstimos ao setor de "outros equipamentos de transporte" (leia-se, Embraer), os setores mais intensivos em atividades de P&D e inovação. Em segundo, a de que não há indicação de que os bancos públicos estejam promovendo o "crescimento econômico de longo prazo" ou o desenvolvimento de seus congêneres privados". O autor, no entanto, reconhece evidência favorável no efeito dos financiamentos do Banco do Brasil sobre o PIB agrícola.

Novaes (2007) reporta alguns resultados importantes da evidência empírica recente sobre o papel dos bancos públicos no mundo que seriam

3. Pinheiro, A. Bancos públicos no Brasil: para onde ir?". In: Pinheiro, A. e Filho, L. (ed.). *Mercado de Capitais e Bancos Públicos:* análise e experiências comparadas. ANBID. 2007.

consistentes a esta visão, não ficando comprovado que "a presença de bancos estatais leve à superação das falhas de mercado ou que o crédito concedido por eles seja direcionado para o melhor uso produtivo". Uma honrosa exceção a este padrão teria sido a Coréia do Sul.

Uma lição destacada pela autora acerca da experiência internacional é que "programas de intervenção estatal têm mais chances de sucesso quando realizados de forma concorrencial, sem subsídios à taxa de juros e com incentivos ao bom desempenho dos encarregados em outorgar créditos".[4]

Dentro do objetivo mais geral de ampliar a oferta de serviços bancários, destaca-se o papel dos bancos públicos na provisão de acesso a serviços bancários em áreas mais isoladas ou não rentáveis para o setor privado, além de clientes de menor potencial de geração de receitas. Ou seja, o banco público teria uma importante função de bancarização, atingindo públicos e finalidades não atendidas pelo setor privado.

Pinheiro (2007), baseado em Yeyati, Micco e Panizza (2004), ressalta ainda que quando os chamados "objetivos sociais" do Estado podem ser "contratáveis", ou seja, a sua verificação pode ser realizada ou medida *ex-post*, então a opção de contratação de um banco privado pode ser superior à ação de um banco público.[5] Já quando se tratam de dimensões menos "contratáveis", a opção por um banco público seria melhor. No entanto, quanto menos contratável for um objetivo, ou seja, quanto menos o cumprimento dos objetivos for contratável, menor a transparência e maior o espaço para interferência política indevida.

Pinheiro (2007), citando Boycko, Schleifer e Vishny (1996), e baseado na "visão política" sobre os bancos públicos, destaca que mesmo a concessão de subsídios públicos tenderia a ser mais eficiente se canalizada por um banco

4. Uma interessante análise sobre os (positivos) mecanismos de incentivo do Banco do Brasil no novo mercado é feito por Guimarães, E. A. (Governança corporativa e empresa estatal: o caso do Banco do Brasil. In: Pinheiro, A. e Filho, L. (ed.). *Mercado de capitais e bancos públicos:* análise e experiências comparadas. ANBID. 2007).

5. Nobrega, M. (Privatização de bancos federais e liderança, in *Mercado de capitais e bancos públicos:* análise e experiências comparadas. Eds. Pinheiro, A. e Filho, L. ANBID. 2007), na mesma linha, também defende que "dificilmente há justificativa para preservar o caráter estatal dos bancos oficiais federais, salvo o caso do BNDES por alguns anos. Hoje, com a solidez, a sofisticação e a capilaridade da rede de instituições financeiras privadas, não há porque falar em falhas de mercado. Nem mesmo a presença em locais remotos pode ser invocada para explicar a manutenção desses bancos nas mãos do Estado, pois o governo pode contratar os respectivos serviços necessários a esses lugares com o setor privado".

privado: "os subsídios que necessitam ser dados a um banco privado para levá-lo a atuar de forma ineficiente são politicamente mais difíceis de obter e explicar do que os lucros perdidos de um banco público. Em outras palavras, é relativamente menos custoso para o ministro influenciar as decisões do banco público, no sentido de apropriar-se privadamente de sua atuação". De outro lado, o custo do regulador em induzir o banco privado a direcionar recursos para projetos com retorno social mais alto também é maior do que um banco público, gerando um claro *trade-off* entre os dois regimes.

Pinheiro (2007), analisando alguns números sobre o desempenho de bancos públicos versus privados nessa área de bancarização e acesso a financiamentos no Brasil, conclui que "os bancos públicos não são a única, nem a melhor forma de promover o acesso ao sistema financeiro", sendo que "a forma ótima de intervenção se dá por meio de bancos privados com regulação não discricionária; no caso, um subsídio às instituições privadas que queiram se estabelecer nessas localidades, concedidos, por exemplo, por meio de leilão público. Isso não apenas reduziria o risco de desvio dessa intervenção para fins políticos, como também seria uma alternativa mais barata", dados os custos administrativos superiores dos bancos públicos.[6]

Outra potencial função dos bancos públicos, de especial interesse para o CADE, é a de fomentar a concorrência. No Brasil, no entanto, a evidência empírica disponível de Coelho, Mello e Resende (2010)[7] indica que os bancos públicos não estariam exercendo tal função. O valor de um banco privado para efeitos de bem estar gerados pela concorrência, segundo os resultados econométricos obtidos, seria superior ao de um banco público.

Cabe enfatizar que praticar juros menores não implica fomentar a concorrência. Na verdade, em qualquer setor da economia, preços menores gerados seja por empresa estatal seja por controles de preços do Estado reduzem a atratividade para novos entrantes, eternizando a necessidade de intervenção, que não será corrigida pela devida sinalização usualmente fornecida pelo sistema de preços.

Pinheiro (2007) ainda acrescenta, baseado em Booz-Allen&Hamilton (2000), o problema gerado pelo "quase-monopólio detido por alguns bancos públicos em certos tipos de intermediação financeira, fruto de uma

6. O autor cita relatório da Booz-Allen & Hamilton-FIPE (2000) que demonstraria que os bancos públicos teriam em relação aos bancos privados, despesas administrativas por agência 22% mais altas, 37% mais funcionários e 81% mais despesas de pessoal por funcionário.

7. Coelho, C.; Mello. J e Resende, L: *Are public banks pro-competitive?* Evidence from concentrated local markets in Brazil. mimeo, 2010.

competitividade construída à base de subsídios ou de exclusividade garantida pelo Estado", o que "traduz um grau desnecessariamente baixo de competição e contestabilidade".

De outro lado, os bancos públicos podem estar se comportando como *mavericks* no mercado, atenuando uma eventual propensão ao exercício de poder coordenado dos bancos privados, tácito ou explícito, e forçando as taxas de juros para patamares mais compatíveis com o que ocorreria em um mercado mais concorrencial. O que não é claro é se a condição de *maverick* se deve ao exercício da função de incremento do bem estar social pelo banco ou se é resultado do fato de que bancos estatais apresentam "*soft budget*", ou seja, são resgatados pelo governo federal sempre que têm problemas.[8]

Cabe reconhecer, porém, que há canais até inesperados a partir dos quais os bancos públicos podem exercer um papel relevante no sentido de fomentar a concorrência. Recentemente, por exemplo, o governo federal procedeu a leilões para o direito dos bancos de pagar a folha de benefícios da seguridade social. Os bancos privados demonstraram reserva em relação à mudança de procedimentos e indicavam que eventualmente nem participariam do certame. Ao final, a sinalização dos bancos públicos de que participariam dos leilões amainou resistências e gerou uma efetiva concorrência pelo mercado de prestação desses serviços, com resultados considerados bastante satisfatórios.

A força da concorrência exercida pelos bancos públicos passa inevitavelmente pela avaliação de suas desvantagens e vantagens competitivas em relação ao setor privado.

De um lado, os bancos públicos no Brasil são executores de políticas públicas diversas - como concessão de crédito ao agronegócio, bancarização, alfabetização de jovens e adultos, inclusão digital, disseminação de tecnologias sociais, fortalecimento da agricultura familiar, por meio do Pronaf, financiamento a exportadores, incentivo a micro e pequenas empresas, melhoria das condições de vida em comunidades quilombolas e indígenas, ampliação do acesso à leitura e à cultura, estímulo e apoio ao voluntariado, entre outras[9] -, o que tende a elevar os custos dessas instituições e colocá-las em desvantagens em relação às demais instituições financeiras que orientam suas políticas para o objetivo mercantil clássico de maximização de lucros.

---

8. Nesse aspecto, vale destacar conforme Nobrega (2007), que "as instituições de defesa da concorrência na Europa têm questionado o caráter estatal desses bancos, pois o mercado imagina que eles serão salvos de quaisquer dificuldades, o que lhes permite captar recursos a taxas mais baixas e exercer concorrência desleal com as instituições financeiras privadas".
9. Relatório Anual do Banco do Brasil, de 2008.

Em contrapartida, os bancos públicos brasileiros detêm a prerrogativa de receber e administrar, privativamente, depósitos judiciais[10] e aqueles decorrentes de programas sociais, sem falar no *soft budget* já mencionado. Saliente-se que somente os depósitos judiciais, no caso presente, correspondem a [CONFIDENCIAL] dos depósitos totais das Requerentes. Somados aos decorrentes de programas sociais resulta em [CONFIDENCIAL] dos depósitos totais de ambas as instituições.

Não obstante esses recursos já estarem direcionados para fins específicos, sua captação gera liquidez no caixa dos bancos, sem falar no baixo custo de captação dos mesmos, que se dá de forma passiva, sem necessidade de uma arquitetura de estratégias concorrenciais.

Quanto a isso, o BACEN lembra que, embora os recursos provenientes de depósitos judiciais e de programas sociais distorçam o real poder de mercado das Requerentes, eles não podem ser desprezados na avaliação do poder de mercado do Banco do Brasil no agregado dos depósitos totais. O BACEN ressalva, no entanto, que o fato de o BB ser obrigado a aplicar grande parte de seus recursos em operações de baixo retorno financeiro, como o crédito rural, contrabalançaria o elevado volume de depósitos judiciais detidos pelo mesmo.

Sem desprezar, portanto, a importância e o ônus que acompanha a atuação dos bancos públicos em seu papel social, a presente análise se aterá a aspectos de natureza concorrencial. As considerações a respeito do papel social do Banco do Brasil serão feitas no momento oportuno, destacando a possibilidade de que em determinadas localidades objetivos de políticas públicas sejam as principais razões para as concentrações verificadas.

A presente análise será dividida em dois segmentos, financeiro e não-financeiro. Em relação ao segmento financeiro, reportaremo-nos à instrução realizada pelo BACEN. No tocante ao segmento não-financeiro, reportaremos, naturalmente, ao parecer da SEAE.

5.2 Segmentos financeiros da operação

5.2.1 Do voto do BACEN

O BACEN considerou o mercado relevante geográfico da operação como o do Estado de São Paulo e nacional, a depender do produto ou serviço

10. A importância da administração de depósitos judiciais foi o motivo do Banco do Brasil impetrar ação (bem sucedida) contra o Bradesco, em razão de este último ter celebrado convênio com os Tribunais de Justiça do Rio de Janeiro e Minas Gerais, para administrar os depósitos judiciais no âmbito daquelas cortes.

financeiro prestado. Apontando algumas limitações na disponibilidade de dados, sua análise baseou-se nos seguintes elementos:

i) Agregados totais (ativos, depósitos) para o mercado geográfico nacional e para o mercado relevante do Estado de São Paulo;

ii) Operações de crédito, segmentado por produto, para o mercado geográfico nacional; e

iii) Eficiências.

[CONFIDENCIAL]

Embora a variação do HHI esteja acima dos 200 pontos, parâmetro utilizado pelo FTC/DOJ para avaliação do grau de elevação da concentração unilateral decorrente de operações no setor bancário, a concentração final está ligeiramente abaixo de 1.800 pontos, limite a partir do qual a concentração pode ser considerada elevada.[11]

[CONFIDENCIAL]

Além disso, salienta o BACEN que uma terceira parte desses depósitos deve-se ao pagamento de salários e proventos, por meio da conta salário, cuja edição da Resolução 2.718/2000/CMN (sic[12]), que assegura aos respectivos beneficiários o direito à escolha da instituição financeira onde desejam manter conta para movimentação de seus recursos, tenderia a reduzir a concentração.

Por conta disso, o BACEN conclui que a estrutura do mercado de São Paulo não será alterada de forma substancial, rejeitando a hipótese de que o Banco do Brasil venha a exercer o seu poder de mercado, seja de forma unilateral ou de forma coordenada naquele mercado.

Saliente-se a participação do BB e BNC no agregado de operações de crédito no Estado de São Paulo:

Quadro I – Participação das Requerentes no Agregado de Operações de Crédito no Estado de São Paulo

[CONFIDENCIAL]

Fonte: Sistema Estban (data-base: setembro de 2008), extraído do parecer do BACEN BCB 093/2009.

11. Destaque-se que aqueles órgãos estão revendo tais parâmetros para cima.
12. A Resolução 2.718/00 foi revogada pela Resolução 3.402/2006/CMN, que, por sua vez, foi alterada pela Resolução 3.424/2006/CMN.

[CONFIDENCIAL]

Nos demais produtos de crédito, onde o C4 > 75% e o HHI > 1800, o BACEN ressalta a ausência de nexo causal ou a variação irrisória decorrente da operação, respectivamente.

Em relação às eficiências, com base nas informações disponíveis no site do BB, que informa valores que variam entre R$ 2.292 milhões a R$ 3.250 milhões, o BACEN conclui que as sinergias resultantes da operação contribuem para minimizar as possibilidades de o BB vir a se comportar de forma anticompetitiva no Estado de São Paulo, pois os ganhos advindos da mesma tornam menores as chances de que aquela instituição venha a praticar aumento de preços.

[CONFIDENCIAL]

Embora a análise empregada pelo BACEN faça todo sentido quando adotado o ponto de vista do mercado geográfico nacional ou do Estado de São Paulo e aplicado a clientes de médio e grande porte, pode não ser eficaz para avaliar os efeitos da operação sobre o consumidor de porte reduzido. A preocupação com esse tipo de consumidor se justifica em razão do seu reduzido poder de barganha, inclusive por sua baixa mobilidade geográfica, e da dificuldade de acesso a crédito, se comparado com clientes de grande porte.

A análise empreendida pelo BACEN, no entanto, é bastante útil para o caso de cidades de maior densidade populacional e renda, como São Paulo – capital, Osasco, Ribeirão Preto, Campinas, Guarulhos, Santos, por exemplo. Ou seja, é plausível que essas cidades reproduzam o cenário apresentado para o Estado de São Paulo. Nas demais localidades, no entanto, onde a densidade de ofertantes não se assemelha àquela do Estado de São Paulo como um todo, a analogia se torna menos eficaz.

Todavia, a limitação de dados nos impossibilita de superarmos essa falha, caso optemos por conduzir a análise com base nas informações sobre as operações de crédito. Por essa razão, a presente análise buscará chegar aos mercados geográficos mais pertinentes ao consumidor de porte reduzido, por meio do segmento de depósitos.

5.2.2 Introdução à delimitação dos mercados relevantes

As Requerentes ofertam diversos produtos específicos, constituindo um vasto portfólio, com características diversas. Assim, no segmento de operações de crédito, por exemplo, temos financiamento habitacional, hipotecário, à importação, aquisição de bens veículos ou outros bens, desconto de cheques, desconto de duplicatas, capital de giro, entre outros. No segmento de depósitos, por sua vez, temos depósitos à vista, à prazo, poupança, interfinanceiro e outros.

Todavia, considerar cada produto como um mercado específico, além de tornar excessivamente custosa a análise concorrencial, seria desprezar a substituibilidade e os vasos comunicantes entre os diversos produtos, do ponto de vista da oferta, bem como o fenômeno dos *clusters* e das vendas casadas de produtos e serviços bancários - os chamados pacotes de serviços, transacionados com uma tarifa única, menor que a soma das tarifas dos serviços ofertados individualmente.[13]

Desse modo, muito embora a definição de mercado relevante seja usualmente feita sob o ponto de vista da demanda, a elevada substituibilidade do ponto de vista da oferta, associada à mencionada dificuldade em segmentar os mercados para cada produto, tende a encaminhar-nos para adotar o ponto de vista dos "processos produtivos" próprios ao setor financeiro, como ponto de partida para a análise, o que levaria a agregação dos produtos de crédito em um todo, ou, ao menos, em alguns pacotes de produtos consolidados.

Assim, não nos parece apropriado, no mercado de crédito, calcular o grau de concentração de duas firmas no mercado de empréstimo rotativo de cartões de crédito, por exemplo, e desprezar as firmas ofertantes de outras formas de crédito para pessoa física, como, talvez, o cheque especial. Como o ativo ofertado é sempre "dinheiro" e as demais instituições já incorreram em praticamente todos os custos afundados para ofertarem aquele outro tipo de crédito, essas instituições podem facilmente ofertar produto diverso em caso de aumento de preços pelas firmas ofertantes e, portanto, devem ser consideradas para cálculo efetivo da parcela de mercado das requerentes.[14]

Com efeito, adotar o ponto de vista da oferta, deverá nos conduzir ao mesmo resultado final de adotar o ponto de vista da demanda para definição do mercado relevante, pois, neste último caso, na hipótese de eventual concentração em determinado segmento de produto, a análise passaria a considerar, também, as condições de entrada ou incremento das operações no segmento

13. Os pacotes podem apenas formalizar *clusters* (Organização para a Cooperação e Desenvolvimento Econômico - OCDE, 2000).

14. Ainda, os clusters e os pacotes de produtos, ao serem considerados, tendem também a conduzir-nos à agregação de produtos, agora do ponto de vista da demanda. Todavia, não de maneira determinante, haja vista a existência de diversos produtos que podem ser consumidos fora do cluster ou pacote, ou podem simplesmente não ser consumidos por todos os clientes que consomem clusters de produtos.

pelo redirecionamento dos recursos dos bancos utilizados de uma para outra linha de crédito.[15]

Adotando essa linha, podemos considerar dois grandes segmentos de atividade das Requerentes: o segmento de operações de crédito e o de depósitos bancários.

5.2.2.1 Segmento de operações de crédito

Se é verdade que a substituibilidade na oferta tende a agregar o mercado de crédito na dimensão produto, por outro lado, é certo também que o problema da assimetria de informação e do papel dos bancos como "monitores" do comportamento dos tomadores de recursos, tende a levar à segmentação. Essa segmentação se daria por perfil de consumidores.

De fato, o acesso à informação em relação a cada cliente bancário específico está relacionado com a remuneração do crédito cobrada desses mesmos clientes. Quanto mais obscura for a situação do tomador de recursos em relação aos demais ofertantes de crédito, frente ao banco de onde é correntista, menor a possibilidade desse tomador obter condições vantajosas nesse tipo de operação, tanto nos demais bancos (pela carência de informação), como no próprio banco (pela incapacidade de barganhar, em decorrência da mesma carência de informação dos demais bancos). O risco de inadimplência ou mesmo a insegurança do emprestador são precificados, gerando uma pressão de alta sobre o *spread*.

A relação do cliente de um banco com outros bancos constitui um clássico problema de seleção adversa com as falhas de mercado associadas. Esta falha de mercado, por sua vez, coloca o agente relativamente mais informado, que é o banco do cliente, em posição de vantagem. Quanto mais agudo o problema de seleção adversa, mais espaço o banco do cliente possui para se posicionar como um quase monopolista na prática frente ao cliente. E o problema de seleção adversa tenderá a ser naturalmente mais agudo quanto menos renda e riqueza tiver o cliente, o que se verifica para as pessoas físicas, especialmente os mais pobres, e para as pequenas e médias empresas. No limite, o mercado relevante seria o próprio banco. No entanto, havendo pedaços de informação que estão associados com a localidade do banco, não sendo detidos apenas pelo banco no qual um conjunto de clientes é correntista, os mercados se expandem para fora das fronteiras do banco, mas não passa do município ou eventualmente área maior.

15. Ver nota de rodapé n. 3.

A política comercial adotada por diversos bancos manifestada nesse processo parece corroborar essa assertiva, ao segmentarem os clientes por faixa de renda, dedicando tratamento diferenciado para empresas de maior porte econômico, no tocante à negociação das taxas de juros. Além de uma potencial relação positiva entre a capacidade de repagamento e o tamanho do cliente, o que diminui o risco e, portanto, o *spread*, é razoável postular que se acrescenta o fato de que há menos disponibilidade de informações sobre a situação financeira e seu comportamento em relação à adimplência/inadimplência de empréstimos[16] dos clientes menores fora de seus respectivos bancos.

De fato, esse problema afeta distintamente os pequenos tomadores de recursos - pessoas físicas e empresas de porte reduzido,[17] pois estes, do ponto de vista das instituições concorrentes, são mais opacos no tocante às informações financeiras pessoais. Assim, a instituição onde o cliente possui conta corrente, em sendo depositária e agente intermediário de pagamentos dos seus clientes - além de prestador de diversos serviços -, obtém informações sobre sua situação financeira e seu comportamento, o que lhe assegura vantagem competitiva informacional em relação às instituições concorrentes (BOOT, 2004).[18]

Com base nessas premissas, o pequeno cliente, por sua vez, procura a agência com a qual mantém relacionamento, para obter recursos em condições mais vantajosas.

Saliente-se que essa assimetria de informação tende a acentuar as desvantagens competitivas também na proporção da distância geográfica entre a agência bancária e o cliente, especialmente o pequeno cliente.

De fato, não obstante a crescente integração entre mercados financeiros dos diversos países ao redor do mundo, estudo de autoria de FARINA e FERREIRA (2005) conclui que as instituições locais mantém sua importância, devido às mencionadas assimetrias informacionais envolvidas na concessão do crédito e, ainda, ao papel dos bancos como monitores dos tomadores.

---

16. Para a mesma renda, dois clientes diferentes terão disposição a pagar suas dívidas também diferentes, o que depende até de fatores subjetivos como o custo de reputação de mau pagador sentido por cada um.
17. Podemos considerar como pessoas jurídicas de "porte reduzido" as micro e pequenas empresas e, em certa medida, as médias empresas. Há alguma indicação nos autos de quais empresas se enquadrariam nessa definição, sob o ponto de vista do faturamento. Para a presente análise, no entanto, não será necessário concluirmos esse ponto, como se verá mais à frente.
18. BOOT, Arnoud. Financial Services: consolidatin and strategic positioning. In NEUMANN, Manfred e WEIGAND, Jürgen (Org.). *The International Handbook of Competition*. Northampton, MA, USA: Edward Elgar, 2004. cap. 5.

O estudo observa a existência de evidências empíricas que mostram uma grande dispersão sistemática dos spreads bancários brasileiros entre as diversas instituições (citando NAKANE e KOYAMA, 2003) e uma situação em que os bancos protegem-se da competição, criando nichos de mercado e cobrando taxas elevadas nas operações de crédito, amparados pelas necessidades de monitoramento e pela heterogeneidade da demanda.

O estudo busca a explicação para essa dispersão dos spreads no mercado, concluindo que as características microeconômicas intrínsecas aos bancos não explicam o comportamento observado.

Os resultados empíricos confirmam a hipótese teórica do modelo, verificando-se que nos mercados em que há maior número de agências a oferta de crédito é relativamente maior. Verificou-se, ainda, que a concentração afeta distintamente o mercado de crédito e o de depósitos. Finalmente, o trabalho observou maior concentração de agências onde há maior concentração de riquezas e pessoas.

Embora fazendo referência aos argumentos em favor da redução das vantagens relacionadas à proximidade,[19] os autores referem-se, por outro lado, a diversos trabalhos empíricos que também destacam a importância da proximidade na concessão de crédito (COLE, 1998; CORVOSIER; GROPP, 2001). Dessa forma, considera-se que o custo de monitoramento é proporcional à distância entre o banco e o cliente. Isto acrescentaria uma outra fonte potencial de problemas informacionais: o *moral hazard* relativamente maior dos bancos geograficamente mais distantes em relação ao comportamento do tomador.

É intuitivo que essa relação seja acentuada quando se refere ao cliente de pequeno porte, enquanto as informações sobre a situação financeira e comportamento dos clientes de grande porte podem ser acessadas por outros bancos em um espaço geográfico muito mais ampliado, a nível nacional ou mesmo internacional. Sociedades anônimas cotadas em bolsa e que são obrigadas a publicar seus balanços, por exemplo, possuem informações sobre elas próprias relativamente muito mais acessíveis a outros bancos do que outras empresas. Isto mitiga tanto o problema de seleção adversa como *moral hazard* dos bancos mais distantes em relação a estes clientes. Ou seja, tem-se que a assimetria de informação tende a segmentar o mercado pelo porte dos clientes bancários, bem como reduzir geograficamente o mercado para o caso de clientes de porte reduzido.[20]

---

19. Devido às tecnologias de acesso remoto.

20. Essa conclusão encontra respaldo no estudo de AMEL, Dean F., KENNICKELL, Arthur B. e MOORE, Kevin B. *Banking Market Definition: Evidence from the Survey of Consumer Finances*. Finance and Economics Discussion Series Divisions of

Dado o exposto até aqui, a definição do mercado relevante no segmento de operações crédito – tanto na dimensão produto, como geográfica –, deve levar em consideração três variáveis: i) a substituibilidade do ponto de vista da oferta que tende a consolidar os vários produtos de crédito; ii) os efeitos da assimetria de informação que gera diferenciação, inclusive espacial, entre os emprestadores; e iii) o fato destes mesmo problemas de assimetria de informação, tanto por seleção adversa como moral hazard, alcançarem principalmente as pessoas físicas e as micro e pequenas empresas.

Enquanto a primeira variável tende a agregar os produtos em um todo, a terceira variável tende a segregá-los de acordo com o perfil dos clientes. A segunda variável, por sua vez, tende a tornar relevante a localidade como espaço geográfico de competição.[21]

Para a análise da presente operação, deixaremos de lado mercados que não evidenciam problemas concorrenciais, para nos concentrarmos naqueles mais sensíveis. Nomeadamente, os mercados de operações de crédito para grandes empresas e corporações não serão objeto da presente análise. A razão para isso, que se deduz do exposto acima é que estes clientes não sofrem de restrições de informação, eis que são facilmente conhecidos das instituições, em âmbito nacional, detêm maior poder de barganha, além de facilidade de obtenção de crédito no mercado de capitais. BOOT (2004), de outro lado, defende que mesmo o mercado de capitais não apresenta as vantagens competitivas encontradas nos bancos, em termos de acesso a informações. Assim, uma empresa tomadora de empréstimos deve estar preparada para revelar informações proprietárias a seu banco, enquanto jamais disseminaria essas informações no mercado de capitais.

Concluímos, portanto, que, em relação às operações de crédito, o mercado relevante geográfico é menor que o nacional, chegando, no limite ao mercado municipal de oferta de crédito para pequenos consumidores. Reconhecemos que os efeitos da operação podem extrapolar os limites geográficos do município e, ao mesmo tempo, serem mitigados pela influência do município vizinho. O DOJ costuma atentar para uma análise geograficamente mais ampla que a área das localidades consideradas como relevantes, quando percebe que

Research & Statistics and Monetary Affairs. Federal Reserve Board, Washington, D.C., 2008.

21. Se adotássemos o Guia para análise de atos de concentração da SEAE/SDE, chegaríamos a conclusão diversa, pois é certo que os bancos nacionais, diferentemente dos bancos americanos, definem uma série de políticas e estratégias de modo mais centralizado e relativamente menos segmentado por localidades. Isso gera implicações não desprezíveis, como veremos adiante.

a região de influência da instituição envolvida na operação justifique a medida. De qualquer forma, não acreditamos que este mercado local, na prática, possa ir muito além do município. Assim, por simplificação e precaução na análise, assumiremos os mercados geográficos destes mercados de produto como municipais.

As Requerentes nos informam, no entanto, por meio de resposta ao Ofício CADE 1479/2010, que a definição de taxas de juros por parte do Banco do Brasil não considera as informações colhidas a partir do relacionamento pessoal do pequeno cliente com a gerência local. Isto implica dizer que a Requerente não se beneficiaria da proximidade com esse tipo de clientela e do maior acesso a informações daí decorrente para precificar as operações de crédito de maneira vantajosa em relação às demais instituições financeiras concorrentes.

A justificativa para tanto é que os ganhos de escala oriundos de estratégias comerciais nacionalmente unificadas mais do que compensa o que o banco deixa de ganhar ao abrir mão de um atendimento personalizado para a grande massa de clientes correntistas. Desse modo, somente os clientes de maior porte financeiro poderiam receber tratamento mais personalizado na negociação de taxas para operações de crédito, com insumos informacionais provenientes da agência. Ora, clientes de grande porte, como já mencionado acima, não se limitam às áreas circunvizinhas da agência bancária, mas negociam o acesso ao crédito em nível geográfico nacional.

Para saber se a estratégia adotada pelo BB se assemelha às demais instituições localizadas no Estado de São Paulo, consultamos outras instituições que atuam no Estado de São Paulo, por meio dos ofícios CADE 1536/2010, 1537/2010, 1538/2010 e 1539/2010. Verificamos que a estratégia dessas empresas concorrentes se assemelha à do BB. Certamente, essa é uma particularidade a ser observada na aplicação da doutrina internacional à realidade nacional, tendo em vista que os bancos aqui atuam em âmbito nacional, ao passo que nos EUA, por exemplo, a atuação dos mesmos se dá, originariamente, em níveis mais localizados.

No entanto, não obstante os clientes de menor porte gozarem de pouca flexibilidade de barganha junto à sua agência local na obtenção de melhores condições nas operações de crédito, a delimitação do mercado geográfico como sendo municipal não se altera, necessariamente.

Primeiramente, porque o relacionamento pessoal do cliente com o gerente de sua conta cria um ambiente propício de troca de informações, em que o gerente, conhecendo do perfil do correntista e, muitas vezes, da situação profissional, familiar, patrimonial, entre outras, encontra-se em condições de oferecer os produtos que atendem melhor ao perfil daquele cliente. Em certos casos, mesmo a definição de taxas de juros poderia ser negociada de forma personalizada para micro e pequenas empresas. E o que se depreende da resposta das Requerentes ao Ofício CADE 1479 (fl. 364 do ANEXO "informações complementares"). Ao serem indagadas a respeito da influência da portabilidade de crédito sobre o ambiente de negociações entre o cliente e o seu banco de origem, as Requerentes incluíram na resposta que "no caso de Micro e Pequenas Empresas, casos da espécie, quando apresentados, são tratados pontualmente, em alçada superior à das respectivas agências".

Portanto, ainda que a negociação envolva "alçada superior" na negociação, é inegável o papel do gerente como interlocutor da negociação e receptor da demanda desses clientes, que se dirigem à agência local para realizar a negociação. Havendo qualquer tratamento pontual dos casos, presume-se que a análise vá além das informações que alimentam os softwares de avaliação nacional de crédito de cada banco. Ademais, nesses casos, nos parece inevitável que seja o gerente que fará o papel de "filtro" no encaminhamento dessas demandas às alçadas superiores. E é muito razoável que a informação disponível do gerente sobre o solicitante tenha pelo algum papel na concessão do crédito, ainda que definido nas alçadas superiores. Segundo, o cliente bancário de porte reduzido, como se verá na seção seguinte, leva em conta a proximidade da agência na decisão de abrir sua conta.

Segundo, várias dimensões da concorrência por qualidade de atendimento na agência continuam importantes, mesmo com uma significativa unificação no âmbito nacional dos critérios e estratégias de concessão de crédito e tarifas bancárias. A questão da qualidade do atendimento é importante especialmente para os pequenos depositantes que fazem ainda muito uso dos serviços bancários indo direto à agência.

De fato, o BB informa que [CONFIDENCIAL]. Correntistas maiores utilizam relativamente mais os serviços bancários pela internet e pelos caixas eletrônicos, o que configura um escopo de serviço de abrangência, de fato, nacional. A própria política tarifária, em certa medida, também apresenta alguma flexibilidade no âmbito da agência, porquanto "os gerentes de agências possuem alçada que permite flexibilizar tarifas para clientes sem adesão ao Pacote de Serviços", conforme afirmado pelas Requerentes na resposta ao mencionado ofício CADE 1479/2010 (fl. 362 do ANEXO - "informações complementares").

Desse modo, entendemos que, do ponto de vista da demanda, a concorrência ainda possui uma componente de natureza local, ainda que menor do que o indicado na jurisprudência antitruste de outros países, com grande foco no papel da assimetria informacional como fonte de diferenciação de condições de crédito.

Saliente-se ainda que, mesmo do ponto de vista da oferta, também não se pode desprezar as especificidades de cada localidade na definição de estratégias de expansão das instituições. Ainda que estas não concorram por preços em relação aos pequenos clientes, a presença local é importante para a prospecção dos mesmos.

Um outro indicativo importante sobre características locais da concorrência relaciona-se à própria justificativa apresentada pelas próprias Requerentes na petição inicial. É reconhecida a necessidade da presença local para atender à sua estratégia de crescimento, sustentando que a operação vem atenuar uma deficiência histórica da presença do BB no Estado de São Paulo, cuja liderança caberia a *bancos privados* como Bradesco e Itaú/Unibanco.

Portanto, também do ponto de vista da oferta, concluímos que a presença local é determinante na concorrência pelos clientes bancários.

5.2.2.2 Segmento de depósitos bancários e sua utilização na presente análise como indicativo das operações de crédito

O mercado de depósitos bancários inclui produtos diversos, como depósitos à vista, à prazo[22] e caderneta de poupança.

Nos estudos de FARINA e FERREIRA (2005), mencionados acima, foi observado que as operações de depósitos dispensam monitoramento e, por essa razão, inserem-se num mercado mais competitivo.[23]

22. Títulos nominativos pré ou pós fixados, em que a taxa e o prazo são negociados pelo investidor. Voltado para pessoas físicas e jurídicas correntistas que buscam negociar a rentabilidade e o prazo de suas aplicações e estejam dispostas a investir em aplicação com baixo nível de risco. Os tipos são CDB e RDB. O CDB é um título de crédito e o RDB é um recibo. Ambos são emitidos pelos bancos comerciais e representativos de depósitos a prazo feitos pelo cliente. A principal diferença entre CDB e RDB é que o CDB, sendo um título, pode ser negociado por meio de transferência. O RDB é inegociável e intransferível. As aplicações estão sujeitas a um prazo mínimo que varia dependendo do tipo de remuneração contratada (Disponível em: http://www.bnb.gov.br/content/aplicacao/produtos_e_servicos/cdb_rdb/gerados/deposito_aprazo.asp e http://www.bcb.gov.br/pre/bc_atende/port/aplica.asp#cdb-rdb. Acesso em: 01.07.2010).

23. O trabalho refere-se a CORVOSIER (2001) e GROPP (2002) como fontes de observação empírica da maior contestabilidade do mercado de depósitos.

Além disso, os autores se baseiam nos avanços tecnológicos como argumento para resistir à hipótese de que os clientes poderiam ter custos de deslocamento para a agência com o objetivo de realizar operações e obter informações sobre a saúde financeira da instituição.

De fato, em relação à saúde financeira da instituição, os seguros depósitos dispensam esse cuidado para os pequenos depositantes e, mais ainda, o referencial de segurança não está na agência bancária, mas em toda a instituição financeira. É forçoso pensar que o consumidor não procura o Banco do Brasil porque confia na solidez daquela agência específica, mas considerando a instituição como um todo. Assim, não é necessário ir à agência para "verificar se a instituição tem saúde financeira", até porque essa verificação, nada trivial, não está, usualmente, ao alcance do cliente médio.

Em relação aos avanços tecnológicos e a condução de operações financeiras de forma remota, realmente as transações via remota respondem pela maior parte das transações realizadas pelos clientes do Banco do Brasil.

Calcado na estratégia de auto-atendimento, os canais automatizados do BB responderam por 91.1% das transações realizadas pelos clientes no ano de 2008. Ou seja, o cliente, em sua maioria, não precisa ir a agência na qual tem conta para realizar transações. Acrescente-se a isso o fato de o BB ter firmado parceria com os bancos Bradesco, Banco do Estado de Santa Catarina e Banco Popular do Brasil, no sentido de seus clientes poderem realizar transações por meio de suas redes de atendimento, realizando externalidades de rede significativas entre os bancos.

No segundo semestre de 2008, foram firmados acordos de compartilhamento de terminais de auto-atendimento com o Banco de Brasília (BRB), Banco Estado do Rio Grande do Sul (Banrisul) e Banco Nossa Caixa (Nossa Caixa), com início de funcionamento previsto para o primeiro trimestre de 2009.

Além dos caixas das agências e dos TAAs, o Banco do Brasil oferece várias outras opções de acesso aos serviços bancários, tais como: Internet, Gerenciador Financeiro (internet banking para pessoas jurídicas), POS (máquinas de cartões de crédito e débito dos estabelecimentos comerciais), telefone, fax e mobile banking (wap). No final do período, o BB contava com 0,7 milhões de clientes aptos a utilizar o serviço de mobile banking e 8,6 milhões de clientes que utilizavam o canal internet, o que mantêm a liderança do BB em internet banking.[24]

O quadro a seguir apresenta as transações automatizadas por canais, no período de 2007 a 2008:

24. Relatório anual de 2008 do Banco do Brasil.

Quadro IV – Distribuição dos Canais de Atendimento do Banco do Brasil (milhões)

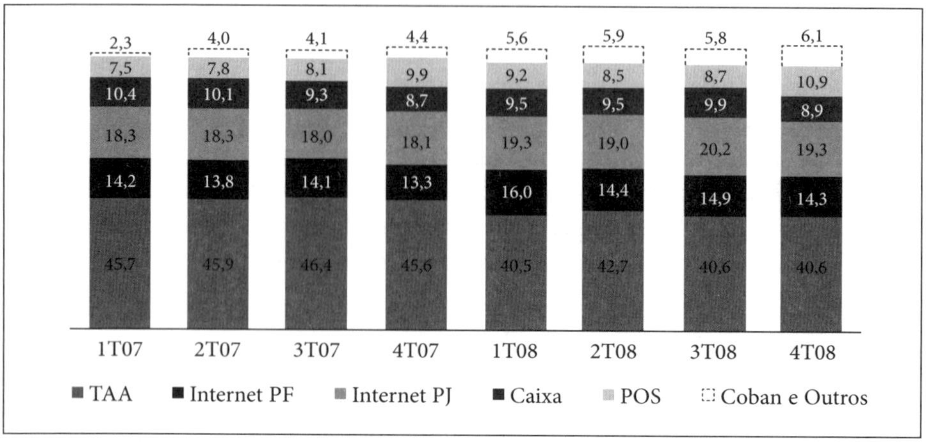

Especificamente em relação às pessoas físicas, o relatório de 2007 informa que 13,3% das transações realizadas via canais automatizados, foi feita via internet por pessoas físicas, o que significa dizer que a 11,97% do total de operações realizadas pelos clientes do Banco do Brasil em 2007 foram feitas via internet.

Já no ano de 2009, verificou-se uma evolução da situação anterior. Em dezembro de 2009, 29% das operações foram realizadas via internet e 56% por terminais de autoatendimento, os quais não obrigatoriamente estão localizados na própria agência bancária. E se estão, usualmente ficam do lado de fora, tendo como único serviço prestado pela agência (mas não sempre) um funcionário encarregado de auxiliar a operação dos terminais pelos clientes. O gráfico abaixo mostra as participações recentes:

Quadro V – Participações dos Canais no Total das Transações – dez. 2009

[CONFIDENCIAL]

O uso da internet e dos demais canais automatizados, tende a romper barreiras geográficas que podem implicar um redimensionamento do mercado relevante, principalmente, no caso do BB, para clientes com renda acima [CONFIDENCIAL].

Observa-se, no entanto, que a importância da agência local é marcante para clientes com renda até R$ 2 mil, como se observa do gráfico abaixo, relação invertida comparativamente aos outros estratos.

Quadro VI - Participação dos Diversos Segmentos no Volume de Transações Realizadas na Agência - dez. 2009

[CONFIDENCIAL]

Portanto, os depósitos bancários são um indicador da dimensão da base de clientes de cada instituição,especialmente dos pequenos clientes. No entanto, o fato de que um grande volume de depósitos pode referir-se a muitos pequenos depositantes, ou, de modo diverso, a poucos grandes depositantes, pode gerar distorção na estatística. Assim, o *market share* dos depósitos constitui uma variável mais observável que serve como *proxy* da participação das instituições nos mercados considerados relevantes para a operação.

Desse modo, o mercado de depósitos nos aproxima da participação das instituições na oferta de crédito e na oferta de serviços bancários em geral. E a importância dos depósitos como *proxy* para os produtos ofertados é acentuada pelos efeitos de *cluster* que atingem os produtos bancários.

MELLO (2008) lembra que a idéia de cluster foi estabelecida no caso *US versus Philadelphia National Bank* (1963). De acordo com essa idéia, *os consumidores relevantes (firmas pequenas e pessoas físicas) concentram a demanda por todos os serviços bancários em um banco ou poucos bancos. Mais uma vez a idéia de clustering se aplica mais aos citados consumidores do que às grandes corporações.*[25]

A questão do *clustering* está associada com outro importante custo de troca para os clientes dos bancos, que reforça os efeitos de *lock* in, qual seja, a tendência natural do correntista em reduzir os custos de procura na aquisição de outros produtos financeiros. Assim, o cliente de um banco tende a adquirir, por exemplo, cartões de crédito emitidos pelo banco no qual tem conta corrente, comportamento que provoca a constituição dos mencionados *clusters* de produtos.

De certa forma, até mesmo as políticas de precificação adotadas pelas instituições bancárias nacionais tendem a reforçar esses efeitos de *lock in,* ao incluir, entre os critérios de precificação das operações de crédito, além de tarifas bancárias, o tempo de relacionamento do cliente com o banco. Esse fenômeno foi objeto de estudo levado a cabo por ALENCAR, RODRIGUES & TAKEDA (2005), em que se estimam os custos de transferência entre instituições bancárias no Brasil, utilizando dados ao nível do banco. Os autores adaptaram metodologia utilizada para a Noruega [KIM, KLIGER & VALE (2001)] e chegaram às seguintes conclusões, comparadas com o cenário daquele país:

---

25. MELLO, João Pinho de. Atos de concentração e condutas no setor bancário. In: GOLDBERG, Daniel K. (Org.). *Sistema financeiro:* o desafio da concorrência. São Paulo: Singular, 2008. p. 43-105.

Quadro VII – Custos de Transferência entre Instituições Bancárias no Brasil

RESULTADOS	NORUEGA	BRASIL
Probabilidade de permanecer como cliente do banco (em um ano, para o banco médio)	21%	63,05%
Probabilidade de um cliente de um banco rival virar cliente do banco (em um ano, para o banco médio)	1%	0,55%
Duração média do relacionamento banco/cliente (para o banco médio)	1,27 anos	1,35 anos
Tempo necessário para 99% dos clientes obterem crédito em outro banco	2,95 anos	5,03 anos
Taxa anual de "perda" de clientes (para o banco médio)	70%	62%
Efeito *lock in*: contribuição do *market share* das operações de crédito passado para o *market share* das operações corrente (semestral): Noruega	20%	63,05%

Fonte: BACEN.[26]

Os dados do estudo apresentados na tabela acima denotam haver efeitos de *lock in* sobre os clientes bancários nacionais. Saliente-se que todos esses fatores tendem a produzir efeitos principalmente sobre o cliente de porte reduzido, devido ao seu menor poder de barganha, o que o insere nos critérios gerais unificados de precificação dos serviços e produtos bancários.

A promoção de informação, acompanhada do esclarecimento a respeito dos trâmites de transferência entre bancos para os clientes bancários tende a gerar efeitos sobre alguns dos fatores mencionados acima, responsáveis pela redução da rivalidade nas áreas consideradas problemáticas para a presente operação. Assim, dentre os fatores enumerados, a difusão da informação geraria efeitos sobre a assimetria de informação, obviamente; e sobre os custos de troca.

Todos estes problemas tendem a ser tão mais acentuados quanto menos desenvolvida a região. Conforme FARINA e FERREIRA (2005):

> "A diferenciação por clientes pode se dar por setor de atividade ou por tamanho da firma, por exemplo. A diferenciação tende a reduzir o custo de monitoramento para aquele mercado específico e a criar poder de monopólio na base de clientes de cada banco. Assim, a redução dos spreads e o

26. *Relatório de Economia Bancária e Crédito*. Banco Central do Brasil, 2005, p. 122. Disponível em: <http://www.bcb.gov.br/pec/spread/port/rel_econ_ban_cred.pdf.> Acesso em: 05.07.2010. Ver também Nakane (2010).

aumento do volume de crédito passa pela redução da assimetria informacional, problema particularmente agravado nas regiões menos desenvolvidas".

Considerando o exposto acima, consideraremos o volume de depósitos local como relevante, para chegar a um indicativo da participação das instituições bancárias no segmento de pessoas físicas e empresas de pequeno porte, no mercado geográfico municipal, que é o que importa para a presente operação.

Essa forma de análise encontra respaldo na jurisprudência norte americana, nas análises empreendidas pelo Federal Reserve - FED. Já o DOJ, embora não despreze as considerações sobre os depósitos como forma inicial de deduzir a participação de cada instituição nos demais segmentos, salienta em sua análise aqueles produtos e serviços mais sensíveis para cada operação específica. Desse modo, ainda que aquele Departamento não encontre problemas na concentração dos depósitos resultantes de uma determinada operação, o mesmo pode prosseguir na análise e solicitar informações adicionais se entende que as instituições envolvidas apresentam participação significativa no segmento específico de empréstimos para médias empresas, por exemplo.[27]

Nos bancos que avaliamos, os critérios de enquadramento como pequena, média e grande empresa é variado. Assim, qualquer tentativa de segmentação do mercado por porte de empresa correria o risco de comparar coisas diferentes. O esforço de harmonização requerido implicaria a solicitação de estatísticas que simplesmente não estão disponíveis para definir market-shares.

Assim, para a análise da presente operação consideraremos apenas o agregado "depósitos totais", pois entendemos suficiente para aferir a tendência de cada instituição na oferta de crédito nas localidades para tomadores de porte reduzido, além de simplificar a análise.

5.2.3 Limites aceitáveis de concentração para o presente caso

Na presente análise consideramos o corte de 40% como o limite mínimo para continuarmos as considerações sobre os efeitos da concentração, ao contrário dos 20% usualmente utilizados pelo SBDC.

A primeira razão diz respeito à análise realizada acima sobre a determinação de estratégias de oferta de crédito e tarifas bancárias nacionais, e não locais. Assim, o índice de concentração de depósitos local tende a não determinar, na mesma proporção, a rivalidade local nas operações de crédito para tomadores de porte reduzido, que é o foco principal do nosso interesse.

---

27. Bank Merger Competitive Review - Introduction and Overview (1995). Disponível em: <http://www.justice.gov/atr/public/guidelines/6472.htm>. Acesso em: 27.06.2010.

Segundo, enquanto as *operações* de crédito para pequenos tomadores se delimitam localmente, a *capacidade* de crédito da instituição financeira é nacional. Afinal, de contas, independente dos percentuais de participação locais, o acesso de recursos para emprestar de uma dada agência é, em tese, dado pelo total de recursos a disposição do banco em todas as agências.

Por essa razão, podemos supor a seguinte hipótese: no município A, do interior de São Paulo, o BB detém 80% dos depósitos e o Itaú detém os restantes 20%. Considerando o mercado de crédito para tomadores de pequeno porte, podemos afirmar, por aproximação, que o Itaú detém aproximadamente 20% das operações de crédito para esses clientes no município, pois, conforme exposto acima, esses clientes tendem a tomar empréstimos no banco/agência onde têm conta corrente. Agora, não podemos, evidentemente, afirmar que o Itaú detém capacidade de oferta de crédito proporcional à sua participação nessa localidade, pois o Itaú pode direcionar recursos nacionais para atender uma eventual demanda superior a 20% dessas mesmas operações – ou seja, um desvio de demanda decorrente de elevação dos preços cobrados pela empresa dominante. Isso é ainda mais verdadeiro quando consideramos que as estratégias comerciais das instituições financeiras são definidas nacionalmente.

Ora, as instituições se confrontam nacionalmente pelo mercado, mas se diferenciam espacialmente, notadamente em relação ao pequeno tomador de recursos. A primeira assertiva tende a mitigar os efeitos da concentração nos mercados locais, enquanto a segunda tende a acentuar a importância da concentração local.

Assim, os demais *players* localizados naquele município são capazes de oferecer rivalidade mais do que proporcional à sua base de clientes tomadores de crédito da localidade. Na verdade, a capacidade de alavancar recursos está mais relacionada ao *market-share* nacional do que o local. Por essa razão, no mercado financeiro, o percentual de 40% atende bem mais razoavelmente ao critério de análise de concentração e eventual rivalidade do que os usuais 20% utilizados nos demais mercados.

A pergunta que então se faz inevitável, em decorrência do entendimento acima, é: Por que, então, considerar qualquer percentual na análise, tendo em vista que a capacidade de oferta de crédito é nacional? Ou seja, se é verdadeira a afirmação, então, ainda que o BB detivesse 99% dos depósitos em determinada localidade, não poderia, ainda assim, a empresa rival oferecer efetiva rivalidade, desde que detenha capacidade nacional suficiente para direcionar os recursos para aquela localidade? Ainda nesse sentido, uma vez que as instituições bancárias definem estratégias comerciais em nível nacional e que é relativamente reduzido o custo de abrir mais uma agência para absorver o desvio de demanda decorrente de elevação de preços em qualquer localidade, não podemos concluir, inevitavelmente, que a concentração local não tem importância?

Embora as barreiras à entrada em determinada localidade, por parte de firmas que já atuam em nível nacional tendam a ser relativamente reduzidas, mais uma vez, a já mencionada assimetria de informação e os custos de troca,[28] que tendem a fidelizar os clientes à agência original, criam nichos locais, dificultando a entrada no segmento de clientes de porte reduzido. Daí a necessidade de estimar a concentração local, para obter a participação aproximada da instituição nesse segmento de clientes.

5.2.4 Dos efeitos da operação nos segmentos financeiros

De acordo com dados fornecidos pelas Requerentes, relacionamos abaixo os municípios em que há concentração entre as atividades das Requerentes igual ou superior a 40%.

Quadro VIII – Municípios em que Há Concentração entre as Atividades das Requerentes Igual ou Superior a 40%

[CONFIDENCIAL]

Verificamos um total de 157 municípios. em que o total da participação das Requerentes é igual ou superior a 40%.

As elevadas concentrações nesses municípios podem ser resultado de estratégias agressivas anteriores dos dois bancos ou do objetivo social de bancarização das localidades com escasso interesse comercial dos bancos privados. Ou seja, há a possibilidade de que nos municípios de maior concentração, a razão subjacente para esta estrutura de mercado seja uma política social do banco estatal. Quanto maior a concentração, maior a probabilidade de o objetivo da presença apenas de bancos estatais ser de política pública e não comercial. Os casos de 100% de concentração são os que têm maior probabilidade de que ser resultado de uma política de bancarização.

28. É mencionada na literatura a tendência de o cliente bancário evitar a troca de banco, em razão dos custos de troca, tais como fechamento da conta corrente no banco de origem e abertura de nova conta em outra instituição, procedimentos burocráticos necessários para a troca, cancelamento dos cartões antigos e aquisição de novos cartões, negociação de financiamentos em andamento na instituição de origem, alteração das contas eventualmente incluídas em débito automático, memorização de novas senhas de acesso aos terminais remotos e ao internet banking, aprendizado das rotinas de funcionamento de outro banco, etc. Tudo isso aumenta a fidelização do cliente ao banco de origem.

A depender do grau de intervenção a ser implementado, poderia ser importante uma análise mais aprofundada das condições econômicas município a município para avaliar onde não haveria atratividade para bancos privados e, que portanto, ficariam de fora da intervenção antitruste. Isto requereria a elaboração de um difícil exercício de definição de parâmetros como, por exemplo, renda per capita ou mesmo índice de desenvolvimento humano. O problema é que há uma série de variáveis outras que influenciam a atratividade relativa das regiões dos bancos, que podem ser não satisfatoriamente capturadas por estes índices. É possível ainda que os municípios estejam progredindo ou em decadência, o que entra no cálculo econômico dos bancos, mas não se refletem imediatamente no índice. Isto aumenta a probabilidade de erros de avaliação e, por conseguinte, de intervenção.

Se a intervenção pretendida, seguindo uma parte da jurisprudência internacional que caminha no sentido de alienação de agências, este difícil exercício pela autoridade antitruste seria inevitável. Como não faria sentido alienar agências sem interesse dos bancos privados, uma decisão deste tipo ou não seria cumprida ou geraria perda de bem-estar para os consumidores.

Mesmo em localidades comercialmente atrativas para outros bancos, é questionável a funcionalidade de alienação de agências dos bancos em comento. Primeiro, porque há um conjunto grande de correntistas que são servidores públicos do Estado de São Paulo, e que não podem, pelo menos até 2012, receber por outro banco.

Segundo, a fidelidade dos clientes bancários é muito mais ao banco, incluindo os serviços dos próprios gerentes e atendentes que já conquistaram sua confiança, do que àquela agência naquele local específico. Uma parte relevante dos ativos do banco que geram fidelização neste caso são a confiança na relação com o cliente e o capital humano. Confiança não é transferível e, no caso específico dos bancos estatais, os funcionários são concursados, sendo pouco razoável transferi-los para outro banco, para o qual provavelmente mudará até seu regime trabalhista. Mesmo a transferência de capital humano de bancos privados ensejaria grandes dificuldades. Como o CADE determinaria a transferência dos gerentes/atendentes de uma empresa para outra? Em síntese, dificuldades de toda ordem, inclusive legais ou até constitucionais, devem ocorrer para a implementação de uma alienação de ativos que faça sentido neste mercado. Isto é tanto mais verdade quanto menos acesso à informação tiverem os clientes, o que é mais freqüente de ocorrer no interior do Estado de São Paulo, justamente onde se constatam as maiores concentrações.

Terceiro, a alienação de agências tende a ser mais eficaz onde há escassez de espaço, o que é a característica de cidades maiores. Em cidades de interior, o banco da agência alienada simplesmente abrirá outra agência muito próxima da outra, mitigando os efeitos esperados.

Quarto, dado o número de municípios afetados nesta operação, caberia uma limitação aos compradores potenciais de forma a evitar o reforço da concentração bancária nos mercados de produto cujo mercado geográfico tenha âmbito nacional. A redução do número de compradores potenciais seria mais uma dificuldade a acrescentar na implementação satisfatória desta decisão.

A consideração desses aspectos pode mudar de localidade para localidade e de banco para banco. O que desejamos enfatizar, de qualquer forma aqui, é que os problemas de implementação de decisões de cunho estrutural no caso da operação em tela, na qual dois bancos estatais estão se juntando, são tão agudos que geram risco inaceitável de erro para a autoridade antitruste.

Sendo assim, optamos por remédios comportamentais que estejam mais relacionados ao diagnóstico básico dos problemas de concorrência do sistema financeiro que são a seleção adversa e o *moral hazard* dos emprestadores que não o banco dono da conta. Apresentamos na seção seguinte os fundamentos desta solução.

5.2.5 Dos remédios

O Conselho Monetário Nacional - CMN, reconhecendo a centralidade do problema informacional na concorrência entre bancos, têm adotado medidas no sentido de mitigar este problema. São as chamadas portabilidade de crédito, cadastral e bancária.

Assim, a Resolução 3.401/06 da CMN dispõe sobre a quitação antecipada de operações de crédito e de arrendamento mercantil, a cobrança de tarifas nessas operações, bem como sobre a obrigatoriedade de fornecimento de informações cadastrais; e a Resolução 3.402/2006 e 3.424/2006, dispõem sobre a prestação de serviços de pagamento de salários, aposentadorias e similares sem cobrança de tarifas.

É claro que a difusão dessas informações opera em dois sentidos. Primeiro, nos termos da Resolução 3.401/06, é útil para tornar o cliente bancário de porte reduzido informacionalmente menos opaco, na medida em que divulgam para o banco rival - e demais empresas interessadas - suas informações cadastrais, *in verbis*:

> "Art. 3.º As instituições financeiras e demais instituições autorizadas a funcionar pelo Banco Central do Brasil devem fornecer a terceiros, quando formalmente autorizados por seus clientes, as informações cadastrais a eles relativas, de que trata a Resolução 2.835, de 30 de maio de 2001
>
> [...]

§ 1.º As informações cadastrais referidas no *caput* devem:

I – ser prestadas no prazo máximo de quinze dias contados da data da solicitação, com base em dados relativos, no mínimo, os doze meses imediatamente anteriores àquela data;

II – referir-se ao histórico da totalidade das operações contratadas com o cliente, registradas até o dia útil anterior ao da solicitação;

III – compreender:

a) os dados do cliente, nos termos estabelecidos no art. 1.º, inciso I, da Resolução 2.025, de 24 de novembro de 1993, com as alterações introduzidas pelas Resoluções 2.747, de 28 de junho de 2000, e 2.953, de 25 de abril de 2002;[29]

b) o saldo médio mensal mantido em conta-corrente;

c) o histórico das operações de empréstimo, de financiamento e de arrendamento mercantil, contendo a data da contratação, o valor transacionado e as datas de vencimentos e dos respectivos pagamentos;

d) o saldo médio mensal das aplicações financeiras e das demais modalidades de investimento mantidas na instituição ou por ela administradas.

§ 2.º As informações de que trata este artigo devem ser fornecidas a terceiros, desde que formalmente autorizado, caso a caso, pelo cliente".

Segundo, ainda nos termos da Resolução 3.401/2006 acima e também das Resoluções 3.402/2006 e 3.424/2006, apresentam-se para o correntista informações importantes para reduzir o custo de troca e melhorar o ambiente de negociações junto ao banco de origem, que teria interesse em reter esse cliente. Com efeito, a Resolução 3.401/06 dispõe que as instituições financeiras e as sociedades de arrendamento mercantil devem garantir a quitação antecipada de contratos de operações de crédito e de arrendamento mercantil, mediante o recebimento de recursos transferidos por outra instituição da espécie. Assim, o cliente bancário, ao perceber condições de empréstimo mais vantajosas em outra instituição financeira, transfere sua dívida do banco de origem para outro banco.

Sobre essa transação não podem ser cobrados do cliente custos relacionados à transferência de recursos entre as instituições financeiras, nem tarifa decorrente da antecipação do contrato de concessão de crédito, feita por uma instituição à outra.[30]

29. Trata a Resolução 2025/93 de dados referentes à qualificação da pessoa física ou jurídica, como nome, CPF, RG, profissão, etc. e razão social, atividade principal, forma de constituição, CNPJ, endereço, etc., respectivamente.

30. Resolução CMN 3.516/07 veda a cobrança de tarifa sobre a antecipação dos contratos de concessão de crédito, revogando o art. 2.º da Resolução CMN 3.401/06.

A Resolução 3.402/06, por sua vez, estabelece que as instituições financeiras, na prestação de serviços de pagamento de salários e similares, ficam obrigadas a proceder aos respectivos créditos em nome dos beneficiários mediante utilização de contas não movimentáveis por cheques destinadas ao registro e controle do fluxo de recursos. As instituições não poderão cobrar por esses serviços, que incluem saques, totais ou parciais, dos créditos e transferências dos créditos para outras instituições, quando realizadas pelos beneficiários pelo valor total creditado.

Embora o correntista não possa, por sua própria iniciativa, abrir uma conta-salário, é importante que, caso sua empresa tenha celebrado esse tipo de convênio com um banco, ele esteja ciente dos direitos referentes a esse tipo de serviço, que estará disponível também para os servidores públicos a partir de janeiro de 2012.

Ou seja, a difusão dessas informações sobre o histórico do cliente, sobre a possibilidade de transferir suas operações de crédito em andamento para outros bancos e, ainda, sobre as vantagens referentes à conta-salário (portabilidade bancária) tendem a fomentar a concorrência pelos clientes, principalmente os de porte reduzido, na medida em que torna a potencial rivalidade de outros bancos por aquele cliente mais efetiva.

Não há informações muito precisas sobre os resultados de tais políticas. Segundo o BACEN, a quantidade de transferências de correntistas entre as instituições passaram de 13 mil, no ano de 2007, para 219 mil, no ano de 2009, e que o número de reclamações foi inferior a 100, no segundo semestre de 2009. Comentou ainda que o número de pessoas que utilizaram o serviço não dá a dimensão exata dos seus efeitos, pois a mera existência do instrumento provoca os efeitos de melhorar o ambiente de negociações entre o cliente e agência, ainda que este não faça efetivo uso da portabilidade de crédito, cadastral e bancária. De fato, o objetivo da mencionada resolução não deve ser, necessariamente, consumar a mudança de banco, mas torná-la potencialmente descomplicada, o que alavanca a capacidade do cliente melhorar seus termos de relacionamento com o banco. Todavia, ela precisa ser amplamente conhecida, a exemplo do que ocorreu com a portabilidade numérica no setor de telefonia móvel, o que possivelmente não ocorreu com as portabilidades cadastral, bancária e de crédito no setor bancário.

Sendo assim, procuramos adotar medidas no sentido do aprimoramento das possibilidades de acesso dos clientes às informações que viabilizam um mais pleno exercício de seu direito, facilitando o acesso à informação sobre estas portabilidades.

Todavia, é importante destacar que não caberia ao CADE aplicar medidas nessa linha de maneira geral para todos os agentes do setor financeiro ou mesmo para as requerentes em mercados que entendemos não terem sido afetados pela operação. Ou seja, o CADE está limitado à existência de nexo de causalidade entre a presente operação e os possíveis efeitos sobre o ambiente concorrencial. A eventual promoção da difusão ampla das informações relevantes contidas nessas resoluções por parte das instituições financeiras compete ao BACEN, que é a autoridade reguladora do sistema financeiro.

5.2.6 Da celebração de Termo de Compromisso de Desempenho

De modo a cumprir com o objetivo de incrementar o acesso às portabilidades bancária, cadastral e de crédito, foi acordado um Termo de Compromisso de Desempenho (TCD) com as Requerentes, que segue em anexo a esse voto, como condição para a aprovação da presente operação.

Importa salientar que o acordo firmado com as Requerentes não decorre de comprovados problemas concorrenciais decorrentes da operação. Conforme exposto acima, a análise procedeu ao exame dos níveis de concentração alcançados nos mercados relevantes delimitados; às limitações à rivalidade geradas pela assimetria informacional; ao estudo de outras peculiaridades do mercado financeiro e sua implicação para a concorrência no setor.

A promoção da concorrência via difusão de normas vigentes no setor colocou-se como um acordo de baixo custo e razoável eficácia esperada, pelas razões expostas na seção anterior.

Desse modo, o TCD visa, em linhas gerais, reduzir os custos de troca para os clientes dos municípios em que se observou elevada concentração, por meio da facilitação do acesso à informação sobre a portabilidade de cadastro e créditos (Resoluções 3.401/06, 3.402/2006 e 3.424/2006 editadas pelo Conselho Monetário Nacional por meio do Banco Central do Brasil), de forma a estimular a rivalidade bancária nessas localidades.

Essa facilitação será proporcionada pela disponibilização de um serviço telefônico de informação (Call Center), gratuito, para os clientes daquela localidade. Esta equipe não poderá nem estimular e nem dissuadir o cliente a portar.

Esta equipe de atendimento, além da prestação das informações mencionadas, também terá a obrigação de contatar a agência da qual o cliente pretenda portar crédito, cadastro ou conta, de modo a que seja providenciada toda a documentação necessária para aquele objetivo, facilitando, assim, a efetivação da pretensão do cliente por meio da superação dos trâmites burocráticos.

Os clientes serão informados acerca deste serviço por meio de um comunicado, enviado aos correntistas.

O Banco do Brasil apresentará relatórios semestrais a respeito do atendimento prestado no mencionado Call Center. Entre outras informações, demanda-se, no mínimo:

1. Qual a quantidade de clientes que portaram como resultado do atendimento, destacando os seguintes tipos de portabilidade: 1) crédito; 2) cadastro; 3) conta-salário.
2. Quantos clientes portaram por município.
3. Quantos clientes ligaram para o serviço (independente de terem decidido portar ou não).
4. Qual o tempo médio de relacionamento com o banco tinham os clientes que portaram.

5.3 *Segmentos não financeiros da operação*

5.3.1 *Mercados relevantes*

A SEAE verificou haver sobreposição horizontal nas seguintes atividades não financeiras: seguros, previdência e capitalização.[31]

Em relação ao mercado de seguros, a SEAE relembra o Voto no Ato de Concentração 08012.010081/2007-11, de interesse de Banco Santander Central Hispano S.A., Fortis N.V, Fortis S.A./N.V. e The Royal Bank of Scotland Group Plc.8, que segmenta o mesmo pela cobertura do risco de bens patrimoniais, riscos especiais, danos, automóveis, riscos financeiros, vida e outros.

Recuperando ainda o Parecer SEAE 06501/2008/RJ COGCE/SEAE/MF, relativo ao Ato de Concentração 08012.008117/2008-70, de relatoria do Conselheiro Carlos Ragazzo, envolvendo as empresas Zurich Participações e Representações Ltda, Companhia de Seguros Minas Brasil e Minas Brasil Seguradora Vida e Previdência S/A, o mercado de seguros foi segmentado em: (i) patrimonial; (ii) riscos especiais; (iii) responsabilidades; (iv) cascos; (v) automóvel; (vi) transportes; (vii) riscos financeiros; (viii) crédito; (ix) pessoas; (x) habitacional; (xi) rural e (xii) outros.

31. Quanto à atividade de capitalização, a SEAE observa que o acordo operacional da Nossa Caixa com o Banco Icatu Hartford Capitalização, pelo qual este comercializa seus produtos de capitalização em suas agências, foi firmado em dezembro de 2007 e possui vigência de 60 meses; porém, caso haja novas orientações operacionais do Banco do Brasil, esse prazo pode ser revisto. Dessa forma, a SEAE optou por analisar o mercado de capitalização.

A partir dessa segmentação, verificou-se que ocorre sobreposição horizontal entre o BB e a Nossa Caixa nos seguintes grupos de seguros: patrimônio, automóveis e pessoas.

Observou também que há integração vertical entre as atividades de seguros e corretagem de seguros.

Especificamente em relação à integração entre a atividade de seguro e corretagem de seguro, a SEAE recorreu ao entendimento do Conselheiro Paulo Furquim de Azevedo, no voto relativo ao Ato de Concentração 08012.005499/2006-18, de interesse das empresas Banco Itaú Holding Financeira S.A. e Bank Of America Corporation:

> "[...] Também não há que se falar em integração vertical como conseqüência desta operação, posto que a atuação do Grupo Itaú no mercado já era verticalizada".

A SEAE observa que essa é a situação da presente operação.

Além disso, a SEAE informa que, em consulta ao sítio eletrônico da Federação Nacional dos Corretores de Seguros Privados e de Resseguros, de Capitalização, de Previdência Privada, das Empresas Corretoras de Seguros e de Resseguros,[32] verificou que o número de corretores ativos, em 31/12/2007, era de 42.997 pessoas físicas e de 23.218 pessoas jurídicas.

Ademais, as Requerentes informaram à SEAE que a Nossa Caixa apenas comercializa as propostas de seguradoras, não exercendo quaisquer atividades de corretagem.

Por essa razão, em consonância com o entendimento da SEAE, não prosseguiremos na análise de tal verticalização.

Os mercados relevantes a serem considerados, então, na presente operação serão: i) seguro, separadamente por grupos; ii) previdência privada; e iii) capitalização.

Na dimensão geográfica, seguindo a jurisprudência do CADE,[33] acolhe-se a recomendação da SEAE, que considerou-os como sendo nacionais.

5.3.2 Dos efeitos da operação no Segmento Não Financeiro

5.3.2.1 Seguros

No quadro abaixo, apresenta-se a participação no segmento de seguro para automóveis, em 2007.

32. Disponível em: <http://www.fenacor.com.br/corr_por_ano.htm>. Acesso em: 22.01.2009.

33. Ato de Concentração 08012.001372/2001-15, de interesse das empresas CNP Assurances S.A. e Caixa Seguradora S.A., relatoria do Conselheiro Celso Fernandes Campilongo.

Quadro IX - Participação das Empresas no Segmento de Seguro para Automóveis

Grupo	Prêmio (RS)	Market Share
TOTAL GRUPO PORTO SEGURO	3.028.841.496,69	17,48%
TOTAL GRUPO BRADESCO	2.304.675.329,56	13,30%
ITAU+UNIBANCO*	2.185.904.708,09	12,62%
TOTAL GRUPO SUL AMÉRICA	1.779.226.959,13	10,27%
TOTAL GRUPO MAPFRE	1.051.942.712,45	6,07%
BB	**895.589.000,0**	**5,17%**
TOKIO MARINE SEGURADORA S/A	804.867.455,45	4,65%
NOSSA CAIXA	**11.393.000,0**	**0,07%**
MERCADO	17.325.067.666,97	100,00%

Fonte: Fenaseg (Ato de Concentração 08012.0011303/2008-96 envolvendo as empresas Banco Itaú S/A e Unibanco - União de Bancos Brasileiros S/A) e Requerentes.

* Considera o Ato de Concentração 08012.0011303/2008-96 envolvendo as empresas Banco Itaú S/A e Unibanco - União de Bancos Brasileiros S/A.

Elaborado pela SEAE.

Abaixo a participação no segmento de seguro para pessoas, em 2007.

Quadro X - Participação das Empresas no Segmento de Seguro para Pessoas

	Prêmio (RS mil)	(%)
Bradesco Vida e Previdência S.A.	10.128.406	32.89%
Itaú Vida e Previdência S.A. + Unibanco AIG Seguros S.A.*	5.647.929	18,34%
Santander Seguros S.A. + Real Tokio Marine Vida e Previdência S.A.	2.746.685	8,62%
BB (Brasilprev)	**1.630.549**	**5,29%**
BB (Aliança do Brasil)	**889.058**	**2,89%**
Nossa Caixa	**240.555**	**0,78%**
BB + Nossa Caixa	**2.760.162**	**8,96%**
Caixa Vida e Previdência S.A.	1.298.906	4,22%
Mapfre Vera Cruz Vida e Previdência S.A.	820.301	2,66%
HSBC Vida e Previdência (Brasil) S.A.	778.956	2,53%
Demais	6.617.549	21,49%
Total Mercado Nacional	**30.798.894**	**100%**

Fonte: Requerentes (apresentado no Anexo I à Resolução CADE 15/98), com base na SUSEP (www.susep.gov.br/menuestatistica/estatisticas.asp. Acesso em: 09.12.2008).

* Considera o Ato de Concentração 08012.0011303/2008-96 envolvendo as empresas Banco Itaú S/A e Unibanco - União de Bancos Brasileiros S/A.

Elaborado pela SEAE.

No quadro a seguir, a participação das Requerentes no segmento de seguros patrimoniais.

Quadro XI – Participação das Empresas no Segmento de Seguros Patrimoniais

Grupo	Prêmio (R$)	Market Share
ITAÚ+UNIBANCO*	2.246.684.493,80	39,71%
TOTAL GRUPO BRADESCO	343.541.136,10	6,07%
ALLIANZ SEGUROS S.A.	336.863.571,78	5,95%
CIA. DE SEGUROS ALIANÇA DO BRASIL	**285.770.068,17**	**5,05%**
TOTAL GRUPO SUL AMÉRICA	268.646.014,06	4,75%
NOSSA CAIXA	**3.353.000,0**	**0,06%**
MERCADO	5.657.819.264,60	100,00%

Fonte: Fenaseg (Ato de Concentração 08012.0011303/2008-96 envolvendo as empresas Banco Itaú S/A e Unibanco – União de Bancos Brasileiros S/A) e Requerentes.
* Considera o Ato de Concentração 08012.0011303/2008-96 envolvendo as empresas Banco Itaú S/A e Unibanco – União de Bancos Brasileiros S/A.
Elaborado pela SEAE.

Em cada um dos segmentos observa-se participação bastante inferior a 20%. O C4 para automóveis ficou em 53,67% antes e depois da operação; o C4 no segmento de pessoas era de 68,03% antes da operação e passou para 68,81% após a mesma; e o C4 no segmento patrimonial era de 56,78% antes da operação e passou para 56,84% após a mesma.

Ou seja, em relação ao segmento geral de seguros, a presente operação não revela indícios de acarretar efeitos anticompetitivos, tanto no tocante ao exercício unilateral como em relação ao exercício coordenado de poder de mercado.

5.3.2.2 Previdência privada

A seguir a participação de mercado das Requerentes, com base na receita acumulada.

Quadro XII – Participação das Empresas no Segmento de Previdência Privada

Grupo	Market Share 2007
Bradesco Vida e Previdência	37,91%
Itaú Vida e Previdência + Unibanco AIG Previd	24,52%
Brasilprev Seguro e Previdência	**11,57%**
Real Tokio Marine + Santander Segs	8,45%
Caixa Vida e Previdência	5,81%
HSBC Vida e Previdência	4,44%
Safra Seguros	1,62%
Icatu Hartford	1,00%
Nossa Caixa	**0,47%**
Demais	4,21%
TOTAL MERCADO	100%

Fonte: Fenaprevi (www.fenaprevi.org.br/Site/830/24106.aspx).
Notas: [1] Considera o Ato de Concentração 08012.0011303/2008-96 envolvendo as empresas Banco Itaú S/A e Unibanco – União de Bancos Brasileiros S/A.
[2] Total da Receita do mercado: R$ 28.096.070.000.
Elaborado pela SEAE.

Embora a sobreposição resulte em parcela inferior a 20% do mercado, verifica-se que o C4 é superior a 75%. No entanto, o índice anterior à operação já era de 82,45%, havendo ligeiro acréscimo, dada a reduzida participação da Nossa Caixa no segmento.

5.3.2.3 Capitalização

Abaixo a participação de mercado no segmento de capitalização.

Quadro XIII - Participação das Empresas no Segmento de Capitalização

Empresa	Prêmios (R$ mil)	Participação {%)
Brasilcap Capitalização S/A	**1.886.615**	**23,2**
Bradesco Capitalização S/A	1.523.911	18,8
Cia Itaú de Capitalização + Unibanco Cia de Capitalização	1.496.848	18,4
Real Capitalização S/A + Santander Capitalização S/A	889.297	10,9
Caixa Capitalização S/A	736.356	9,1
Icatu Hartford Capitalização S/A	664.329	8,2
- **Nossa Caixa** (NossaCap Premiada)	**8.200**	**0,10**
HSBC Empresa de Capitalização (Brasil) S/A	314.856	3,9
Sul América Capitalização S/A - SULAÇAR	301.798	3,7
Demais	308.338	3,8
Total	8.122.348	100

Fonte: SUSEP (Requerentes, em resposta ao Ofício 06211/2009/RJ COGCE/SEAE/MF).

Elaborado pela SEAE.[34]

Como observado pela SEAE, após a operação, o acréscimo à participação do Banco do Brasil pela Nossa Caixa é muito pequeno nesse mercado, não gerando possibilidade de exercício unilateral do poder de mercado.

Em relação ao C4, este passou de 71,3% para 71,4% após a operação e, portanto, a mesma não implica em exercício coordenado de poder de mercado.

34. A SEAE informa que, em resposta ao Ofício 06571/2009/RJ COGCE/SEAE/MF, foi informado que a Nossa Caixa passou a receber um percentual sobre as vendas realizadas pela Icatu Hartford. Até novembro de 2008, os títulos de capitalização NossaCap Premiada geraram uma receita total de R$ 41.800 mil. Desse montante, R$ 8.200 mil foram destinados à nossa Caixa e se refere à remuneração que o banco tem direito por cada título vendido (licitação vencida pela Icatu Hartford). Baseando-se nas informações acima e nos dados contidos no sítio eletrônico da SUSEP, as Requerentes apresentaram a estrutura de mercado demonstrada.

5.3.3 Conclusão em relação aos segmentos não financeiros da operação

Pelo exposto, em consonância com os pareceres da SEAE e SDE, não se vislumbram efeitos anticompetitivos decorrentes da presente operação nos segmentos não financeiros.

6. MERCADO DE TÍTULOS PÚBLICOS

Uma operação de concentração econômica entre importantes adquirentes de títulos da dívida pública tenderia a precificar para baixo os títulos leiloados pelo BACEN no mercado primário e, ao mesmo tempo, elevar a remuneração paga aos adquirentes desses títulos, ou seja, as taxas de juros.

Esse efeito seria desdobrado para o mercado secundário, naturalmente, na medida em que as instituições poderiam oferecer taxas mais elevadas nas transações interfinanceiras, sem prejuízo de sua remuneração pela diferença entre o valor recebido no mercado primário e aquele pago no mercado secundário (spread).

Como os papéis emitidos pelo Tesouro Nacional são os principais produtos negociados nesse mercado, este Relator oficiou a Secretaria do Tesouro Nacional (STN) a fim de obter informação sobre os efeitos da operação sobre o mercado primário de títulos públicos.

A STN informou que o Banco Nossa Caixa (BNC) atua no mercado de títulos com participação de 3,05% na média dos três últimos anos (2007-2009) enquanto o Banco do Brasil (BB) teve participação de 16,6% no mesmo período, conforme o quadro abaixo. A participação de mercado final é de 20%.

Quadro XIV – Posição das Requerentes no Agregado de Títulos Públicos – Média 2007-2009 (em R$ Bilhões)

	LTN	LFT	NTN-F	NTN-B	TOTAL AGREGADO	PART. NO TOTAL
BB ADM. DE ATIVOS/ BB	8,90	28,59	0,17	0,80	38,47	4,61%
BB GESTÃO DE RECURSOS/BB	0,51	4,59	0,07	0,10	5,27	0,63%
BCO DO BRASIL S.A./ MERCADO	29,23	47,04	8,05	13,25	97,57	11,70%
BCO NOSSA CAIXA S.A.	8,65	12,05	3,35	1,43	25,47	3,05%
BB + NOSSA CAIXA	**47,29**	**92,28**	**11,63**	**15,57**	**166,77**	**20%**
TOTAL DO MERCADO	364,88	260,89	113,03	95,14	833,94	100,00%

Diante dos dados, a STN conclui que não houve efeitos significativos de concentração no mercado primário de títulos públicos em decorrência da aquisição do BNC pelo BB.

A STN salienta que as administrações das carteiras da BB Administração de Ativos DTVM AS/BB, da BB Gestão de Recursos DTVM SA/BB e da Banco do Brasil SA/Mercado são completamente independentes, embora façam parte do mesmo grupo de empresas.

No entanto, a independência administrativa está longe de ser considerada elemento suficiente para afastar efeitos anticoncorrenciais decorrentes de empresas estruturadas dentro de um mesmo grupo econômico atuantes no mesmo mercado relevante.

O'BRIEN e SALOP (1999) discorrem sobre a questão do interesse financeiro como motivador de comportamentos econômicos diversos daquele que seria previsto na ausência de interesse. Isto é, a participação no capital social de uma empresa, ainda que sem qualquer influência, relevante ou não, em sua administração, caracterizaria um interesse financeiro que mitiga a desejável rivalidade por parte de outro player, em cuja administração o participante na primeira empresa tenha influência.[35]

Essa questão já foi abordada por este Relator no voto emitido no Ato de Concentração 08012.000836/2008-40, cujas Requerentes eram Polimix Concreto Ltda. e Camargo Corrêa Cimentos S.A., em que foi demonstrado que participações minoritárias promovem o alinhamento parcial dos interesses de duas sociedades. Tal alinhamento é tão maior quanto maior a participação acionária e maior o impacto das respectivas ações de uma sobre a outra. Outro precedente é encontrado no Ato de Concentração 53500.012487/2007, envolvendo a Telefônica S.A. e a Vivo S.A., em que o Conselheiro Relator Carlos Ragazzo explicou que aquisições de capital acionário de rivais, ainda que desprovidas de controle ou influência relevante, podem gerar graves efeitos anticoncorrenciais, mitigando a competição e elevando a probabilidade de coordenação, especialmente quando permite o acesso a informações relevantes da sociedade rival.

Todavia, ainda que os diferentes players pertencentes ao grupo Banco do Brasil possam exercer influência entre si, no que tange à administração de suas carteiras, o aumento de participação de mercado é ainda modesto.

35. O'BRIEN, Daniel P. e SALOP, Steven C. Competitive Effects of Partial Ownership: Financial Interest and Corporate Control. 67 Antitrust L.J. 559 (1999-2000, 1999). Disponível em: <http://heinonline.org/HOL/LandingPage?collection=journals&handle=hein.journals/antil67&div=24&id=&page=>. Acesso em: 26.07.2010.

7. CONCLUSÃO

Por todo o exposto, voto pelo *conhecimento* da presente operação, visto que esta se enquadra nos critérios determinados no § 3.º, do artigo 54, da Lei 8.884/94 e *considero-a tempestiva*. No mérito, decido:

i. Quanto aos aspectos não-financeiros da operação, acompanho os pareceres técnicos da SEAE, SDE, PROCADE e MPF, que são uníssonos no entendimento de que a operação em tela não acarreta efeitos anticompetitivos.

ii. No tocante aos aspectos financeiros, tendo em vista a elevada concentração em diversas localidades, firma-se neste ato o compromisso de difusão das informações de que tratam as Resoluções n. 3.401/06, 3.402/2006 e 3.424/2006, por meio de TCD que segue em anexo, com vistas a promover a concorrência nessas localidades.

Nesses termos, voto pela aprovação da presente operação.

É o voto.

Brasília, 4 de agosto de 2010.

CÉSAR COSTA ALVES DE MATTOS, Conselheiro do CADE

TERMO DE COMPROMISSO DE DESEMPENHO ANEXO AO ATO DE CONCENTRAÇÃO 08012.011736/2008-41

Com fulcro no artigo 131 do Regimento Interno do CADE e no artigo 58 da Lei 8.884/94, o presente Termo de Compromisso de Desempenho, aprovado na 472.ª Sessão Ordinária, realizada em 04/08/2010, é prestador por:

BANCO DO BRASIL S.A., sociedade devidamente organizada e existente de acordo com as leis brasileiras, com sede no Setor Bancário Sul, Quadra 4, Bloco C, Lote 32, Ed. Sede III – 24.º andar – CEP 70.073-901 – Brasília – DF, inscrita no CNPJ/MF sob n. 00.000.000/0001-91, na qualidade de COMPROMISSÁRIA, neste ato representada por seu (s) procurador (es) abaixo subscrito,

Perante o Conselho Administrativo de Defesa Econômica, (doravante designado "CADE"), autarquia federal instituída pela Lei 8.884 de 11 de junho de 1994, com sede na cidade de Brasília, DF, no SCN, Quadra 2, Projeção C, inscrita no CNPJ/MF sob o n. 00.418.993/0001-16, neste ato representado por seu presidente Arthur Sanchez Badin, conforme disposto no inciso VII do artigo 8.º da Lei 8.884, de 11 de junho de 1994.

Considerando que:

i. O Banco do Brasil S.A. adquiriu o controle acionário do Banco Nossa Caixa S.A., que culminou com a incorporação deste pelo primeiro;

ii. A referida aquisição resultou em índices de concentração superiores a 40% do volume de depósitos nas localidades do Estado de São Paulo discriminadas em anexo;

iii. Custos de troca relacionados ao setor bancário podem ser reduzidos por meio da facilitação do acesso à informação sobre a portabilidade de cadastro e créditos (Resoluções 3.401/06, 3.402/2006 e 3.424/2006 editadas pelo Conselho Monetário Nacional por meio do Banco Central do Brasil), de forma a estimular a rivalidade bancária nessas localidades;

iv. O conhecimento das referidas resoluções tende a fomentar a concorrência, elevando a possibilidade de o cliente bancário obter condições mais favoráveis de negociação junto ao banco do qual é correntista;

v. O presente TCD não implica posicionamento do Banco do Brasil acerca da delimitação geográfica dos mercados relevantes envolvidos na operação.

As partes celebram o presente TCD, de acordo com as cláusulas e condições a seguir transcritas.

Cláusula Primeira: Do objeto

O presente TCD é parte integrante da decisão adotada pelo Plenário do CADE no âmbito do Ato de Concentração 08012.011736/2008-41 e tem por objeto, conforme decisão Plenária, preservar as condições concorrenciais nas diversas localidades relevantes, por meio da divulgação dos institutos da portabilidade cadastral e de crédito, junto aos clientes da COMPROMISSÁRIA.

Cláusula Segunda: Dos compromissos

2.1. O compromisso previsto na cláusula primeira será cumprido por meio da implementação dos compromissos específicos enumerados a seguir.

2.2. A COMPROMISSÁRIA compromete-se, perante o CADE, a oferecer a seus clientes um serviço de atendimento telefônico gratuito para atender aos correntistas de suas agências bancárias localizadas nos municípios identificados no Anexo I, informando-os sobre portabilidade de contas, cadastros e créditos, pelo prazo de 4 (quatro) anos

2.3. O serviço a que se refere a cláusula 2.2 deverá ser implementado no prazo de até 90 dias a contar da publicação do extrato deste TCD no Diário Oficial da União, podendo ser estendido desde que a COMPROMISSÁRIA apresente justificativa suficiente para o atraso de implementação.

2.4. O mencionado serviço será prestado por uma empresa terceirizada, cuja equipe de atendimento, treinada e direcionada especificamente para esse serviço, fornecerá todas as informações de que tratam as Resoluções mencionadas nos considerandos *supra*.

2.5. A equipe de atendimento não poderá, de qualquer forma, criar obstáculo para o cliente bancário encerrar sua conta junto à COMPROMISSÁRIA, devendo prestar as informações de forma objetiva, sem esforço em persuadir o cliente a permanecer na instituição ou mesmo se desligar da instituição, ou indagar a respeito do motivo pelo qual o cliente eventualmente deseje se desligar da mesma.

2.6. A equipe de atendimento informará ao gerente da agência da qual o cliente pretende se desligar total ou parcialmente, detalhando os serviços que pretende transferir para outra instituição financeira, de forma que a agência prepare toda a documentação necessária para encerramento dos serviços correspondentes, a ser efetuado, em prazo conforme as instruções vigentes, mediante comparecimento do correntista na agência para assinatura dos documentos.

2.7. A obrigação a que se refere a cláusula 2.5 não alcança os funcionários e as estratégias comerciais e atividades usuais da COMPROMISSÁRIA, no que diz respeito ao relacionamento com o cliente, inexistindo impedimento para que esta atue, por meio de outros canais de comunicação, no sentido de preservar o relacionamento com o cliente e a manutenção dos serviços a ele prestados.

2.8. A COMPROMISSÁRIA se compromete a enviar comunicado a todos os correntistas pertencentes às agências localizadas nos municípios enumerados na cláusula 2.2, informando sobre a disponibilidade do serviço de atendimento gratuito referido na mesma cláusula, cujo teor será submetido ao CADE, juntamente com o script a ser utilizado pela equipe de atendimento, no prazo de 60 (sessenta) dias a contar da publicação do extrato deste TCD no Diário Oficial da União.

Cláusula Terceira: Da fiscalização

3.1. O CADE fiscalizará o cumprimento do presente TCD, nos termos do art. 47 da Lei 8.884/94.

3.2. De acordo com o art. 7.º, IX, da Lei 8.884/94, durante o prazo de vigência do TCD, o CADE poderá, a qualquer momento, solicitar que a Compromissária apresente os dados e informações que julgar necessários relativos às obrigações previstas na Cláusula Segunda para acompanhamento da decisão e deste TCD.

3.3. A COMPROMISSÁRIA encaminhará relatório semestral a respeito do atendimento efetuado pela empresa terceirizada, podendo o CADE requisitar as informações que entender pertinentes para atestar o cumprimento deste TCD.

3.4. Toda e qualquer informação e/ou documento será enviado ao CADE, no endereço de sua sede em Brasília - DF, em envelope fechado, endereçado à Presidência do CADE, com inscrição "Confidencial", assegurando-se o sigilo no seu recebimento e guarda.

Cláusula Quarta: Da duração do TCD

Os compromissos assumidos pela COMPROMISSÁRIA constantes da Cláusula Segunda permanecerão em vigor pelo prazo de 4 (quatro) anos, contados a partir da data de publicação de seu extrato no Diário Oficial da União.

Cláusula Quinta: Das penalidades

5.1. O descumprimento das obrigações de fazer previstas nas cláusulas 2.2, 2.3 e 2.8, sujeitará a COMPROMISSÁRIA ao pagamento de multa diária no valor de R$ 5.000,00 (cinco mil reais) para cada item descumprido, sem prejuízo da revisão da aprovação do Ato de Concentração pelo CADE, nos termos do artigo 58, § 3.º da Lei 8.884/94.

5.2. O descumprimento da obrigação de fazer prevista na cláusula 2.6 e da obrigação de não fazer prevista na cláusula 2.5 sujeitará a COMPROMISSÁRIA ao pagamento de multa no valor de R$ 30.000,00 (trinta mil reais) por evento de descumprimento.

5.3. A aplicação dessas penalidades não prejudica a aplicação das demais sanções cíveis e penais cabíveis, tampouco a execução judicial deste TCD, que constitui título executivo extrajudicial, nos termos dos artigos 60 e seguintes da Lei 8.884/94.

5.4. No caso de descumprimento de quaisquer das disposições deste TCD, a que se refere a cláusula 5.1, a COMPROMISSÁRIA deverá apresentar ao CADE suas justificativas, a serem analisadas e julgadas pelo Plenário quanto ao eventual inadimplemento, assegurando-lhe o amplo direito de defesa, nos termos do artigo 162 do Regimento Interno do CADE.

5.5. As multas aplicadas em razão de descumprimento do presente TCD serão recolhidas em favor do Fundo Nacional de Direitos Difusos.

Cláusula Sexta: Da revisão

As obrigações estabelecidas neste TCD poderão ser flexibilizadas no todo ou em parte pelo Plenário do CADE, se restar comprovado que as circunstâncias que demandaram sua imposição não mais subsistem, e desde que não acarrete prejuízo para terceiros ou para a coletividade, sem prejuízo do disposto no artigo 55 da Lei 8.884/94.

Cláusula Sétima: Do caráter não vinculante

O presente TCD não vincula o entendimento do CADE relativamente a procedimentos futuros, que envolvam ou não a COMPROMISSÁRIA, nem se aplicará automaticamente a eventuais atos de concentração futuros entre a COMPROMISSÁRIA e terceiros.

Cláusula Oitava: Da publicação

Este TCD passará a vigorar a partir da publicação de seu extrato no Diário Oficial da União.

E, por estarem de acordo com o que aqui ficou estabelecido, o CADE e a COMPROMISSÁRIA assinam este TCD em quatro vias de igual teor e forma, na presença das duas testemunhas abaixo.

Brasília, 04/08/2010

CONSELHO ADMINISTRATIVO DE DEFESA ECONÔMICA

____

Arthur Sanchez Badin

BANCO DO BRASIL S.A.

____

Ronaldo Simon Ferreira

Gerente de Projeto em Unidade Estratégica do Banco do Brasil

Testemunhas

____________________________ ____________________________

RG RG

CPF CPF

ANEXO I – Relação dos municípios que deverão ser atendidos pelos serviços referidos nas cláusulas 2.2 e 2.8 do presente TCD

	Município
1	AGUAÍ
2	AGUAS DE LINDÓIA
3	AGUDOS
4	ALTINÓPOLIS
5	ALVARES MACHADO
6	AMÉRICO BRASILIENSE
7	AMPARO
8	ANGATUBA
9	ARACATUBA
10	ARTUR NOGUEIRA
11	AURIFLAMA

	Município
12	AVARÉ
13	BARIRI
14	BARRA BONITA
15	BARRINHA
16	BASTOS
17	BATATAIS
18	BAURU
19	BERNARDINO DE CAMPOS
20	BIRIGUI
21	BOTUCATU
22	BRODOWSKI

	Município
23	BROTAS
24	BURI
25	BURITAMA
26	CABREÚVA
27	CACHOEIRA PAULISTA
28	CAFELÂNDIA
29	CAJOBI
30	CAJURU
31	CANDIDO MOTA
32	CARDOSO
33	CASA BRANCA
34	CERQUEIRA CESAR
35	CERQUILHO
36	CHARQUEADA
37	CHAVANTES
38	CONCHAL
39	CONCHAS
40	CORDEIRÓPOLIS
41	COSMÓPOLIS
42	CRAVINHOS
43	DIVINOLÂNDIA
44	DOIS CÓRREGOS
45	DRACENA
46	DUARTINA
47	ELIAS FAUSTO
48	ESPÍRITO SANTO DO PINHAL
49	ESTRELA D'OESTE
50	FLÓRIDA PAULISTA
51	GARCA
52	GETULINA
53	GUAÍRA
54	GUARÁ

	Município
55	GUARARAPES
56	GUARAREMA
57	GUARATINGUETÁ
58	IACANGA
59	IBATÉ
60	IBITINGA
61	IBIÚNA
62	ILHA SOLTEIRA
63	IPUA
64	ITAÍ
65	ITAJOBI
66	ITAPEVA
67	ITÁPOLIS
68	ITUVERAVA
69	JALES
70	JARDINÓPOLIS
71	JARINU
72	JOANÓPOLIS
73	JOSE BONIFÁCIO
74	JUNQUEIRÓPOLIS
75	LORENA
76	LUCÉLIA
77	MACATUBA
78	MAIRINQUE
79	MAIRIPORÃ
80	MARACAÍ
81	MARTINÓPOLIS
82	MIGUELÓPOLIS
83	MIRANDÓPOLIS
84	MIRASSOL
85	MOGI-MIRIM
86	MONTE ALTO
87	MONTE APRAZÍVEL

	Município
88	MONTE AZUL PAULISTA
89	MONTE MOR
90	MORRO AGUDO
91	NHANDEARA
92	NOVA GRANADA
93	NOVO HORIZONTE
94	NUPORANGA
95	OUROESTE
96	PACAEMBU
97	PALMITAL
98	PANORAMA
99	PARAGUAÇU PAULISTA
100	PARANAPANEMA
101	PEDREGULHO
102	PEDREIRA
103	PENÁPOLIS
104	PIEDADE
105	PILAR DO SUL
106	PIRACAIA
107	PIRAJU
108	PIRAJUÍ
109	PIRANGI
110	PIRAPOZINHO
111	PIRASSUNUNGA
112	PIRATININGA
113	PITANGUEIRAS
114	PONTAL
115	PORTO FELIZ
116	POTIRENDABA
117	PRESIDENTE BERNARDES
118	PRESIDENTE EPITÁCIO
119	PRESIDENTE VENCESLAU
120	PROMISSÃO

	Município
121	RANCHARIA
122	REGENTE FEIJÓ
123	RIBEIRAO BONITO
124	RINÓPOLIS
125	RIO DAS PEDRAS
126	SANTA ADÉLIA
127	SANTA CRUZ DAS PALMEIRAS
128	SANTA FÉ DO SUL
129	SANTA RITA DO PASSA QUATRO
130	SANTO ANASTÁCIO
131	SANTO ANTONIO DE POSSE
132	SÃO CARLOS
133	SÃO JOSÉ DO RIO PARDO
134	SÃO MANUEL
135	SÃO MIGUEL ARCANJO
136	SÃO PEDRO
137	SÃO SEBASTIÃO
138	SÃO SEBASTIAO DA GRAMA
139	SÃO SIMÃO
140	SERRANA
141	SOCORRO
142	TABAPUÃ
143	TAMBAÚ
144	TANABI
145	TAPIRATIBA
146	TAQUARITINGA
147	TAQUARITUBA
148	TIETÊ
149	TUPI PAULISTA
150	UCHOA
151	URUPÊS
152	VALPARAÍSO
153	VARGEM GRANDE DO SUL

	Município
154	VIRADOURO
155	VISTA ALEGRE DO ALTO

	Município
156	VOTORANTIM
157	VOTUPORANGA

Procedimento Administrativo 08700.003070/2010-14

- Despacho do Conselheiro Marcos Paulo Veríssimo

Requerente: Federação Interestadual dos Servidores Públicos Municipais e Estaduais dos Estados do Acre, Alagoas, Amapá, Amazonas, Bahia, Maranhão, Minas Gerais, Paraná, Piauí, Roraima, Sergipe e Tocantins – FESEMPRE

Advogados: Vicente Bagnoli, Alexandre Augusto Reis Bastos e outros (fls. 54-56).

Interessado: Banco do Brasil S/A

Advogados: Erika Cristina Frageti Santoro, Jefferson Luís Mathias Thomé e outros (fl. 984).

Relator: Conselheiro Marcos Paulo Verissimo

DESPACHO 04/MPV/2011

Vistos.

1. Trata-se de procedimento administrativo instaurado de ofício pelo Presidente do CADE, tendo em vista o recebimento de comunicação oriunda da Secretaria de Direito Econômico do Ministério da Justiça ("SDE-MJ"), dando notícia de ter tramitado, naquele órgão, representação formulada nos termos do art. 30 da Lei 8.884/94.

2. Segundo constou do ofício mencionado acima, a representação em questão, uma vez recebida pela SDE-MJ, teria sido lá autuada como "procedimento administrativo" (n. 08012.006168/2010-81), com o propósito de avaliar-se a possibilidade de instauração de Averiguação Preliminar destinada a apurar os fatos narrados, consoante prevêem os artigos 30 e 31 da lei antitruste.

3. Ocorre que a análise liminar do procedimento, efetivada pela SDE-MJ (cf. Nota Técnica de fls. 558-574), concluiu pela *inviabilidade de instauração da Averiguação Preliminar*. Isso ocorreria segundo a Nota Técnica por se tratar de questão relacionada ao mercado financeiro e por estar a SDE-MJ, como órgão integrante da Administração Federal Direta, vinculada ao Parecer

AGU/LA-01/2001, "que concluiu pela competência privativa do Banco Central do Brasil para identificar e aplicar sanções para os casos de infração às regras de concorrência no setor financeiro, podendo o Banco Central editar regras próprias ou valer-se de critérios constantes de outras leis, inclusive da Lei 8.884/94" (fls. 574).

4. Tal conclusão foi encampada pela Sra. Secretária da SDE-MJ, que ordenou o arquivamento do feito, conforme decisão de fls. 575.

5. Decisões semelhantes a essa (ou seja, de arquivamento da representação e de não instauração do Processo Administrativo para verificar os fatos denunciados) ensejam, segundo o art. 31 da Lei 8.884/94, recurso de ofício (revisão obrigatória) pelo CADE, quando proferidas no bojo de Averiguação Preliminar. Ocorre, contudo, que a Lei 8.884/94 não prevê um "procedimento administrativo preparatório de Averiguação Preliminar" e, por isso, nada diz a respeito da decisão que manda arquivar esse procedimento atípico, nada estabelecendo, por via de conseqüência, no que concerne à eventual revisão obrigatória de decisões dessa ordem por parte do CADE.[1]

6. Uma vez que a classificação do feito pela SDE-MJ como "procedimento administrativo" (categoria não prevista na Lei 8.884/94) e não como "averiguação preliminar" (categoria prevista nos arts. 30 e 31 da lei) impediria, por falta de previsão legal, a incidência do recurso de ofício previsto no art. 31 do mesmo diploma legal, a Sra. Secretária da SDE-MJ houve por bem determinar, concomitantemente à decisão de arquivamento, a ciência do CADE quanto ao processado.

7. Determinou, ainda, o encaminhamento de cópias do feito ao Banco Central, para eventual investigação dos fatos narrados na representação.

8. Tendo sido distribuído a mim o procedimento, que, como dito, foi instaurado de ofício pelo Presidente do CADE à vista dos fatos relatados pela SDE, passo a analisá-lo a seguir.

9. Nesse sentido, tendo em conta a peculiaridade do trâmite procedimental aqui havido, inicio o exame dos autos a partir da análise (i) dos atos que marcaram o procedimento até este momento, para, em seguida, apreciar (ii) a viabilidade de exame da matéria veiculada na representação por parte

1. Na verdade, a Lei 8.884/94 não prevê expressamente o poder da SDE-MJ de, recebendo uma denúncia, deixar até mesmo de instaurar a Averiguação Preliminar preparatória do Processo Administrativo Sancionador. Trata-se de construção desenvolvida pelo próprio Sistema Brasileiro de Defesa da Concorrência, ao interpretar a Lei, posteriormente incorporada em normativo do Ministério da Justiça, destinada a albergar situações em que a própria Averiguação Preliminar pareça não se justificar.

do Sistema Brasileiro de Defesa da Concorrência (e do CADE em particular), tendo em vista o sobredito Parecer AGU/LA-01/2001, (iii) a viabilidade de instauração de Processo Administrativo Sancionador para a apuração dos fatos representados, caso ultrapassada a questão anterior, dada a atipicidade dos procedimentos aqui havidos e a afirmada submissão da SDE-MJ (órgão instrutor do CADE) ao sobredito parecer da AGU, e (iv) a viabilidade da concessão da medida preventiva solicitada pela Representante, nos termos do art. 52 da Lei 8.884/94, caso, identicamente, possam ser ultrapassadas as questões da competência e da viabilidade de instauração do Processo Administrativo Sancionador.

10. É a análise a que passo nos itens que se seguem.

1. Do procedimento administrativo e de sua tramitação no Sistema Brasileiro de Defesa da Concorrência

11. Consoante já referido, os autos cuidam de representação destinada a dar notícia ao SBDC de suposta violação aos artigos 20, incisos I, II e IV, e 21, incisos IV, V e X, todos da Lei 8.884.

12. Tal representação foi formulada pela Federação Interestadual dos Servidores Públicos Municipais e Estaduais dos Estados do Acre, Alagoas, Amapá, Amazonas, Bahia, Maranhão, Minas Gerais, Paraná, Piauí, Roraima, Sergipe e Tocantins ("FESEMPRE" ou simplesmente "Representante") contra o BANCO DO BRASIL S.A ("Banco do Brasil" ou simplesmente "Representado"), tendo sido protocolada na Secretaria de Direito Econômico do Ministério da Justiça em 10 de junho de 2010.

13. A decisão de arquivamento liminar dessa representação, sem instauração da Averiguação Preliminar prevista nos artigos 30 e 31 da Lei 8.884/94, foi tomada em 21 de junho de 2010 pela Sra. Secretária da SDE-MJ. Essa decisão, publicada no *DOU* de 22 de junho de 2010, teve o seguinte teor:

> "Acolho a Nota Técnica de fls., aprovada pela Diretora do Departamento de Proteção e Defesa Econômica, Dra. Ana Paula Martinez, e, com fulcro no § 1.º do art. 50, da Lei 9.784/99, integro as suas razões à presente decisão, inclusive como sua motivação. Em virtude (i) da natureza de serviço financeiro do crédito consignado, objeto das representações; e (ii) da vinculação da Secretaria de Direito Econômico, órgão integrante da Administração Pública Direta, ao Parecer da Advocacia Geral da União AGU/LA 01/2001, que concluiu pela competência privativa do Banco Central do Brasil para identificar e aplicar sanções para os casos de infração às regras de concorrência no setor financeiro, podendo o Banco Central editar regras próprias ou valer-se de critérios constantes de outras leis, inclusive da Lei 8.884/94, determino o arquivamento do presente feito. Encaminhe-se cópia das representações recebidas ao Banco Central do Brasil,

para a apuração de denúncia de infração à ordem econômica e aplicação de eventual sanção, e ao Conselho Administrativo de Defesa Econômica - CADE para ciência."

14. Também como já dito, a ciência do quanto processado na SDE-MJ foi dada ao CADE por meio do Ofício 4097/2010/DPDE, datado de 22 de junho de 2010, subscrito pela Sra. Secretária da SDE-MJ e dirigido ao Sr. Presidente do CADE. Este último determinou então, em despacho constante da fl. 02 dos autos, que o referido ofício, bem como seus documentos anexos, fossem registrados e autuados Unidade de Protocolo do CADE como "Petição - Procedimento Administrativo" (art. 24, inciso I, do Regimento Interno), por tratar-se de "expediente sem classificação específica", não acessório nem incidente a qualquer outro, *contendo requerimento* (no caso, os requerimentos de instauração de Processo Administrativo Sancionador e de concessão de Medida Preventiva em desfavor do Banco do Brasil).

15. O procedimento, após registro e autuação, foi subseqüentemente distribuído ao Conselheiro Vinícius Marques de Carvalho, conforme sorteio realizado na 594a Sessão Ordinária de Distribuição, no dia 30 de junho de 2010. Na fl. 583 dos autos consta despacho exarado por ordem do Cons. Relator encaminhando os autos à ProCADE, para manifestação, a qual, proferida em 10 de novembro de 2010, está encartada nas fls. 939-956 dos autos (Parecer 458/2010IPG/CADE).

16. Em sua manifestação, a ProCADE sugeriu a expedição de ofício ao Banco Central, solicitando informações sobre o tratamento eventualmente dado por aquele órgão aos fatos noticiados pela Requerente, cuja ciência lhe foi dada, igualmente, por meio de ofício da SDE.

17. Assim, em 18 de novembro de 2010 o Con. Relator encaminhou o ofício 2928/2010/CADE (fls. 957) ao Sr. Diretor de Fiscalização do Banco Central, fornecendo-lhe cópias dos documentos constantes deste procedimento e solicitando manifestação daquela autoridade acerca dos mesmos.

18. Ao tomar conhecimento da expedição desse ofício a Representante apresentou nos autos a petição de fls. 961-9, juntando cópia da Carta PGBC-6/2011, que lhe foi encaminhada pelo Sr. Subprocurador Geral Substituto do Banco Central. O teor dessa carta, juntada às fls. 970-1, foi o seguinte:

"Prezado Senhor,

Refiro-me à representação datada de 10 de junho de 2010, endereçada à Secretaria de Direito Econômico, ratificada pelos requerimentos de 29 de julho de 2010, de 23 de setembro de 2010 e de 10 de outubro de 2010, dirigidos ao Banco Central do Brasil, por meio dos quais Vossa Senhoria, representando a Federação Interestadual dos Servidores Públicos Municipais e Estaduais do Acre, Alagoas, Amapá, Amazonas, Bahia, Maranhão, Minas Gerais, Paraná, Piauí, Roraima, Sergipe e Tocantins (FESEMPRE), solicita:

a) a instauração de processo administrativo punitivo contra o Banco do Brasil S.A., em razão de supostas práticas anticoncorrenciais, consubstanciadas na adoção de cláusula de exclusividade em contratos que oferecem crédito consignado; e

b) direito de vista aos autos do processo originado com os requerimentos em referência.

A propósito do assunto, informo a Vossa Senhoria que a ausência de regulamentação da matéria, no âmbito do sistema financeiro nacional, impede que as condutas sejam analisadas com vistas a eventual instauração de processo administrativo punitivo contra a instituição financeira representada.

Não obstante, o Banco Central do Brasil vem implementando estudos com o objetivo de produzir as normas regulamentares necessárias para a disciplina das condições de concorrência entre instituições financeiras, na linha do quanto consignado no Parecer n.o GM-020, da Advocacia-Geral da União, referendado pelo Parecer n.O 09/2009/MP/CGU/AGU" (grifei).

19. Tendo considerado que a carta supra transcrita consistia em documento enviado pelo Banco Central não ao CADE mas sim *à própria Requerente* (e que por isso mesmo foi juntado aos autos por ela própria e não pelo BACEN), e uma vez que se haviam passado àquele tempo aproximadamente três meses da expedição do ofício 2928/2010/CADE sem que sua resposta do BACEN ao próprio CADE houvesse chegado a este Conselho, em meados de fevereiro deste ano de 2011 o então Con. Relator houve por bem notificar o próprio banco Representado acerca da pendência deste procedimento, determinando sua manifestação, o que até então não havia ocorrido.

20. Assim, em 16 de fevereiro de 2011, por ordem do Con. Relator (cf. despacho de fls. 978-9),[2] foi encaminhado o Ofício 270/2011/CADE (fls. 972-3) ao Sr. Diretor Jurídico do banco Representado, com o seguinte teor:

"Senhor Representante do Banco do Brasil,

De ordem do Conselheiro Vinicius Marques Carvalho, informo que:

Está sendo analisado por este gabinete um Procedimento Administrativo em que se busca investigar se o Banco do Brasil cometeu prática anticompetitiva. Especificamente, este procedimento administrativo foi promovido pela Federação Interestadual dos Servidores Públicos Municipais e Estaduais

2. A mesma decisão determinou a tramitação pública dos autos, por entender não existir razão que justificasse a confidencialidade quer do procedimento, quer dos documentos nele encartados.

dos Estados do Acre, Alagoas, Amapá, Amazonas, Bahia, Maranhão, Minas Gerais, Paraná, Piauí, Roraima, Sergipe e Tocantins – FESEMPRE, em que se pleiteia recurso para determinação de instauração de processo administrativo e concessão de medida preventiva em face de cláusula que conferiria exclusividade ao Banco do Brasil na realização de operações de crédito consignado aos servidores públicos de diversos Estados e Municípios.

A SDE compreendeu que estava vinculada ao Parecer da Advocacia Geral da União 01-2001 e concluiu pela competência privativa do Banco Central do Brasil para identificar e aplicar sanções para os casos de infração às regras de concorrência no setor financeiro, podendo o Banco Central editar regras próprias ou valer-se de critérios constantes de outras leis, inclusive da Lei 8.884/94. Assim, sugeriu o arquivamento do feito.

A FESEMPRE ingressou com o presente requerimento, argumentando, substancialmente que:

i) O parecer da SDE não é vinculante, por força do art. 39 da Lei 8.884/94; e o CADE pode instruir completamente o processo (art. 43 da Lei 8.884/94). Também, afirma que, conforme o art. 42, Lei 9.784/99, 'se um parecer obrigatório e não vinculante deixar de ser emitido no prazo fixado, o processo poderá ter prosseguimento e ser decidido com sua dispensa, sem prejuízo da responsabilidade de quem se omitiu no atendimento'.

ii) O CADE já teria firmado entendimento de que não existe isenção em matéria concorrencial;

iii) O TRF da 1ª Região, no julgamento da Apelação 2002.34.00033475-0, reconheceu a competência para analisar questões referentes a instituições integrantes do Sistema Financeiro Nacional.

A Procuradoria do CADE no parecer 458/2010/PG/CADE, após uma análise detalhada desta questão, sugeriu que fosse enviada correspondência ao Banco Central para que o mesmo se manifestasse a respeito deste P.A. Nestes termos, foi enviado em 19 de novembro de 2010 oficio ao Banco Central, sendo que até a presente data não foi apresentada qualquer manifestação. Além disto, a FESEMPRE juntou aos autos um documento do Banco Central, em que este, por intermédio do Subprocurador-Geral Substituto Nelson Alves de Aguiar Júnior, via Carta PGBC-6/2011, teria afirmado que:

'a ausência de regulamentação da matéria, no âmbito do sistema financeiro nacional impede que as condutas sejam analisadas com vistas à eventual instauração de processo administrativo punitivo contra a instituição financeira representada'.

Nestes termos, dado que não se tem uma resposta direta do Banco Central ao CADE em um período de dois meses, e independentemente da análise que ainda deve ser feita a respeito da possibilidade ou não de abertura de Processo Administrativo pelo CADE com base no que foi relatado acima, entende-se conveniente solicitar esclarecimentos diretamente do Banco do Brasil a respeito do mérito do presente Procedimento Administrativo, para que se manifeste sobre os pontos que entender pertinentes.

Defere-se prazo para resposta do presente oficio até o dia 16 de março de 2011. Saliento que, nos termos do art.26 da Lei 8.884, de 11 de junho de 1994, a recusa, omissão, enganosidade ou retardamento injustificado das informações constitui infração punível com multa diária de 5.000 UFIR."

21. À fl. 975 consta certidão atestando o encaminhamento do ofício em questão e a recusa do Sr. Diretor Jurídico do Banco do Brasil em confirmar por fax a sua recepção, apesar de ela ter ocorrido. Em razão dessa recusa o ofício de intimação do Representado foi novamente expedido por correio, dessa vez com Aviso de Recebimento. O AR, confirmando o recebimento do ofício pelo Banco do Brasil em 23 de fevereiro de 2011, foi juntado aos autos em 1.º de março de 2011.

22. Dois dias depois do recebimento por AR do ofício em questão por parte do Banco do Brasil foi expedido pelo Banco Central ofício ao CADE (Ofício Denor-2011/019, fl. 980), informando "que foi editada a Circular n. 3.522, de 14 de janeiro de 2011, que veda às instituições financeiras, na prestação de serviços e na contratação de operações, a celebração de convênios, contratos ou acordos que impeçam ou restrinjam o acesso de clientes a operações de crédito ofertadas por outras instituições, inclusive aquelas com consignação em folha de pagamento".

23. Em 16 de março de 2011 foi recebida no CADE a resposta do Banco do Brasil (fl. 982-3). Nesta, sem entrar no mérito específico das condutas que lhe foram imputadas, o banco Representado limitou-se a afirmar que "que não assiste razão jurídica aos argumentos tecidos [pela FESEMPRE], uma vez que pautados numa oblíqua pretensão de desvirtuar os caminhos legais previstos ao seu desiderato". Assim posicionou-se por entender que a pretensão da Representante de ver o caso analisado pelo CADE implicaria "tornar vazia e desimportante a manifestação da SDE", que deixou de dar prosseguimento à representação com base no sobredito Parecer da AGU. Assim, ainda segundo o banco representado, tal pretensão feriria "diretamente a Constituição da República ao procurar frustrar o devido processo legal e, como conseqüência, o procedimento regente previsto nos artigos 30 e seguintes da mencionada Lei Antitruste."

24. Em sua manifestação o Banco do Brasil aduziu, ainda, que o Superior Tribunal de Justiça, no julgamento do Resp n. 109.4218/DF, já teria reconhecido "a competência exclusiva do Banco Central para assuntos concorrenciais entre instituições financeiras". Além disso, ponderou, como já dito, que o Banco Central teria editado normativo acerca da questão discutida nos autos

(a supramencionada Circular 3.522/11), vedando a prestação de serviços ou contratações que impeçam ou restrinjam o acesso de clientes a operações de créditos, "de forma que a desobediência a esse comando norteador sujeita o infrator às penas previstas em lei, consoante processo administrativo perante aquela Autoridade."

25. Assim, em conclusão, o banco Representado afirmou que "não subsiste razão à pretensão, no formato buscado pela Representante, haja vista que deve ser respeitado o direito líquido e certo ao devido processo legal e seus consectários, assegurando-se a apreciação da questão pelo foro natural, cuja autoridade processante há que ser investida do Poder previsto em Lex Previa et Certa, corroborando, pois, com o vigor da orientação contida no Parecer 01/2001 da AGU, aprovado pelo Excelentíssimo Sr. Presidente da República, que vincula também o Banco do Brasil, como integrante da Administração Indireta, e que foi adotado pela SDE, assim como, ao soberano édito proferido pelo Superior Tribunal de Justiça que aponta o Banco Central do Brasil como autoridade competente ao tema".

26. Em 17 de março de 2011, por ordem do Con. Relator Vinícius de Carvalho, os autos foram novamente encaminhados à ProCADE, para parecer (fls. 985).

27. Com o afastamento do Con. Vinícius de Carvalho, que deixou o CADE para assumir a Secretaria de Direito Econômico do Ministério da Justiça, os autos foram redistribuídos a mim. Determinei então o retorno dos autos a meu gabinete, para que fossem nele encartadas diversas manifestações da Representante pendentes de juntada. Ocorrida esta, os autos foram devolvidos à ProCADE, que proferiu, em 12 de agosto de 2011, sua manifestação de fls. 1.105, reiterando os termos da manifestação de fls. 939/956.

28. Em 22 de agosto de 2011 determinei que fosse dado integral cumprimento à decisão de fls. 978-9 do Con. Vinícius de Carvalho, corrigindo-se as anotações atinentes ao processo para que delas deixasse de constar a confidencialidade do feito e determinando, bem assim, a disponibilização de cópia integral dos autos na internet, no sítio do Conselho.

29. Tomadas essas providências, os autos tornaram-me conclusos para apreciação dos fatos e requerimentos referidos no procedimento.

2. Da viabilidade do exame da representação pelo CADE: o Parecer AGU/LA-01/2001 e as manifestações da SDE e da ProCADE

30. Em diversas manifestações apresentadas nestes autos a Representante aduziu seu entendimento de que a decisão de arquivamento liminar de sua representação por parte da SDE-MJ, em virtude do sobredito Parecer da AGU,

não importaria a impossibilidade de conhecimento direto de seus pedidos por parte do CADE. Em suporte a esse seu entendimento aduziu as razões seguintes (cf., v.g., a petição de fls. 961 e ss.):

i) o próprio Banco Central teria reconhecido, no documento de fls. 970 e ss., faltar-lhe competência para analisar as condutas imputadas ao Representado, com vistas à instauração de procedimento administrativo punitivo, tendo em vista a "ausência de regulamentação da matéria, no âmbito do sistema financeiro nacional",

ii) teria sido firmado entre o CADE e o BACEN, em 09 de dezembro de 2008, protocolo de entendimentos, segundo o qual competiria "ao CADE aplicar as sanções previstas na Lei 8.884/94 por práticas que configurem infração contra a ordem econômica, inclusive no âmbito do sistema financeiro nacional",

iii) dada a inação da SDE e também do BACEN no caso concreto, a competência do próprio CADE para instaurar e instruir o processo estaria implícita no artigo 7.º da lei antitruste,

iv) a ausência de parecer da SDE não implicaria inviabilidade de prosseguimento do feito, tendo em vista o disposto no art. 42 da Lei 9.784/99, pois tal parecer, nos termos do art. 39 da lei antitruste, ainda que seja considerado obrigatório, não seria, de toda sorte, vinculante,

v) o art. 48 da sobredita Lei 9.784/99 dispõe ser obrigação da administração pública emitir decisão sobre reclamações que lhe são apresentadas em sua esfera de competência, e tal obrigação deixaria de ser cumprida caso prevalecessem os entendimentos da SDE e do BACEN proferidos no caso, cada qual recusando competência para conhecer da matéria,

vi) ao Conselheiro Relator no CADE são conferidos, pelos artigos 35, 42 e 43 da lei antitruste, amplos poderes instrutórios, o que permitiria, no caso presente, que o processo fosse instruído em seu próprio gabinete, ante a recusa da SDE em fazê-lo,

vii) não haveria, no âmbito do setor financeiro, isenção antitruste que justificasse a admissão de práticas que violem, potencialmente, os artigos 20 e 21 da Lei 8.884/94.

31. Com base nessas razões, pleiteou a instauração de Processo Administrativo Sancionador no âmbito do próprio CADE, com o objetivo de investigar as condutas narradas, bem como a concessão de Medida Preventiva, destinada a ordenar a imediata suspensão de eventual cláusula de exclusividade e de seus efeitos em contratos já firmados, bem como a impedir o Representado de firmar novos contratos com semelhante teor.

32. O Representado, por sua vez, ainda que em sucinta manifestação, entendeu que o prosseguimento do feito, com instauração do Processo Administrativo Sancionador no próprio CADE, violaria a Constituição Federal, seu direito ao devido processo legal e, também, o já mencionado Parecer 01/2001 da AGU, além de ir de encontro a recente entendimento manifestado pelo Superior Tribunal de Justiça, que teria reconhecido a competência do Banco Central para a análise de temas concorrenciais no setor financeiro.

33. A decisão acerca da possibilidade de conhecimento da matéria pelo SBDC e, mais especificamente, pelo próprio CADE, passa, portanto, pela análise de três questões fundamentais, a saber: (i) a eventual submissão automática do Plenário do CADE e de seus Conselheiros ao teor decisório do referido Parecer 01/2001 da AGU, (ii) a existência ou não de isenção antitruste no caso do sistema financeiro, e a eventual possibilidade, em caso negativo, de aplicação pelo CADE da Lei 8.884/94 às entidades integrantes desse sistema, de forma concomitante à regulação sistêmica e prudencial nele efetivadas pelo Banco Central e pelo Conselho Monetário Nacional e (iii) a possibilidade, dado o peculiar trâmite processual e a recusa da SDE em instruir o feito, de instauração e instrução do Processo Administrativo no próprio CADE. Da última questão cuidarei no item subseqüente e das duas primeiras passo a cuidar a seguir.

34. No que tange à submissão automática do Plenário do CADE e de seus Conselheiros ao Parecer AGU/LA-01/2010, já me manifestei anteriormente quando do julgamento do AC 08012.004996/2011-66. No voto proferido naquele caso, de que fui o Relator, registrei o seguinte:

> "8. Sem prejuízo de tais considerações da ProCADE, registro, em primeiro lugar, que o Plenário deste Conselho tem entendido, de longa data, que o supramencionado Parecer da AGU não é vinculante em relação a si, apesar, é bem verdade, de ter sido aprovado pelo Exmo. Sr. Presidente da República, o que por força de lei o tornaria vinculante, em princípio, para toda a administração pública federal sujeita a seu poder de direção, conforme determina o art. 40, par. 1.º, da Lei Complementar 73/93.
>
> 9. Tal ocorre, em primeiro lugar, porque referido poder de direção, previsto aliás no art. 84, inciso II, da Constituição Federal, não é irrestrito. Ao contrário, mostra-se, em princípio, mais intenso em relação à Administração Direta que em relação à Administração Indireta, e deve de toda forma conviver com os espaços de independência e autonomia que forem, para esta última, eventualmente criados por lei, até porque tal descentralização é albergada pela própria Constituição, como se pode extrair, por exemplo, do texto de seu art. 37, *caput* e par. 8.º, sem falar, naturalmente, no teor do art. 6.º, inciso III, do Decreto-Lei 200/67.

> 10. Não fosse assim, não seria possível cogitar, por exemplo, da constitucionalidade de normas que estabeleçam mandatos fixos para certas autoridades integrantes da administração indireta, como é o caso, inclusive, do CADE, cujos Conselheiros, uma vez empossados, não podem ser demitidos ad nutum pela Presidência da República (cf. o art. 5.º da Lei 8.884/94).
>
> 11. Tal dispositivo da Lei 8.884/94 veicula uma evidente restrição ao poder irrestrito de mando da Presidência da República sobre a Administração Pública como um todo, mas justifica-se plenamente em virtude da necessária independência que o CADE deve ter para cumprir seu papel institucional, que não é de natureza eminentemente administrativa, mas sim judicante (ou se se preferir quase judicante, como referem alguns), já que se resume em aplicar a legislação da concorrência aos casos que lhe são submetidos.
>
> 12. Nesse sentido, a mesma independência que impede a demissão ad nutum do Conselheiro também deve impedir, por força de necessária coerência lógica, que o entendimento dos Conselheiros do CADE quanto a tema judicante que lhes é submetido possa ser controlado ou subordinado por ato interpretativo chancelado ou oriundo da Presidência da República, ainda que praticado nos termos do já citado art. 40 da Lei Complementar 73/93.
>
> 13. A conclusão necessária é, pois, que o Plenário do CADE, em sua atividade judicante, não pode estar vinculado por interpretações do direito produzidas alhures na Administração Federal, ainda que amparadas no já referido art. 40 da Lei Complementar 73/93. Tal artigo, ao revés, deve ser objeto de interpretação necessariamente restritiva nesse ponto, pois o contrário implicaria sacrificar a independência de julgamento que sustenta a própria razão de ser do Conselho, e que ampara a garantia de mandato outorgada a seus integrantes".

35. Além disso, o tema está longe de ser inédito neste Conselho. Em caso julgado há mais de dez anos atrás (AC 08012.006762/2000-09, decidido pouco tempo depois da edição de mencionado Parecer da AGU) seu Plenário já se havia manifestado quanto à impossibilidade de vinculação de sua ação *judicante* ao poder diretivo da Presidência da República. Do acórdão correspondente destaco, abaixo, alguns trechos do voto do então Conselheiro Celso Fernandes Campilongo:

> "A independência do CADE só pode ser entendida como a capacidade de imunização contra qualquer ingerência do Governo. Não há nem relação de tutela e, muito menos, de orientação do Governo ao CADE. É no interesse do próprio Estado – e da coletividade como titular dos bens jurídicos protegidos pela Lei 8.884 – que se fixa a independência organizativa (em relação ao Governo) e funcional (das decisões) do CADE. Por isso a lei prevê uma série de requisitos para as pessoas físicas titulares de mandatos neste Conselho: notório saber, ilibada reputação, nomeação pelo Presidente da República, aprovação pelo Senado, regime de incompatibilidades, garantias do mandato, enfim, mecanismos que, em conjunto, foram concebidos para proteger os Conselheiros de interferências

externas. Daí que a sujeição do Conselho, evidentemente, só se dá em relação à Lei, nunca ao poder hierárquico e diretivo da autoridade de governo.

[...]

Neste sentido, o dispositivo da Lei Complementar 73/93, ao determinar que 'o parecer aprovado e publicado juntamente com o despacho presidencial vincula a Administração Federal' (art. 40 § 1.º), deve ser interpretado restritivamente, de maneira a abranger somente a administração direta e aqueles entes da administração indireta que possuem autonomia limitada por decorrência e previsões específicas de suas correspondentes leis de criação, sob pena de lesão à Carta Magna".

36. Creio que mais a respeito do tema não é preciso falar. Naturalmente, o CADE, em todas as suas *atividades meio* e em toda a sua atividade de *gestão administrativa* (incluindo suas contratações administrativas, regime de pessoal, etc.), não apenas pode como deve vincular-se pelo poder diretivo da Presidência da República e de suas instruções relativas à administração direta e indireta, mas o mesmo não ocorre em relação à sua *atividade fim,* de caráter *judicante.* Entender o contrário seria estender muito além do que é permitido a interpretação do art. 40 da Lei Complementar 73/93 e violentar, por via de conseqüência, o princípio de autonomia decisória que foi conferido ao órgão pela Lei 8.884/94, ao amparo da Constituição Federal.

37. Ultrapassado esse ponto e demonstrada a inexistência de vinculação do Plenário do CADE ao entendimento esposado no Parecer 01/2001 da AGU, resta demonstrar, quanto ao mérito desse entendimento, as razões de indicam seu equívoco, com a conseqüente conclusão em favor da complementaridade das competências do CADE e do Banco Central e da total viabilidade de aplicação, pelo primeiro órgão, das normas da Lei 8.884/94 no setor financeiro, *sobretudo no que diz respeito ao controle de condutas, objeto do presente procedimento administrativo.*

38. Nesse sentido, cabe destacar, em primeiro lugar, que o mencionado parecer foi elaborado com o objetivo de dirimir *conflito positivo de competências administrativas,* instaurado entre o CADE e o Banco Central em caso envolvendo o controle de *estruturas* de mercado, ou seja, de *atos de concentração de instituições integrantes do Sistema Financeiro Nacional.* Essa foi a questão concreta colocada, que nada tinha a ver com hipótese semelhante à aqui tratada, que envolve o controle de *condutas anticompetitivas,* disciplinadas nos artigos 20 e 21 da Lei 8.884/94.

39. Nos itens 44, 45 e 48 do parecer AGU/LA-01/2001 essa circunstância é registrada de forma clara. O item 44 menciona que a controvérsia "diz[ia] respeito, unicamente, à definição de competência para a análise a provação de atos de concentração". O item 45 registrava que esse era o único ponto

levantado na comunicação da Presidência do Banco Central que deu origem à controvérsia. E o item 48 deixou claro que o exame da questão colocada deveria, naquele caso, "restringir-se ao objeto da consulta, ou seja, à competência para analisar e aprovar os atos de concentração das instituições integrantes do Sistema Financeiro Nacional". Todavia, apesar de ter sido concentrada nesse ponto (e apenas nesse ponto) a análise jurídica empreendida pela AGU, as conclusões de referido parecer acabaram sendo no último instante estendidas, de modo contraditório com o quanto registrado neste item 48 (e em vários outros de teor igual, como o item 50), tanto para o controle de atos de concentração (referido no art. 54 da lei antitruste, e que era objeto da consulta), quanto para o controle de condutas (referido nos artigos 20 e 21, e que *não era*).

40. Sem prejuízo dessa importante contradição contida no parecer em questão fato é que os elementos em que ele se apoiou para justificar a ausência de competência do CADE e de aplicação da Lei 8.884/94 no setor financeiro foram, basicamente, os seguintes:

i) o art. 192 da Constituição Federal teria atribuído à lei complementar a tarefa de regular o Sistema Financeiro Nacional, incluindo a organização, funcionamento e atribuições do Banco Central e demais instituições financeiras;

ii) A Lei 4.595/64 teria sido recebida, por isso, com *status* de lei complementar pela CF 88, só podendo, por isso, ser modificada por lei de mesmo *status;*

iii) O artigo 10 da Lei 4.595/64 teria atribuído ao Banco Central competência para fiscalizar e aplicar penalidades às instituições financeiras, bem como para autorizar-lhes a transformação, fusão, incorporação, encampação ou transferência de controle acionário;

iv) Já o art. 18 da mesma lei teria, em seu parágrafo 2.º, atribuído ao Banco Central competência para "regular as condições de concorrência entre instituições financeiras";

v) Tais dispositivos, recebidos como lei complementar pela CF 88, somente poderiam ser revogados ou modificados por lei de igual teor, o que não é o caso da Lei 8.884/94, que tem *status* de lei ordinária;

vi) Havendo relação de antinomia entre as normas supra referidas e outras da Lei 8.884/94, tal relação se deveria resolver pelo critério de hierarquia, afastando a aplicação das normas de *status* ordinário em favor daquelas de *status* complementar.

41. De minha parte, em que pese a cultura e autoridade do subscritor do mencionado parecer, não consigo convencer-me por esses argumentos.

42. No que diz respeito ao primeiro, parece-me claro que apenas as normas atinentes especificamente às matérias relacionadas ao art. 192 da

Constituição, contidas na Lei 4.595/64, é que gozam de *status* de lei complementar. E tais matérias restringem-se hoje à "estruturação" e "regulação" do Sistema Financeiro, incluindo a participação do capital estrangeiro nas empresas que o integram, conforme a redação dada ao artigo em questão pela EC n. 40/2003. De outra parte, o art. 170 da Constituição estabelece que a livre concorrência é princípio fundador da ordem econômica, e nele não está contida qualquer a ressalva a respeito do mercado financeiro Nessa mesma linha está o art. 173 da Constituição, que manda o Estado reprimir "o abuso do poder econômico que vise à dominação dos mercados, à eliminação da concorrência e ao aumento arbitrário dos lucros", não fazendo qualquer ressalva, igualmente, ao setor financeiro. Além disso, tal artigo atribui tal competência de regular a repressão ao abuso de poder econômico à "lei" e não à "lei complementar".

43. De toda forma, não creio que seja sequer necessário entrar no mérito do *status* da Lei 4.595/64, pois também não vejo relação de antinomia entre seus artigos 10 e 18 e qualquer das normas contidas na Lei 8.884/94. Ao revés, entendo que as competências atribuídas ao Banco Central na lei de 1964 dizem respeito à regulação prudencial do setor, atinente ao chamado "risco sistêmico", não implicando (pois o contrário significaria contrariedade não à Lei 8.884/94, mas sim aos artigos 170 e 173 da Constituição), qualquer isenção antitruste ao mercado financeiro, ao menos no que diz respeito às situações normais nas quais o risco sistêmico não se mostra presente.

44. Quanto à competência para 'aplicar penalidades', contida no art. 1.º da Lei de 1964, é evidente que ela se refere apenas às penalidades previstas naquela própria lei para as violações a dispositivos nela mesma contidos, não impedindo a aplicação de outras penalidades, contidas em outras leis, por outros órgãos públicos. Do contrário, além de veicular isenção antitruste tal dispositivo também impediria a aplicação aos bancos de quaisquer outras penalidades administrativas, como, por exemplo, aquelas cabíveis em caso de violação da legislação urbanística (atinente à localização e funcionamento de agências, por exemplo), tributária, penal e assim por diante. Nesse mesmo sentido, aliás, foi a decisão recente do Supremo Tribunal Federal no bojo da ADI n. 2.591, em que a corte entendeu que a reserva do art. 192 da Constituição a lei complementar não exclui a aplicação aos bancos de todas as demais leis ordinárias do país que não dizem respeito especificamente à *estruturação e regulação* prudencial do sistema financeiro, como era o caso, naquele exemplo, do Código de Defesa do Consumidor.[3]

---

3. Por sinal, restou explícito na ementa desse julgado que "A exigência de lei complementar veiculada pelo art. 192 da Constituição abrange exclusivamente a regulamentação da *estrutura* do sistema financeiro", tal como referido acima.

45. Já quanto ao artigo 18 da Lei 4.595/64 a situação é ainda mais evidente. Segundo defendeu a AGU, a isenção à aplicação da Lei 8.884/94 que nele estaria contida decorreria de seu parágrafo segundo, assim redigido:

> "Art. 18 [...]
>
> § 2.º O Banco Central da Republica do Brasil, no exercício da fiscalização que lhe compete, *regulará as condições de concorrência* entre instituições financeiras, coibindo-lhes os abusos com a aplicação da pena nos termos desta lei".

46. A compreensão do quanto disposto nesse dispositivo merece análise cuidadosa, pois a expressão "regulará as condições de concorrência" pode levar a interpretações seriamente inconstitucionais.

47. De minha parte, entendo que a interpretação desse dispositivo não é em nada incompatível quer com a Constituição Federal quer com a simultânea aplicação da Lei 8.884/94 ao setor financeiro, como será exposto a seguir. Contudo, a se entender que a competência regulatória supra mencionada ("regulará as condições de concorrência") implicaria incompatibilidade (por antinomia) com a referida lei antitruste, a solução não poderia ser jamais a de privilegiar a validade da norma anterior, por especialidade ou hierarquia (segundo a tese da recepção como lei complementar), mas, ao contrário, deveria ser a de considerar o referido parágrafo 2.º como *não mais vigente nessa parte*, em virtude do quanto disposto no art. 25 do Ato das Disposições Constitucionais Transitórias:

> "Art. 25. Ficam revogados, a partir de cento e oitenta dias da promulgação da Constituição, sujeito este prazo a prorrogação por lei, todos os dispositivos legais que atribuam ou deleguem a órgão do Poder Executivo competência assinalada pela Constituição ao Congresso Nacional, especialmente no que tange a:
>
> I - ação normativa; [...]".

48. Não há nenhuma dúvida que a "regulação das condições de concorrência", não apenas no setor financeiro mas em todos os setores da economia, e nos regulados ao menos no que diz respeito a suas grandes linhas (*standards* gerais, para usar a categoria que se costuma aplicar no direito americano), é matéria que a Constituição Federal assinalou ao Congresso Nacional, fazendo-o em seu art. 173, parágrafo 4.º, já referido acima (a Constituição diz que a *lei* - e não os atos normativos do Banco Central - é que *reprimirá o abuso do poder econômico que vise à dominação dos mercados, à eliminação da concorrência e ao aumento arbitrário dos lucros*).

49. A lei de que fala a Constituição veio a ser, justamente, a Lei 8.884/94, e ela se aplica, indistintamente, a todos os setores da economia, já que o

próprio art. 173 da CF também se aplica a todos esses setores, sem ressalva de nenhum.

50. Desse modo, se a competência regulatória (normativa) referida no art. 18 da Lei 4595/64 for reconhecida como da mesma natureza que aquela exercida pelo Congresso ao editar o diploma de 1994, então tal competência já não mais pode, por força do disposto no ADCT 25, ser exercida por órgão do Executivo. E não adianta sequer haver lei complementar assim dispondo, pois a proibição da *delegação de competência* é veiculada na própria Constituição.

51. Todavia, o que ocorre no caso não é delegação, mas sim exercício daquilo que o Min. Eros Roberto Grau, no mesmo julgamento da ADI 2.591, denominou de *capacidade normativa de conjuntura,* a qual, essa sim, pode ser licitamente atribuída ao Banco Central, mas que é, sempre, *dependente dos termos das leis que a subordinam,* estabelecendo os *objetivos* da regulação, de um lado, e os critérios gerais (*standards* ou *guidelines*) que vinculam, restringem, modelam e constrangem o exercício daquela capacidade normativa de que goza a autoridade administrativa reguladora, por outro.

52. No caso da Lei 4.595/64, os objetivos do exercício da capacidade normativa de conjuntura, seja pelo Banco Central, seja pelo Conselho Monetário Nacional (cada qual, naturalmente, dentro de competências específicas), são muito claros: em primeiro lugar, a regulação da moeda e do crédito (incluindo, no caso do Banco Central, o funcionamento do mercado de câmbio) e, em segundo lugar, já em relação especificamente às instituições financeiras propriamente ditas, a regulação de seu *funcionamento geral,* como partes integrantes do *sistema* em que circulam, no país, aqueles elementos fundamentais que são a moeda e o crédito. São competências que se exercem à vista da necessidade de manter íntegro o sistema que resulta da soma dessas partes, de garantir a higidez desse mesmo sistema contra aquilo que genericamente se chama, justamente por isso, de *risco sistêmico,* que é o risco de desestruturação geral do sistema em virtude de problemas que possam acometer quaisquer de suas partes.

53. Tudo aquilo que fugir a esses objetivos não se enquadrará nos limites em que pode ser exercida a capacidade normativa de tais órgãos. Ademais, tal capacidade deve ser exercida respeitando, sempre, as demais leis vigentes no país, inclusive as ordinárias, pois ambos os órgãos (Banco Central e Conselho Monetário Nacional) devem tanto respeito a estas quanto às complementares, já que todas integram, cada qual em seu âmbito de regulamentação, um mesmo todo articulado que é o conjunto do ordenamento jurídico brasileiro.[4]

4. Do voto do Min. Eros Grau, proferido na ADI n. 2.591, extrai-se o seguinte trecho, atinente especificamente a esse ponto: "A questão a considerar respeita à de-

54. Desse modo, não há como extrair das normas supra referidas, constantes da Lei 4.595/64, isenção para a aplicação das regras antitruste no setor financeiro. Com a única exceção da regulação destinada a manter a higidez sistêmica do setor, não há sequer a possibilidade de interferência do Banco Central do Brasil no conjunto normativo e de competências estabelecidas pela

terminação do significado, no contexto do preceito isto é, no mencionado artigo 4.º, inciso VIII, do vocábulo funcionamento. É unicamente sobre esta matéria que o Conselho Monetário Nacional está autorizado a dispor texto normativo. Os que exercem atividades subordinadas à Lei 4.595/64 são as instituições financeiras. Logo, é do funcionamento das instituições financeiras que se trata. Podemos, portanto, dizer: desempenho de suas atividades pelas instituições financeiras. O Conselho Monetário Nacional regula o desempenho de suas atividades pelas instituições financeiras. O vocábulo funcionamento é, porém, mais forte, na medida em que expressivo da circunstância de as instituições cumprirem uma função no quadro do sistema financeiro nacional. O vocábulo tem a virtude de tornar de tornar bem explicito o fato que para funcionar, para desempenhar a atividade de intermediação financeira, a empresa deverá cumprir o que determina o Conselho Monetário Nacional no que concerne a sua adequação a esse desempenho. Vale dizer, quanto ao nível de capitalização, à solidez patrimonial, aos negócios que poderá realizar [por exemplo, câmbio, captação de depósitos à vista, etc.], à sua constituição de conformidade com as regras legais [lei das sociedades anônimas, com todas as suas implicações]. Entrando em funcionamento, a instituição financeira, mercê da autorização que para tanto recebeu, pode exercer determinadas atividades, v.g., captar depósitos à vista, pagar benefícios previdenciários, captar poupança, receber tributos. Essas atividades deverão ser, no entanto, desempenhadas no quadro das determinações dispostas pelo órgão normativo [v. g., tipos de operações permitidas ou vedadas; volumes a serem aplicados nessa ou naquela modalidade de crédito; posições cambiais (níveis) a serem cumpridas e negócios dessa natureza que podem ou não ser contratados]. Digo mais: esse exercício há de ser empreendido de modo que a empresa isto é, a instituição financeira funcione em coerência com certas diretrizes de políticas públicas, suas prerrogativas sendo exercidas conforme definições, estruturais que as delimitam[v.g., recolhimentos compulsórios, e conjunturais, que encaixe obrigatório]. Vê-se bem, destarte, que a função das instituições financeiras é *sistêmica*, vale dizer, respeita ao seu desempenho no plano do sistema financeiro. Ainda em outros termos, essa função *somente pode ser cumprida no plano do sistema financeiro.* Ora, o Conselho Monetário Nacional é competente apenas para regular além da sua constituição e da sua fiscalização o funcionamento das instituições financeiras, isto é, o desempenho de suas atividades *no plano do sistema financeiro.* Tudo quanto exceda esse desempenho não pode ser objeto de regulação por ato normativo produzido pelo Conselho Monetário Nacional. Por isso as resoluções que dispõem sobre a proteção do consumidor dos serviços prestados pelas instituições financeiras Resolução 2.878, de 26 de julho, alterada pela de n. 2.892, de 27

Lei 8.884/94, para aplicação dos princípios estabelecidos nos artigos 170 e 173 da Constituição Federal. E, se isso é verdade no que diz respeito ao controle de *estruturas* (em que *pode*, eventualmente, haver razões de risco sistêmico a justificarem determinada concentração, já que o risco sistêmico diz respeito, principalmente, à *estrutura* do mercado de serviços financeiros), também o é com ainda maior razão no que diz respeito ao controle de *condutas*, pois *é difícil imaginar razão de risco sistêmico que possa autorizar instituições financeiras a participarem de um cartel, por exemplo, ou mesmo que as possa autorizar a excluir concorrentes do mercado, adotarem práticas predatórias ou abusarem de posição dominante.*

55. *Se não for admitida a competência do CADE para o controle de condutas no setor financeiro, bem como a aplicação a esse setor das normas contidas nos artigos 20 e 21 da Lei 8.884/94, o que acontecerá será justamente a criação de uma licença para a prática de todas essas condutas referidas acima, ainda mais diante do entendimento manifestado pelo Banco Central nestes autos, de que não tem meios de investigar e punir condutas anticompetitivas como essas praticadas no âmbito do Sistema Financeiro Nacional tendo em vista a "ausência de regulamentação da matéria", no âmbito desse mesmo sistema.*

56. Tais razões indicam, portanto, a plena possibilidade de investigação de condutas como aquela que é aqui imputada ao Representado no âmbito do SBDC. Contudo, neste caso presente a SDE entende-se vinculada ao já mencionado Parecer 01/2001 da AGU, tendo se manifestado no sentido da impossibilidade de sua atuação no feito. Dada essa peculiaridade, é preciso analisar, adiante, a eventual possibilidade de instauração *ex ofício* do Processo Administrativo, bem como de sua instrução pelo próprio CADE.

3. Da possibilidade de instauração ex ofício do Processo Administrativo, e de sua instrução pelo próprio CADE

57. Como sabido, a autoridade à qual a Lei 8.884/94 concede, ordinariamente, competência para a instauração e instrução do Processo Administrativo

---

de setembro, ambas de 2.001 são francamente ilegais. Como essa é matéria que excede o funcionamento das instituições financeiras, é inadmissível afirmar-se que suas disposições obrigam em virtude de lei, eis que o artigo 4.º, inciso VIII, da Lei 4.595/64, não autoriza ao Conselho Monetário Nacional o exercício de capacidade normativa de conjuntura em relação a ela. Permitam-me insistir neste ponto: *a expedição de atos normativos pelo Banco Central, quando não respeitem ao funcionamento das instituições financeiras, é abusiva, consubstancia afronta desmedida à legalidade*" (grifei).

Sancionador no âmbito do controle de condutas é o Secretário da SDE-MJ, conforme dispõe seu artigo 32, abaixo transcrito:

> "Art. 32. O processo administrativo será instaurado em prazo não superior a oito dias, contado do conhecimento do fato, da representação, ou do encerramento das averiguações preliminares, por despacho fundamentado do Secretário da SDE, que especificará os fatos a serem apurados".

58. *Quid iuris,* então, se essa autoridade estiver excepcionalmente impedida de exercer sua função legal, em virtude, como no caso, de sua vinculação hierárquica direta à Presidência da República?

59. Entendo que a solução para essa hipótese (excepcional e por isso mesmo não prevista na Lei 8.884/94) deve ser buscada, subsidiariamente, no artigo 17 da Lei 9.784/99, que regula o processo administrativo no âmbito da Administração Federal. Segundo esse dispositivo legal:

> "Art. 17. Inexistindo competência legal específica, o processo administrativo deverá ser iniciado perante a autoridade de menor grau hierárquico para decidir".

60. No caso, não se trata de *não haver* competência legal específica, já que esta é dada pela Lei 8.884/94, no caso da instauração de processo administrativo, ao Secretário da SDE-MJ, como visto acima. Ocorre, contudo, tal autoridade está circunstancialmente impedida de exercer sua competência, em virtude de constrangimento de ordem hierárquica. Nessa situação, a aplicação subsidiária do artigo 17 da Lei 9.784/99 determina que a competência para abrir o processo seja transferida à autoridade "de menor grau hierárquico para decidir".

61. No caso, essa autoridade é o próprio Conselho Administrativo de Defesa Econômica, pois, nos termos da Lei 8.884/94, essa é *única* autoridade com competência para decidir.

62. De fato, o art. 14 da Lei esclarece, em seus incisos VII e VIII, que o Secretário da SDE-MJ *não tem competência para decidir os processos que instaura,* devendo, quando entender que há indícios de violação ao direito antitruste, remeter o caso ao CADE para decisão *em primeira e única instância.* Além disso, o mesmo artigo determina a *revisão obrigatória de suas decisões* sempre que ela entender pelo arquivamento do processo administrativo, ou mesmo do eventual procedimento preparatório que foi previsto em lei para tanto, que é a averiguação preliminar. Confira-se o teor da lei nesse ponto:

> "Art. 14. Compete à SDE:
>
> [...]
>
> VII – recorrer de ofício ao CADE, quando decidir pelo arquivamento das averiguações preliminares ou do processo administrativo;

VIII – remeter ao CADE, para julgamento, os processos que instaurar, quando entender configurada infração da ordem econômica;

Art. 7.º Compete ao Plenário do CADE:

[...]

II – decidir sobre a existência de infração à ordem econômica e aplicar as penalidades previstas em lei;

III – decidir os processos instaurados pela Secretaria de Direito Econômico do Ministério da Justiça;

IV – decidir os recursos de ofício do Secretário da SDE;

Art. 50. As decisões do CADE não comportam revisão no âmbito do Poder Executivo, promovendo-se, de imediato, sua execução e comunicando-se, em seguida, ao Ministério Público, para as demais medidas legais cabíveis no âmbito de suas atribuições".

63. Não há dúvida que o CADE é, nos termos da Lei 8.884/94 e de modo privativo, a única autoridade competente para decidir não apenas acerca do mérito dos processos instaurados no SBDC para apurar infrações a essa mesma lei, cominando ou não penas e sanções, mas também acerca da própria viabilidade da instauração desses processos.

64. Assim, se é o CADE que irá decidir, no final das contas, pela abertura ou não de processo administrativo e, aberto esse, pela aplicação ou não de sanção, sendo a competência da SDE para a primeira ação inteiramente dependente do juízo revisor final do próprio CADE, não parece haver qualquer razão jurídica que impeça esse órgão, que tem a competência continente e mais ampla, de exercer, em caso de impedimento pontual da SDE, também a competência contida e mais restrita desta Secretaria.

65. Ultrapassada, portanto, essa questão, atinente à competência do CADE para *instauração* do processo administrativo, restaria saber se, além de competente para instaurá-lo de ofício seria o CADE competente também para *instruí-lo*, já que, identicamente, a Lei 8.884/94 atribui à SDE, em princípio, a competência para tanto, competência essa que ela também está impedida de exercer, pelas mesmas razões já expostas de impedimento hierárquico.

66. A resposta para essa questão deve ser procurada na própria lei e consiste em verificar se o texto legal atribuiu ou não competência instrutória ao CADE, nos processos em que ele deve decidir. A resposta, dada pela própria Lei 8.884/94, é inescapavelmente positiva.

67. De fato, as atividades instrutórias e de condução processual que devem ser praticadas pela SDE no curso de um processo administrativo destinado a apurar prática anticompetitiva são aquelas descritas nos artigos 32 a 41 da Lei 8.884/94 e resumem-se, basicamente, ao seguinte:

a) notificar o representado para apresentar defesa no prazo de quinze dias (art. 33), sob pena de confissão e revelia (art. 34), assegurando-lhe a partir de então amplo acesso ao processo;

b) determinar a realização de diligências e a produção de provas de interesse do caso (art. 35), exercendo os poderes de instrução previstos na Lei, que incluem a inquirição de testemunhas, a inspeção na sede social, estabelecimento, escritório, filial ou sucursal de empresa investigada (art. 35, § 2 e 3), ou a requisição, ao Poder Judiciário, através da AGU, de busca e apreensão (art. 35-A);

c) celebrar eventual acordo de leniência, neste caso independentemente da aprovação do CADE (art. 35-B);

d) facultar ao representado a produção de provas de seu interesse, incluindo a oitiva de testemunhas, e presidir essa oitiva (art. 37);

e) informar a SEAE-MF acerca da tramitação do processo, para que esta emita parecer a respeito do mesmo, se quiser (art. 38);

f) facultar ao representado, finda a instrução, apresentação de alegações finais (art. 39);

g) emitir, ao final, relatório circunstanciado, decidindo pela remessa dos autos ao CADE para julgamento, ou pelo seu arquivamento, nesse caso com recurso de ofício ao CADE (art. 39).

68. Ora, os atos referidos nos itens "a", "e" e "f" são meramente ordinatórios. Por isso, sua prática por uma ou outra autoridade é, sob qualquer ponto de vista, indiferente. O art. 162, § 4, do Código de Processo Civil, aplicável subsidiariamente nos termos da própria Lei 8.884/94, autoriza até mesmo que sejam praticados por servidor público.[5]

69. Os atos referidos nos itens "b" e "d" são instrutórios efetivamente. Consistem no poder de requisitar documentos e informações, determinar e deferir provas, ouvir testemunhas, requerer providências ao Poder Judiciário. Ocorre, contudo, que a própria Lei 8.884/94 também autoriza tanto o Plenário do CADE como cada Conselheiro a exercer esses mesmos e exatos poderes, fazendo-o nos termos de seus artigos 43, 7 e 14, abaixo transcritos no essencial:

> "Art. 43. O Conselheiro-Relator poderá determinar a realização de diligências complementares ou requerer novas informações, na forma do art. 35, bem como facultar à parte a produção de novas provas, quando entender

5. "§ 4.º Os atos meramente ordinatórios, como a juntada e a vista obrigatória, independem de despacho, devendo ser praticados de ofício pelo servidor e revistos pelo juiz quando necessários."

insuficientes para a formação de sua convicção os elementos existentes nos autos".

"Art. 7.º Compete ao Plenário do CADE:

[...]

IX – requisitar informações de quaisquer pessoas, órgãos, autoridades e entidades públicas ou privadas, respeitando e mantendo o sigilo legal quando for o caso, bem como determinar as diligências que se fizerem necessárias ao exercício das suas funções;

X – requisitar dos órgãos do Poder Executivo Federal e solicitar das autoridades dos Estados, Municípios, Distrito Federal e Territórios as medidas necessárias ao cumprimento desta lei;

XI – contratar a realização de exames, vistorias e estudos, aprovando, em cada caso, os respectivos honorários profissionais e demais despesas de processo, que deverão ser pagas pela empresa, se vier a ser punida nos termos desta lei; [...]".

"Art. 9.º Compete aos Conselheiros do CADE:

[...]

III – submeter ao Plenário a requisição de informações e documentos de quaisquer pessoas, órgãos, autoridades e entidades públicas ou privadas, a serem mantidas sob sigilo legal, quando for o caso, bem como determinar as diligências que se fizerem necessárias ao exercício das suas funções; [...]".

70. A competência referida no item "g", acima, consiste na elaboração, pela SDE, de parecer não vinculante, por meio do qual ela sugere, se for o caso, a aplicação de sanção, o que pode ou não ser acatado pelo CADE a seu exclusivo critério, ou então determina o arquivamento do processo, fazendo-o sempre, também, *ad referendum* do CADE. Como mesmo no caso de arquivamento a decisão da SDE se sujeita a recurso *ex ofício*, isso faz com que também tal decisão tenha efeito prático igual ao de uma *sugestão*, que pode ou não ser acatada pelo CADE, a seu exclusivo critério, a quem cabe sempre decidir por último e em caráter final.

71. Sendo assim, não há como negar que ambas as hipóteses subsumem-se ao quanto disposto no artigo 42 da Lei de Processo Administrativo Federal, que assim dispõe:

"Art. 42. Quando deva ser obrigatoriamente ouvido um órgão consultivo, o parecer deverá ser emitido no prazo máximo de quinze dias, salvo norma especial ou comprovada necessidade de maior prazo.

§ 1.º Se um parecer obrigatório e *vinculante* deixar de ser emitido no prazo fixado, o processo não terá seguimento até a respectiva apresentação, responsabilizando-se quem der causa ao atraso.

§ 2.º Se um parecer obrigatório e *não vinculante* deixar de ser emitido no prazo fixado, o processo poderá ter prosseguimento e ser decidido com sua dispensa, sem prejuízo da responsabilidade de quem se omitiu no atendimento".

72. Uma vez que a eventual recomendação de aplicação de sanção pela SDE não passa disso (ou seja, de uma recomendação, que pode ou não ser acatada livremente pelo CADE), e que sua eventual decisão de arquivamento deve obrigatoriamente ser confirmada pelo CADE, que também é inteiramente livre para fazê-lo ou não, parece-me isento de dúvida que o parecer de que trata o art. 39 da Lei 8.884/94 não pode ser outra coisa senão espécie do gênero disciplinado no art. 42, § 2.º, da sobredita Lei de Processo Administrativo Federal. Trata-se, portanto, de *parecer não vinculante*, cuja eventual ausência não impede o prosseguimento do feito e sua decisão, sem que isso gere qualquer prejuízo ou nulidade.

73. Dessa forma, tem-se que a única competência relacionada à instrução do processo administrativo que a lei outorga à SDE com exclusividade é aquela referida no item "c", acima, consistente na celebração de acordo de leniência. Todas as demais ou são competências instrutórias de que o CADE também é investido, ou são competências meramente ordinatórias, ou se referem à elaboração de parecer não vinculante, cuja dispensa é expressamente autorizada pelo art. 42 da Lei de Processo Administrativo Federal.

74. Cabe, então, perquirir se a impossiblidade de celebração de acordo de leniência pelo CADE seria bastante a impedir, numa situação como a presente, que ele viesse a instruir processo administrativo perante ele instaurado, em virtude do impedimento hierárquico excepcional da SDE. A resposta, também nesse ponto, é negativa.

75. Isso ocorre porque o acordo de leniência é aplicável a hipóteses que não se relacionam com o caso presente e que não tem nada a ver com tipo de conduta que aqui é imputada ao representado.

76. Nos termos do art. 35-B da Lei 8.884/94, o acordo de leniência pode ser celebrado pela União, por intermédio da SDE, com pessoas físicas e jurídicas que forem autoras de infração à ordem econômica *sempre em colaboração com outros co-autores*. Por meio de tal acordo, a parte deve colaborar efetivamente com as investigações e o processo administrativo de sorte a que dessa colaboração resulte a identificação dos demais co-autores da infração (inciso I) e a obtenção de informações e documentos que comprovem a infração noticiada ou sob investigação (inciso II). Além disso, nos termos do § 1.º do mesmo artigo tal acordo não pode ser realizado por "empresas ou pessoas físicas que tenham estado à frente da conduta tida como infracionária". Trata-se, assim,

de acordo que só cabe no caso de infração praticada por vários agentes em conluio uns com os outros, e que só pode beneficiar aqueles que tiveram participação secundária na conduta coletiva.

77. No caso, está-se tratando de prática imputada apenas ao Representado, sem que se cogite em momento algum de conluio com outros agentes econômicos. Trata-se da análise da legalidade, ou não, de prática comercial unilateral do Representado, consistente na inclusão de cláusulas de exclusividade em certos contratos que celebrou. Não faz sentido, neste caso específico, imaginar o cabimento de eventual acordo de leniência.

78. Essa constatação não implica dizer, todavia, que a instrução deste processo pelo CADE e não pela SDE impeça a eventual realização de outros acordos ou ajustes previstos pela Lei, desde que, evidentemente, aplicáveis, em tese, à hipótese aqui analisada. Ao contrário, no caso do ajuste que seria, em tese, possível face às peculiaridades do caso em questão (isto é, daquele previsto no art. 53 da lei), trata-se de hipótese para a qual é o CADE, e não a SDE, quem tem a competência exclusiva. É o que determina o art. 53 da lei antitruste:

> "Art. 53. Em qualquer das espécies de processo administrativo, *o CADE* poderá tomar do representado *compromisso de cessação da prática sob investigação* ou dos seus efeitos lesivos, sempre que, em juízo de conveniência e oportunidade, entender que atende aos interesses protegidos por lei.
>
> § 1.º Do termo de compromisso deverão constar os seguintes elementos:
>
> I – a especificação das obrigações do representado para fazer cessar a prática investigada ou seus efeitos lesivos, bem como obrigações que julgar cabíveis;
>
> II – a fixação do valor da multa para o caso de descumprimento, total ou parcial, das obrigações compromissadas;
>
> III – a fixação do valor da contribuição pecuniária ao Fundo de Defesa de Direitos Difusos quando cabível.
>
> § 2.º Tratando-se da investigação da prática de infração relacionada ou decorrente das condutas previstas nos incisos I, II, III ou VIII do *caput* do art. 21 desta Lei, entre as obrigações a que se refere o inciso I do § 1.º deste artigo figurará, necessariamente, a obrigação de recolher ao Fundo de Defesa de Direitos Difusos um valor pecuniário que não poderá ser inferior ao mínimo previsto no art. 23 desta Lei.
>
> § 3.º A celebração do termo de compromisso poderá ser proposta até o início da sessão de julgamento do processo administrativo relativo à prática investigada.
>
> § 4.º O termo de compromisso constitui título exclusivo extrajudicial.

§ 5.º O processo administrativo ficará suspenso enquanto estiver sendo cumprido o compromisso e será arquivado ao término do prazo fixado se atendidas todas as condições estabelecidas no termo.

§ 6.º A suspensão do processo administrativo a que se refere o § 5.º deste artigo dar-se-á somente em relação ao representado que firmou o compromisso, seguindo o processo seu curso regular para os demais representados.

§ 7.º Declarado o descumprimento do compromisso, o CADE aplicará as sanções nele previstas e determinará o prosseguimento do processo administrativo e as demais medidas administrativas e judiciais cabíveis para sua execução.

§ 8.º As condições do termo de compromisso poderão ser alteradas pelo CADE se comprovar sua excessiva onerosidade para o representado, desde que a alteração não acarrete prejuízo para terceiros ou para a coletividade.

§ 9.º O CADE definirá, em resolução, normas complementares sobre cabimento, tempo e modo da celebração do termo de compromisso de cessação".

79. Portanto, não há nenhuma competência instrutória outorgada pela lei à SDE que (i) também não tenha sido outorgada ao CADE, (ii) não possa ser pelo CADE desempenhada, ou (iii) não possa ser simplesmente dispensada no caso presente, sem qualquer prejuízo às partes, à investigação ou ao interesse público.

80. *Com efeito, não consigo ver qualquer prejuízo concreto à defesa do Representado que possa decorrer da instauração do processo administrativo e de sua instrução por parte do próprio CADE, já que tais circunstâncias não alteram em nada (i) a capacidade do Representado de conhecer e reagir a todos os atos e provas do processo (elementos esses que constituem o núcleo duro do princípio do contraditório) ou (ii) o juiz natural da causa, que era, é e sempre será o próprio CADE.*

81. Nesse contexto, recusar a competência do CADE para a instauração e instrução do processo configuraria hipótese inaceitável de *salvo-conduto à prática de infração à lei concorrencial*, dada, de um lado, pelo impedimento pontual e excepcional do órgão ao qual estava ordinariamente atribuída a investigação (a SDE) e, do outro, pela recusa do Banco Central em investigar, por também entender-se desprovido dessa competência. Tal salvo conduto não é compatível com a Lei 8.884/94 nem é admissível diante dos princípios que a regem ou dos princípios constitucionais que regem a Administração Pública em geral.

82. Repita-se: como o Banco Central já declarou que não irá agir no caso concreto (fl. 970 dos autos), por entender que não tem competência para investigar e punir condutas anticompetitivas no setor financeiro, não há outra solução para impedir essa garantia de impunidade senão admitir a competência

do CADE. Neste caso concreto, ao contrário do que ocorreu nos casos anteriores de controle de estruturas levados inclusive ao Poder Judiciário, *não há conflito positivo* de competências, já que, nesta hipótese, *o Banco Central não se entende competente para a investigação.*

83. No cenário desenhado acima a instauração do processo e sua instrução pelo CADE não apenas são providências permitidas pela Lei 8.884/94 como são por ela verdadeiramente exigidas. Como já dito várias vezes, o contrário implicaria violação do quanto disposto no art. 173, § 4.º, da Constituição Federal.

84. *Note-se ainda que o próprio Representado já reconheceu implicitamente, em diversas oportunidades anteriores, a competência deste Conselho para aplicação da lei antitruste no sistema financeiro, fazendo-o, por exemplo, ao apresentar espontaneamente ao CADE atos de concentração como os de n. AC 08012.012618/2010-75 e AC 08012.011736/2008-41, este último referente à operação de aquisição da Nossa Caixa, em que o Representado aceitou, até mesmo, a imposição pelo Conselho de restrições àquela operação. Não é possível compreender porque, agora, age diferentemente do que fez no passado, negando a mesma autoridade que antes reconhecera.*

4. Das condutas imputadas ao Representado e do pedido de Medida Preventiva

85. Ultrapassadas as questões processuais anteriores, é preciso nesse ponto analisar, ainda que em caráter preliminar, o próprio mérito da representação, de sorte a decidir se há, ou não, indícios de conduta anticompetitiva bastantes a justificar a abertura do processo administrativo sancionador. Em havendo, é preciso verificar, também, se há elementos suficientes a recomendar a concessão de Medida Preventiva, tal como requerido nos autos pela Representante. À luz da análise (necessariamente perfunctória, neste momento processual) que realizei dos elementos constantes até aqui dos autos, convenci-me que sim, em um e outro casos.

86. De fato, em que pese a Representante ter reiterado seus argumentos em diversas oportunidades nos autos, tendo produzido as manifestações de fls. 04-53, 587-648, 914-925, 926-927, 928-938, 961-969, 988-1007 e 1009-1040, e de ter juntado em todos esses momentos farta documentação em apoio a sua tese, que será apreciada a fundo no momento oportuno, penso que o exame relativo a esta fase do processo pode apoiar-se, fundamentalmente, nos documentos de fls. 90-569, complementados pelas informações de mercado dadas a público e amplamente divulgadas tanto pelo Banco Central como pelo próprio Representado, além, é claro, do exame jurídico e econômico dos argumentos

deduzidos no processo, em cognição evidentemente compatível com o presente momento processual.

87. Segundo a Representante o Representado teria incorrido em violação aos artigos 20, incisos I, II e IV, e 21, incisos IV, V e X, todos da Lei 8.884/94. Ainda segundo a Representante, tal violação decorreria da inserção pelo Representado de cláusulas de exclusividade em diversos contratos celebrados entre ele e certos órgãos públicos de nível municipal, estadual ou mesmo federal, por meio das quais tais órgãos teriam restringido ao Representado, e a mais ninguém, o acesso às folhas de pagamento de seus servidores, criando assim, em favor do Representado, uma reserva de mercado no que diz respeito à concessão de crédito consignado para tais servidores.

88. Instado a manifestar-se sobre tal acusação, o Representado limitou-se a negar a competência do CADE para analisar a matéria, registrando, ademais, a edição da Circular n. 3.522/01 pelo Banco Central. Nada disse, portanto, quando ao mérito das acusações que lhe são aqui imputadas, apesar de ter sido especificamente instado a tanto, nem negou, mesmo que genericamente, a existência de tal prática contratual.

89. Além de tal prática contratual não ter sido negada pelo Representado, há nos autos indícios suficientes de sua ocorrência.

90. Há notícia nos autos (fls. 154 e ss. por exemplo) da edição, no Município de São Paulo, do Decreto n. 51.198/2010, que concede exclusividade ao Representado para oferta de crédito consignado aos servidores públicos daquela entidade federativa. Tal exclusividade é confirmada no sítio da Internet da própria Secretaria Municipal de Planejamento, em que está consignado que "O empréstimo consignado somente poderá ser efetuado junto ao Banco do Brasil S/A, conforme Decreto n. 51.198, de 2010".[6] Consoante se nota indiretamente na referência de fl. 159, tal decreto consiste em desdobramento de contrato firmado entre o Município de São Paulo e o Representado, em que o primeiro assumiu a obrigação de "promover as alterações necessárias nos regulamentos municipais que disciplinam o pagamento de fornecedores mediante crédito em conta corrente e as consignações em folha de pagamento de seus servidores, de modo a torná-los compatíveis com o disposto neste contrato".

91. Nas fls. 190-200 dos autos consta contrato celebrado entre o Representado e o Estado de Minas Gerais, em cuja Cláusula 1.ª, item (IV), (a), restou prevista a possibilidade de concessão de crédito mediante consignação em "caráter diferenciado", pelo Representado, aos servidores daquele ente federativo.

---

6. Cf. acesso a <http://www.prefeitura.sp.gov.br/cidade/secretarias/planejamento/portal_do_servidor/consignacoes/index.php?p=10599>.

Tal como noticiado nas fls. 220 e seguintes, essas condições de "diferenciação" foram subseqüentemente dadas, naquele Estado, pelo Decreto n. 45.336/10, cujo art. 12, IV, estabeleceu, para o crédito tomado junto aos concorrentes do Representado, prazo máximo de 36 meses, prazo esse que não existe, em contrapartida, para o crédito consignado tomado junto ao Representado.

92. Além disso, nas fls. 90-154 dos autos consta Contrato de prestação de serviços financeiros e outras avenças, celebrado entre o Banco do Brasil e o Estado do Piauí, cuja Cláusulas 4.ª dispôs o seguinte:[7]

> "CLÁUSULA 4.ª, PARÁGRAFO QUARTO – O ESTADO assegurará ao BANCO a exclusividade em toda e qualquer oferta de comercialização de produtos e serviços financeiros nas dependências do ESTADO, direcionada aos servidores estaduais, inclusive publicidade e/ou propaganda, editando, no prazo máximo de 30 dias contados da data da publicação do contrato, norma específica para esse fim.
>
> CLÁUSULA 4.ª, PARÁGRAFO QUINTO – O ESTADO disponibilizará apenas para o BANCO a segunda opção de averbação em folha de pagamento para os servidores que possuírem margem livre para contratar novas operações de Consignação em Pagamento, no sistema SISCONSIGNET, ou outro que venha a substituí-lo".

93. Além desses casos referidos nos documentos supra mencionados, colhidos entre os documentos acostados à representação, há notícia, na

7. No mesmo sentido, confira-se o teor do Decreto 14.191/2010, editado pelo Sr. Governador do Estado do Piauí (fls. 161): "Art. 1.º Fica delegada competência à Secretaria de Estado da Administração para editar Instruções Normativas estabelecendo procedimentos para consignações em folha de pagamento dos servidores públicos estaduais, previstas no § 2.º, do art. 42, da Lei Complementar 13, de 03 de janeiro de 1994, e alterações posteriores. § 1.º Na regulamentação dos procedimentos em questão deverá ser contemplado: I – a exclusividade para o Banco do Brasil S.A., até o dia 18 de abril de 2015, na concessão de empréstimo ou financiamento, inclusive linha de crédito especial para reestruturação de dívidas, aos servidores ativos, inativos, pensionistas, contratados e estagiários do Estado, vinculados à Administração Direta e Indireta, mediante consignação em folha de pagamento, com prazo de até 72 (setenta dois) meses; II – a exclusividade para o Banco do Brasil S.A., até o dia 18 de abril de 2015, na disponibilização da segunda opção de averbação em folha de pagamento para os servidores que possuírem margem livre para contratar novas operações de consignação em pagamento. § 2.º A presente condição de exclusividade na forma do inciso I do parágrafo anterior será excepcionada unicamente para a Caixa Econômica Federal, código compe 104, até o limite máximo de contratação de 18.000 (dezoito mil) operações de crédito consignadas, com prazo de até 60 meses."

folha 7 da representação, da existência de práticas semelhantes envolvendo as Prefeituras Municipais de Atalaia, Maceió, Palmeira dos Indios, Porto Calvo, lbicaraí, Mucuri, Vila Velha, Aparecida de Goiânia, Além Paraíba, Belo Oriente, Betim, Canápolis, Esmeraldas, Ipatinga, Itapagipe, Monte Carmelo, Rio Parnaíba, Sacramento, Santa Vitória, Goiana, Recife, Cabo Frio, Nova Friburgo, Natal, Araras, Campinas, Diadema, Guarulhos, Mauá, Rio Claro, Santo André, São Bernardo do Campo, São Caetano do Sul, São Paulo e Lagarto, além dos Estados do Estado do Rio Grande do Norte, Tocantins, Espírito Santo, Mato Grosso do Sul, Paraíba e Piauí, além de diversos outros órgãos da administração indireta nessas ou em outras localidades.

94. Ao lado da ausência de negativa (mesmo que genérica) do Representado quanto à prática contratual em questão, e também da existência nos autos de cópias de contratos celebrados entre o Representado e certos órgãos públicos em que tal prática está consubstanciada, há também diversos elementos probatórios indiretos indicativos da mesma prática, consistentes em reportagens de jornal e decisões judiciais em que o mesmo tema foi ventilado, relativamente a outros tantos órgãos públicos. Tudo isso somado permite concluir, nesta fase processual, acerca da existência de indícios suficientes de existência da conduta imputada ao Representado. Não obstante, tanto não basta a justificar a instauração do processo administrativo. É preciso para esse fim verificar ainda se tal conduta pode representar, efetivamente, violação aos artigos já referidos da Lei 8.884/94, mesmo que em análise perfunctória, pois apenas em caso positivo será possível cogitar da instauração de processo administrativo sancionador e da eventual concessão da medida preventiva solicitada.

95. Tal análise exige, antes de mais nada, um exame preliminar do mercado em se teria dado a prática anticompetitiva, e do eventual poder de mercado que nele teria o Representado.

96. A modalidade de crédito de que tratam os autos consiste, basicamente, em crédito direto a pessoa física, sem garantia real e cuja única e principal garantia (daí seu diferencial) consiste na possibilidade de desconto direto em folha de pagamento das parcelas do saldo devedor, quando de seu vencimento.

97. Tal modalidade de garantia (a consignação em folha) já era prevista na Lei 1.046/50 para funcionários públicos e certas autoridades. Contudo, é apenas com a edição da Lei 8.112/90, que dispôs sobre o regime jurídico dos servidores públicos da União, autarquias e fundações públicas federais, que o mecanismo veio a tornar-se mais disseminado, tendo o parágrafo único do art. 45 dessa lei disposto que "mediante autorização do servidor, poderá haver consignação em folha de pagamento a favor de terceiros, a critério da administração e com reposição de custos, na forma definida em regulamento". Em

setembro de 2003 a Medida Provisória n. 130 (posteriormente convertida na Lei 10.820/03) estendeu o benefício a empregados da iniciativa privada e celetistas em geral, bem como aos aposentados e pensionistas do INSS, regulando para estes, em maiores detalhes, as condições da consignação.

98. Consoante se verificará adiante, essa especial modalidade de garantia permite reduzir drasticamente o risco de inadimplência da operação bancária, fazendo com que os juros praticados resultem muito inferiores àqueles praticados nas demais modalidades de crédito a pessoas físicas sem garantia real.

99. Conforme se nota da tabela abaixo, extraída do Relatório de Economia Bancária e Crédito do Banco Central relativo ao ano de 2009,[8] os juros médios prefixados praticados pelo mercado no crédito consignado equivaleram, em média, a aproximadamente metade daqueles praticados nas demais modalidades de crédito pessoal durante todo o período compreendido entre dezembro de 2003 e dezembro de 2009, aproximando-se apenas às taxas praticadas no financiamento de veículos, modalidade de crédito que (i) somente pode ser tomada para o fim específico de financiar a compra de carros novos ou usados e (ii) conta com o próprio veículo como garantia real, freqüentemente em regime de alienação fiduciária em garantia, não sendo, assim, substituta do crédito pessoal consignado, quer pela ótica da demanda, quer pela da oferta.

Gráfico 18 – Juris Prefixados – Pessoas Físicas

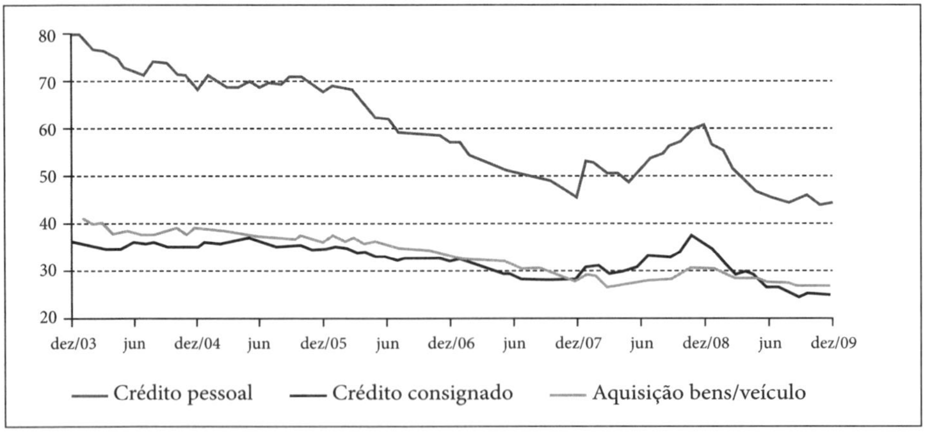

Fonte: Banco Central do Brasil.

8. Disponível em: <http://www.bcb.gov.br/pec/depep/spread/REBC2009.pdf>.

100. Em relação a outras modalidades de crédito pessoal sem garantia real o crédito consignado não apenas é mais barato, mas também mais longo.[9] Por isso, sob a ótica do produto, o mercado de crédito consignado deve ser apartado dos demais mercados de crédito pessoal, já que não há, no mínimo do ponto de vista da demanda, relação de substitutibilidade em relação ao cheque especial, ao crédito pessoal não garantido, ao crédito para aquisição de veículos e às outras modalidades de crédito a pessoa física, tal como segregadas pelo próprio Banco Central.[10]

101. Além de constituir-se em mercado relevante apartado, o crédito consignado é, entre as modalidades de crédito a pessoa física, aquela que tem mais crescido. Entre os anos de 2005 e 2007, esse crescimento foi de 105%, contra 60% de crescimento do crédito pessoal em geral (incluindo a própria modalidade consignada) e também do crédito para aquisição de veículos, e 18% de crescimento do crédito via cheque especial.[11] Em 2007 o consignado representava 26% de todo o volume de crédito a pessoas físicas concedido no Brasil, com um saldo de aproximadamente 64 bilhões de Reais, equivalentes à época a 2,5% do PIB, estando ademais *expressivamente concentrado em operações com empregados do setor público e pensionistas do INSS*, que representavam, à época, 87% do total de operações realizadas.[12] Essa situação, como se verá adiante, não apenas se manteve como se aprofundou, se olharmos os dados mais recentes de 2011.

102. Como se nota do gráfico abaixo, o expressivo crescimento das operações de crédito consignado esteve baseado, ao longo dos últimos anos, fundamentalmente em empréstimos concedidos a funcionários do setor público, além de pensionistas do INSS:

---

9. A expansão do crédito consignado tem inclusive contribuído para o incremento geral dos prazos médios das operações de crédito a pessoa física, conforme registrado no Relatório de Economia Bancária e Crédito do Banco Central de 2007, disponível em: <http://www.bcb.gov.br/Pec/Depep/Spread/relatorio_economia_bancaria_credito2007.pdf>.

10. Além disso, a existência de condições regulatórias específicas para essa modalidade de crédito, como requerimentos de capital, por exemplo, aliada à menor inadimplência e à particularidade da garantia ofertada, poderiam, em conjunto, justificar a conclusão da impossibilidade de substituição perfeita também pela ótica da oferta, complementando a análise apartada de mercado relevante que se efetivará a seguir, sob a ótica do produto.

11. Idem, p. 11.

12. Idem, ibidem e p. 73.

Crédito Consignado[1-2]

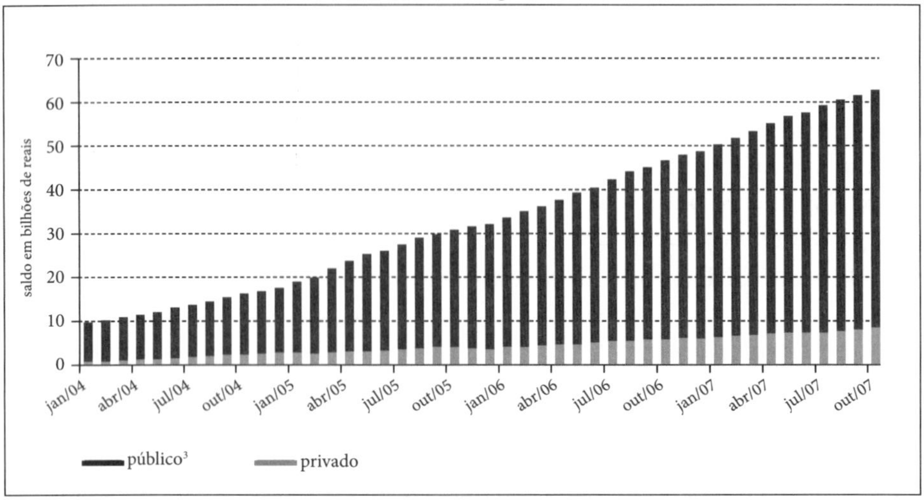

Gráfico 1 – Distribuição do saldo do crédito consignado entre o setor privado e o público

Observações:

1. Operações regulamentadas pela Medida Provisória 130, de 17.09.2003, convertida na Lei 10.820, de 17.12.2003.
2. Últimas datas-base calculadas com base nos dados do Sistema de Informações de Crédito e da pesquisa com treze dos maiores bancos que operam com crédito pessoal. Inclui empréstimos realizados pelas cooperativas de crédito.
3. Inclui empréstimos para funcionários públicos ativos e inativos, e aposentados e pensionistas do INSS.

Fonte: Banco Central do Brasil[13]

103. A explicação para essa discrepância é simples: consiste na *"grande diferença entre o funcionalismo público e o setor privado quanto à estabilidade no emprego"*, aliada à grande estabilidade do *"fluxo de renda proveniente da aposentadoria do INSS"*.[14] Unidos esses dois fatores, tem-se que o segmento público é o segmento *premium* do mercado de oferta de crédito consignado, sendo não apenas aquele que historicamente mais cresce, mas também aquele que concentra o maior número de operações e que apresenta as operações de menor risco de *default.*

104. Não é por acaso, portanto, que a estratégia de crescimento do Representado no segmento de pessoas físicas está focada, justamente, no mercado de crédito consignado e, mais especificamente, no segmento de "empréstimos a servidores públicos", em que o Representado tem, ademais, a liderança, segundo suas próprias informações. Confira-se, a propósito, trecho do Relatório de Administração do Representado, relativo ao semestre encerrado em 30 de junho de 2011, divulgado em seu próprio sítio na internet:[15]

13. Idem, p. 74.
14. Idem, ibidem.
15. Disponível em: <http://www.bb.com.br/docs/pub/siteEsp/ri/pt/dce/dwn/2T11AJDemoCont.pdf>.

"O crédito consignado permanece como a modalidade de maior representatividade na carteira de crédito [do Banco do Brasil] para pessoas físicas, com 39,1% do total. Com a estratégia de qualificação da base de clientes e foco em linhas de menor risco, a carteira de crédito consignado do BB apresentou um crescimento de 18,4% nos últimos 12 meses, o que reforça a liderança do Banco nesse segmento, cuja participação de mercado alcançou 32,6%. Os empréstimos com servidores públicos continuam como os mais representativos da carteira de consignado do BB e participam com 84,4% do total. O restante é composto por aposentados e pensionistas do INSS (9,6%) e funcionários do setor privado (6,0%)".

105. O relatório em questão também afirma que a carteira de crédito a pessoas físicas do Representado (da qual o crédito consignado, como visto, responde por 39,1%) representava, no fechamento do primeiro semestre deste ano, 29,1% de sua carteira de crédito total, em conceito ampliado, que era, por sua vez, de R$ 421,3 bilhões. Aplicando-se as proporções declaradas sobre esse montante total, tem-se que o montante declarado de sua carteira de crédito consignado seria de aproximadamente R$ 47,9 bilhões, naquela data, dos quais aproximadamente R$ 40,5 bilhões corresponderiam a empréstimos a servidores públicos.

106. Esses dados podem ser comparados com os dados divulgados pelo Banco Central em seu recente Boletim Regional, de abril de 2011,[16] que estimou o saldo total das operações de crédito consignado no Brasil, em janeiro de 2011, como sendo de R$ 139,7 bilhões de reais, dos quais 85,6% corresponderiam a créditos concedidos a servidores públicos ou pensionistas do INSS. Comparando-se os dados globais de mercado divulgados pelo Banco Central com o volume da carteira divulgada pelo Representado, ter-se-ia, apesar do descasamento de seis meses entre uma base de corte e outra, uma participação de aproximadamente 34,3% no mercado nacional, perfeitamente compatível com os dados de participação fornecidos pelo próprio Representado (de 32,6%). Pode-se daí concluir, neste exame preliminar do tema, que o Representado tem, indubitavelmente, segundo os critérios do art. 20, § 3.º, da Lei 8.884/94, posição dominante nesse mercado, a ensejar a possibilidade, ao menos em tese, das modalidades de abuso tratadas em seu artigo 21.

107. O mesmo relatório do Banco Central confirma, ainda, caracterização do crédito consignado como mercado relevante distinto, sob a ótica do produto, das demais modalidades de crédito a pessoas físicas sem garantia real, por confirmar os dados mais antigos, supra referidos, de diferenciação em relação a custos e prazos.

108. Como se nota na página 94 do documento, preponderavam, no início deste ano, nas operações de crédito consignado do SFN, aquelas com

16. Disponível em: <http://www.bcb.gov.br/pec/boletimregional/port/2011/04/br-201104b2p.pdf>.

prazos médios situados entre 5 e 6 anos, ao passo em que o prazo médio das operações totais de crédito a pessoas físicas eram, na mesma data, de 1,6 anos.

109. Além disso, a taxa de juros média para as operações consignadas era, ao ano, de 28,3%, ao passo em que as taxas para o crédito pessoal e o cheque especial eram de 48,3% e 172,6%, respectivamente.

110. Em prazo e custo, do crédito consignado aproximam-se apenas os financiamentos para aquisição de bens, que não podem, no entanto, ser considerados substitutos do crédito pessoal a pessoa física, pois, como já referido, (i) devem ser usados necessariamente para a aquisição de um determinado bem, tendo portanto finalidade e destinação específica, e (ii) contam com o próprio bem financiado como garantia real.

111. Da especialidade do crédito consignado e de suas características únicas, impossíveis de serem substituídas por outras modalidades de crédito pessoal é que decorre, por sinal, sua *contínua* expansão, em patamares bem superiores aos das demais modalidades de crédito a pessoas físicas, circunstância essa constante deste 2004 até 2011:[17]

Tabela 1 – Taxas de Juros de Operações de Crédito para Pessoa Física

% a.a.

Período	Cheque especial	Crédito pessoal	Aquisição de bens	Consignado	Média
2004	143,5	79,1	40,2	41.4	65,4
2005	144,6	71,2	40,6	39,1	62,0
2006	147,8	68,9	38,9	37,3	59,7
2007	141,9	57,2	36,2	33,0	52,3
2008	145,5	53,1	34,3	29.4	48,8
2009	172,0	56,5	38,1	30,8	55,0
2010	161,1	44,8	27,4	27,2	43,0
2011	172,6	48,3	28,3	28,3	43,8

Nota: As informações referem-se a janeiro de cada ano.

Fonte: Banco Central[18]

17. Segundo o Relatório de Inflação de dezembro de 2010 do Banco Central o estoque de cédito consignado representava, em dezembro de 2010, 60,4% da carteira total de crédito pessoal, tendo experimentado um crescimento de 28,7% nos últimos 12 meses. Dados disponíveis em: <http://www.bcb.gov.br/htms/relinf/port/2010/12/ri201012P.pdf>.

18. Boletim Regional do Banco Central do Brasil de Abril de 2011, disponível em: <http://www.bcb.gov.br/pec/boletimregional/port/2011/04/br201104b2p.pdf>, p. 93.

Gráfico 1 - Evolução do Saldo Real das Operações de Crédito para Pessoas Físicas*

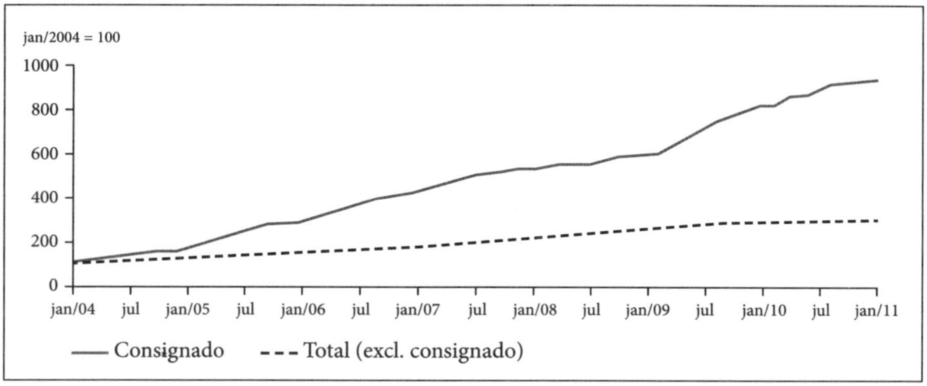

* Dados corrigidos pelo IGPM.

Fonte: Banco Central[19]

Tabela 2 - Saldos de Operações Contratadas com Pessoas Físicas Modalidades Selecionadas

R$ bilhões

Período	Crédito pessoal	Crédito consignado	Aquisição de bens	Leasing	Cartão de crédito	Cheque especial
2004	30.8	9,7	36,0	1,7	6,7	9,4
2005	44,8	18,6	46,2	4,7	8,7	10,6
2006	65,0	33,1	62,2	8,9	11,9	12,2
2007	81,4	49,6	75,3	14,6	14,1	13,3
2008	103,2	65,9	95,5	31,1	17,7	14,1
2009	134,2	80,0	92,7	57,3	23,0	17,1
2010	167,1	109,8	105,0	63,1	26,8	16,6
2011	208,7	139,7	152,9	46,2	30,4	18,2

Nota: Refere-se ao saldo em janeiro do correspondente ano.

Fonte: Banco Central[20]

112. Deste modo, os dados acima permitem concluir que, sob a ótica do produto, o crédito consignado consiste em mercado relevante distinto das demais modalidades de crédito pessoal, demonstrando, ainda, que a participação

19. Idem, p. 94.
20. Idem, ibidem.

do Representado nesse mercado é expressiva, superando a casa dos 30% (trinta por cento), considerado a dimensão geográfica do mercado como sendo nacional. Além disso, o próprio Representado declarou publicamente que sua estratégia de crescimento no segmento de crédito pessoal é concentrada no mercado de crédito consignado, com foco específico no funcionalismo público.

113. Assim, o mercado de que tratam os autos é considerado publicamente estratégico pelo Representado e este possui, segundo os termos da lei, nesse mesmo mercado, posição dominante, com participação de aproximadamente um terço. Isso torna possível, em tese, o abuso de posição dominante, exigindo que a presente análise perfunctória da conduta a ele imputada prossiga para uma etapa subseqüente, relativa a seu escrutínio *vis-a-vis* as regras, princípios e tipos dos artigos 20 e 21 da Lei 8.884/94.

114. Não tenho dúvida que tal escrutínio justifica não apenas a decisão de instauração do processo administrativo como também, à luz dos elementos ora presentes, a concessão da Medida Preventiva solicitada pela Requerente.

115. Nesse sentido, é preciso registrar, em primeiro lugar, que a conduta noticiada nos autos possui notas peculiares, pois, apesar de os acordos de exclusividade enquadrarem-se, normalmente, no âmbito das chamadas "restrições verticais à concorrência", que envolvem agentes em posições distintas de uma mesma cadeia econômica (fornecedor e distribuidor, ou produtor e fornecedor de insumos, por exemplo), não parece haver neste caso, entre o Banco do Brasil e os órgãos públicos que com ele contratam, quaisquer relações dessa ordem.

116. Nesse contexto, torna-se difícil cogitar, neste caso, das externalidades, ganhos de escala e escopo, economias de custo e eficiências que normalmente poderiam ser utilizadas, em tese, para justificar a licitude (segundo a regra da razão) de certas práticas de exclusividade.

117. No caso presente, o objeto dos contratos e ajustes celebrados entre o Representado e os vários órgãos do poder público com quem ele contratou não é a concessão de exclusividades de distribuição ou fornecimento, que possam ter o potencial efeito transverso de fechar os mercados a montante (de insumos) ou a jusante (de distribuição), com potencial efeito exclusionário de competidores. *Aqui, a exclusão de competidores é o próprio objeto da cláusula contratual, é sua própria razão de ser e o efeito direto e imediato de sua celebração.*

118. Ao lidar com acordos de exclusividade, normalmente celebrados com fornecedores de insumos ou distribuidores, a literatura de antitruste costuma atentar para a necessidade de considerarem-se itens como a redução de custos de transação entre contratantes freqüentes na cadeia, a redução de custos de distribuição com conseqüentes economias de escala, o incentivo à entrada de novos distribuidores mediante garantia de retorno de seu investimento, a

preservação da imagem do produto, o impedimento da ação de *free riders* e da excessiva concentração de distribuidores, etc., todos esses elementos podendo (i) assegurar a racionalidade econômica do ajuste, para além de um eventual objetivo potencialmente ilícito de fechamento de mercado, e (ii) demonstrar, ao fim e ao cabo, o próprio efeito pró-competitivo da conduta.

119. Contudo, nada disso pode ser cogitado no caso presente. A exclusividade no acesso à folha de salários dos órgãos com os quais o Representado contrata não tem relação direta com o objeto principal desses contratos, que é a prestação de serviços de processamento das respectivas folhas de pagamento. Não há ganhos decorrentes da redução de custos de transação entre as partes que pudessem justificar, sob esse prisma, a exclusão de competidores. Não parece haver, na verdade, nenhum dos elementos acima indicados, capazes de conferir uma racionalidade à conduta que seja distinta do puro e simples propósito de fechamento do mercado a outros competidores.

120. Como registrado, no caso presente o fechamento do acesso de concorrentes ao mercado de crédito consignado (ou, ao menos, a partes expressivas dele, correspondentes justamente ao público em que se verifica a menor inadimplência, e no qual o Representado diz que irá concentrar seus esforços de venda), não parece ser efeito indireto e apenas potencial da prática contratual adotada; ao revés, é conseqüência direta e necessária dela, é o objetivo mesmo da cláusula contratual.

121. Como a prática contratual em análise consiste justamente em impedir o consumidor final de crédito consignado de obter esse serviço de outros concorrentes do Banco do Brasil, isso faz com que, para este consumidor, o Representado seja o único e exclusivo fornecedor do serviço, em condição de efetivo monopólio, sem a possibilidade de qualquer contestação por rivais.

122. Os contratos celebrados pelo Representado, ao estabelecerem a exclusividade em questão (ou mesmo condições privilegiadas não extensíveis a outros concorrentes), fazem com que o órgão público comprometa-se a negar aos competidores do Representado acesso a um elemento que está exclusivamente em seu poder e que é absolutamente necessário à consumação da garantia que particulariza essa modalidade creditícia: a folha de pagamento do servidor. Ocorre, contudo, que o órgão público não parecer ser livre para "negociar" a seu bel critério esse "ativo", e, anda que o pudesse fazer, jamais poderia exercer essa eventual faculdade de sorte a impedir ou dificultar as condições de concorrência em referido mercado.

123. De fato, nos contratos que celebrou o Representado parece ter "comprado" dos órgãos públicos acesso exclusivo a um *insumo essencial* ao fornecimento de crédito consignado, qual seja, o acesso à folha de pagamento dos funcionários destes últimos. Não parece existir, todavia, viabilidade jurídica de

oferta remunerada de tal insumo a quem quer que seja, ainda mais em condições de exclusividade.

124. Ao tratar das condições de consignação para funcionários *celetistas* e *pensionistas do INSS*, a Lei 10.820/03 (que é posterior em mais de dez anos ao Estatuto dos Funcionários Públicos Federais e por isso regulamenta a matéria com muito mais detalhes) proíbe expressamente essa prática.

125. Com efeito, ela obriga o empregador, em seu art. 3.º, a prestar ao empregado e à instituição consignatária, mediante solicitação formal do primeiro, todas as informações necessárias para a contratação da operação de crédito ou arrendamento mercantil, obrigando-a também a efetuar os descontos autorizados pelo empregado em folha de pagamento e repassar o valor à instituição consignatária na forma e no prazo previstos em regulamento. *Mais importante que isso, a lei veda ao empregador impor ao mutuário e à instituição consignatária escolhida pelo empregado qualquer condição que não esteja prevista na própria lei ou em seu regulamento para a efetivação do contrato e a implementação dos descontos autorizados.*

126. Em seu artigo 4.º a lei dispõe que a concessão de empréstimo, financiamento ou arrendamento mercantil será feita a critério da instituição consignatária, sendo os valores e demais condições objeto de *livre negociação entre ela e o mutuário.*

127. Ainda que permita, no parágrafo 1.º desse mesmo artigo, que o empregador, com a anuência da entidade sindical representativa da maioria dos empregados, sem ônus para estes, possa firmar, com instituições consignatárias, acordo que defina condições gerais e demais critérios a serem observados nos empréstimos, financiamentos ou arrendamentos que venham a ser realizados com seus empregados, o parágrafo 4.º do mesmo artigo é explícito ao dizer que o empregado, mesmo nesse caso, tem o direito de optar pela instituição consignatária que tenha firmado acordo com o empregador ou com sua entidade sindical, *ou por qualquer outra instituição consignatária de sua livre escolha*, ficando o empregador *obrigado* a proceder aos descontos e repasses por ele contratados e autorizados.

128. Sem prejuízo da possibilidade de celebração de tais acordos, eles devem ser realizados, sempre, em exclusivo benefício do empregado, sendo "vedada aos empregadores, entidades e centrais sindicais", nos termos do parágrafo 7.º, "a cobrança de qualquer taxa ou exigência de contrapartida pela celebração ou pela anuência nos acordos referidos nos §§ 1.º e 2.º, bem como a inclusão neles de cláusulas que impliquem pagamento em seu favor, a qualquer título, pela realização das operações de que trata esta Lei".

129. Portanto, se estivéssemos tratando de empréstimo subordinado aos termos da Lei 10.820/03 (isto é, para celetistas e não para funcionários públicos), a celebração dos contratos noticiados nestes autos não precisaria sequer

ser analisada à luz da Lei 8.884/94: ela seria, nos termos da própria lei de regência, ilícita *per se*. Todavia, creio que a interpretação sistemática, analógica e teleológica dos dispositivos aplicáveis às várias modalidades de crédito consignado autoriza concluir que também no caso de servidores públicos (talvez com ainda mais razão no caso destes, dado o regime especial que rege a conduta dos órgãos que são seus empregadores) é vedado comercializar o acesso às folhas de pagamento dos tomadores de crédito. Isso implicaria sua intromissão em um negócio (a tomada de crédito consignado) do qual tais órgãos não são, sob qualquer ótica, parte.

130. Além disso, sob o prisma concorrencial, quando tal conduta pode representar á luz dos indícios existentes, tentativa de abuso de posição dominante e de exclusão de competidores do mercado, entendo que ela pode ensejar, plenamente, a aplicação potencial das sanções e demais cominações previstas na Lei 8.884/94.

131. Mais especificamente, em exame perfunctório próprio a esta fase processual, parece viável enquadrar a conduta noticiada nos autos nas infrações previstas nos seguintes dispositivos da lei antitruste:

> "Art. 20. Constituem infração da ordem econômica, independentemente de culpa, os atos sob qualquer forma manifestados, que tenham por objeto ou possam produzir os seguintes efeitos, ainda que não sejam alcançados:
>
> I - limitar, falsear ou de qualquer forma prejudicar a livre concorrência ou a livre iniciativa;
>
> II - dominar mercado relevante de bens ou serviços;
>
> III - aumentar arbitrariamente os lucros;
>
> IV - exercer de forma abusiva posição dominante.
>
> [...]
>
> § 2.º Ocorre posição dominante quando uma empresa ou grupo de empresas controla parcela substancial de mercado relevante, como fornecedor, intermediário, adquirente ou financiador de um produto, serviço ou tecnologia a ele relativa.
>
> § 3.º A posição dominante a que se refere o parágrafo anterior é presumida quando a empresa ou grupo de empresas controla 20% (vinte por cento) de mercado relevante, podendo este percentual ser alterado pelo CADE para setores específicos da economia.
>
> Art. 21. As seguintes condutas, além de outras, na medida em que configurem hipótese prevista no art. 20 e seus incisos, caracterizam infração da ordem econômica;
>
> [...]
>
> IV - limitar ou impedir o acesso de novas empresas ao mercado;

V – criar dificuldades [...] ao funcionamento ou ao desenvolvimento de empresa concorrente [...];

VI – impedir o acesso de concorrente às fontes de insumo [...];

[...]

X – regular mercados de bens ou serviços, estabelecendo acordos para limitar ou controlar a [...] prestação de serviços [...];

[...]

XXIII – subordinar a venda de um bem à aquisição de outro ou à utilização de um serviço, ou subordinar a prestação de um serviço à utilização de outro ou à aquisição de um bem; [...]".

132. Note-se que o próprio Banco Central, ao editar a Circular n. 3.522/01, referida pelo Representado em sua manifestação, veiculou, nesse normativo, censura concorrencial implícita à conduta aqui noticiada, dispondo, no artigo primeiro da norma, o seguinte:

> "Art. 1.º Fica vedada às instituições financeiras, na prestação de serviços e na contratação de operações, a celebração de convênios, contratos ou acordos que impeçam ou restrinjam o acesso de clientes a operações de crédito ofertadas por outras instituições, inclusive aquelas com consignação em folha de pagamento".

133. Todavia, ao que parece, por entender que tal dispositivo teria conteúdo eminentemente normativo e que por isso não poderia retroagir para albergar contratações anteriores à sua edição, compreendeu o Banco Central que tal disposição não atingiria os contratos já firmados pelo Representado com os vários órgãos públicos referidos nestes autos, os quais, assim, manter-se-iam hígidos e em vigor até sua expiração. Tal entendimento, todavia, é completamente insustentável, pois não é a referida circular que torna o comportamento ilícito: é a Lei 8.884/94 que o faz, tipificando as condutas anticompetitivas acima referidas, nas quais a conduta aqui analisada parece, neste exame preliminar, enquadrar-se perfeitamente.

134. Assim, dos vários elementos aqui relacionados, entendo isenta de dúvida a existência de indícios bastantes a justificar a abertura de Processo Administrativo Sancionador em desfavor do Representado, entendendo, ainda, que os mesmos elementos e indícios são também suficientes a caracterizar, de outro lado, o "fundado receio de que o representado, direta ou indiretamente, cause ou possa causar ao mercado lesão irreparável ou de difícil reparação, ou torne ineficaz o resultado final do processo".

135. A lesão ao mercado é, no caso, perfeitamente presumível, quer pelo efeito direto de exclusão de competidores caracterizado pela conduta, quer pela própria circunstância de já ter, o Representado, liderança e posição dominante

nesse mesmo mercado, tendo ainda declarado em documento público, a seus investidores, *que o mercado alvo da conduta consiste, justamente, naquele em que pretende focar sua estratégia de expansão.*

136. Dessa forma, estão presentes ambos os requisitos normalmente exigidos à concessão de tutela cautelar: o risco de dano (caracterizador do perigo na demora), acima indicado, e, bem assim, a verossimilhança da acusação, caracterizada por todos os elementos referidos no corpo desta decisão. Quanto ao risco de dano, é de se ressaltar que ele, presente no que diz respeito ao mercado como um todo, é ainda mais evidente se considerarmos os consumidores de crédito já atingidos pelos contratos atualmente firmados pelo Representado, supostamente não albergados pela proibição contida na Circular n. 3.522 do Banco Central, pois, para estes, o Representado consiste em virtual monopolista, e assim persistirá por todo o tempo em que durar o processo, caso não seja concedida a Medida Preventiva requerida.

137. Dessa sorte, presentes os requisitos legais exigidos para a concessão da tutela cautelar administrativa, é obrigação do julgador concedê-la, sob pena de infração ao teor expresso do artigo 52 da Lei 8.884/94.

138. Diante desses elementos, decido pela instauração, ex ofício, do Processo Administrativo Sancionador em face do Representado, e pela concessão da Medida Preventiva requerida, nos termos especificados adiante.

5. Conclusão

139. Por todo o exposto, decido instaurar, *ex ofício,* e em vista da inação tanto da SDE-MJ quanto do Banco Central do Brasil, Processo Administrativo Sancionador em desfavor do Representado, destinado a apurar a prática das condutas noticiadas na representação de fls. 04-53.

140. Além disso, decido conceder, conforme requerido pela Representante, Medida Preventiva destinada a:

a) determinar ao Representado a cessação imediata da assinatura de quaisquer novos contratos contendo cláusula de exclusividade de consignação em pagamento, ou de cláusulas que exijam dos órgãos responsáveis pelo pagamento dos vencimentos de seus potenciais clientes dessa modalidade de crédito quaisquer benefícios concedidos a si que não possam ser também estendidos a todos os seus demais concorrentes, especial mas não exclusivamente no que diz respeito a prazos, margens e custos, ou que de qualquer forma restrinjam o acesso de tais clientes às operações de crédito ofertadas por outras instituições;

b) determinar ao Representado a suspensão imediata dos efeitos das cláusulas inseridas em quaisquer acordos atualmente vigentes que tenham ou possam vir a ter os escopos ou efeitos referidos no item (a), acima;

c) determinar ao Representado que comunique o teor da presente decisão, individualmente, a todos os servidores públicos que com ele tenham atualmente contratos vigentes de crédito consignado, informando-os, ainda, da possibilidade de quitação antecipada de seus contratos, na forma dos normativos do Banco Central do Brasil atualmente em vigor, atinentes à chamada "portabilidade" de créditos;

d) determinar ao Representado que apresente ao CADE, no prazo de 20 dias contados da apresentação de sua defesa, cópias de todos os contratos envolvendo práticas coincidentes com aquelas referidas no item (a), acima, assinados desde 2006, especificando, em relação a cada contrato, o número e volume total de operações de crédito consignado delas decorrentes, incluindo tanto as operações atuais quanto as já liquidadas, bem como seus respectivos valores e prazos médios, além das taxas de juros nelas praticadas

141. Dadas as peculiaridades do caso em exame e por medida de cautela, decido desde logo submeter essas decisões ao crivo homologatório do Plenário do CADE, fazendo-o na primeira sessão ordinária de julgamento subseqüente a esta data, ficando dispensada a inclusão em pauta nos termos do Regimento Interno do CADE, e ficando sobrestada, até esse exame, a intimação das partes a respeito do quanto aqui decidido.

142. Uma vez examinada a decisão pelo Plenário e vindo ela a ser homologada, determino a pronta intimação do Representado para que dela tome conhecimento e lhe dê imediato cumprimento, devendo ainda ser intimado o Representado a, no prazo de 15 dias, consoante previsto no art. 33 da Lei 8.884/94, apresentar sua defesa, sob pena de revelia e confissão da matéria de fato. O Representado deverá ser informado, ainda, do quanto disposto no art. 37 da mesma lei, que lhe faculta a apresentação das provas de seu interesse no prazo máximo de quarenta e cinco dias contados da apresentação da defesa, podendo apresentar novos documentos a qualquer momento, antes de encerrada a instrução processual.

143. Fixo, ademais, para a hipótese de descumprimento da Medida Preventiva concedida, a multa diária equivalente a R$ 1.000.000,00 (um milhão de reais), equivalente a aproximadamente 0,000002% da carteira atual de crédito consignado a servidores públicos declarada pelo Representado em suas últimas demonstrações financeiras.

144. Brasília, 30 de agosto de 2011.

MARCOS PAULO VERISSIMO, Conselheiro-Relator.

Este livro foi composto
na fonte Minion Pro, corpo 11
e impresso em off-set.